日弁連ADRセンター双書 3

建築紛争解決と

Alternative　　　Dispute　　　Resolution

日本弁護士連合会　ADRセンター 編

弘文堂

は じ め に

　ADRは「多様化」する。

　ADR（Alternative Dispute Resolution「裁判外紛争解決機関」）は、世の中の需要に応じて、変幻自在にその形を変えるのである。

　「弁護士会仲裁センター」「弁護士会紛争解決センター」等は、法的紛争のすべての分野を扱う、いわゆる「総合ADR機関」であるが、最近では、その内部に、「医療ADR」や「金融ADR」などの「専門ADR」を抱えたり、弁護士会内の別個の組織として「専門ADR」（弁護士会内の「住宅紛争審査会」など）が創設され、「弁護士会仲裁センター」等が推薦する「仲裁人・あっせん人候補者」が当該「専門ADR」の「調停人候補者」になることがある。

　また、いわゆる「行政型ADR」（「中央建設工事紛争審査会」〔国土交通省〕、「下請かけこみ寺」〔中小企業庁〕、「地デジADR（受信障害対策紛争処理事業）」〔総務省〕、「原子力発電所ADR」〔文部科学省〕など）についても、その「調停人候補者」に、「弁護士会仲裁センター」等の「仲裁人候補者」名簿から推薦されることがあり、近年はその事例が急増している。

　そうすると、「弁護士会仲裁センター」等は、それ自体「専門ADR」を含む「総合ADR機関」として機能すると同時に、外部の「行政型ADR」等に対する「調停人候補者」の供給母体となることになる。

　このような現状のもと、今般、日本弁護士連合会ADR（裁判外紛争解決機関）センターが、「日弁連ADRセンター双書」の第3巻として、本書で取り扱うのは、「専門ADR」のうち、「建築紛争ADR」についてである。

　「建築紛争ADR」の分野で検討対象となるのは、「司法型ADR」としての「地裁調停部」、「行政型ADR」としての「中央建設工事紛争審査会」、その亜種である弁護士会内にある「住宅紛争審査会」、「民間ADR」である「弁護士会仲裁センター」等である。

　本書によって、それぞれのADRが、その特徴を生かしながら、各種の建築紛争の解決にその機能を果たしていることが、よく理解できるであろう。

弁護士会のADR機関については、現在、全国で28弁護士会（31センター）が「弁護士会仲裁センター」「弁護士会紛争解決センター」等の名称で、弁護士会運営のADRの実践に携わっている。

　日本弁護士連合会ADR（裁判外紛争解決機関）センターは、こうした各「弁護士会仲裁センター」等をサポートするため、2001年（平成13年）6月に、「ADR関係の調査研究、各単位会の裁判外紛争解決機関の連絡・調整」を目的として、設立されたものであり、全国の各「弁護士会仲裁センター」等の運営をする弁護士会員90名余で構成され、適正なADR機関の創設・発展に寄与しているところである。

　本書は、第1巻（「紛争解決手段としてのADR」〔2010年刊〕）および第2巻（「交通事故の損害賠償とADR」〔2010年刊〕）に続いて、日本弁護士連合会ADR（裁判外紛争解決機関）センターが、日弁連会員である弁護士に対して、2008年（平成20年）2月18日に行った「日弁連特別研修会」（紛争解決手段としてのADRその3「建築紛争解決の手法を学ぶ」）の内容に、所要の加筆・改訂を加え、各種資料を最新のものにあらためて出版するものである。

　本書の大半の記述形式が、基本的に会話調であるのも、この来歴に由来する。

　また、本来「日弁連特別研修会」は、前述のとおり日弁連会員である弁護士のみを対象とするものであるが、本書の内容自体は、弁護士のみならず、ADRに興味を持つ研究者、ADR機関関係者その他の方々にも有用なものと思われるし、ADR利用者にとってもお役に立てれば幸いである。

　なお、本書における「住宅紛争審査会」関連の追加資料の掲載については、国土交通省住宅局住宅生産課　南津和広課長補佐（当時）および財団法人住宅リフォーム・紛争処理支援センターのご協力を得た。

　また、本書がなるにあたっても、弘文堂編集部の清水千香さんに、度重なるお世話をいただいた。この場を借りて、謝意を表したい。

　　　　2011年（平成23年）8月

　　　　　　　　　日本弁護士連合会　ADR（裁判外紛争解決機関）センター
　　　　　　　　　　　　委員長　渡　部　　　晃

建築紛争解決と ADR ● CONTENTS

第1部　裁判所における建築紛争解決の実際

Ⅰ　紛争解決の受け皿としての裁判所 …………………………………… 2
1　裁判所の数と職員数 … 2
2　国民の司法参加の諸形態 … 3
3　東京地方裁判所民事第22部の態勢 … 4

Ⅱ　建築関係訴訟 ……………………………………………………………… 5
1　建築関係訴訟の誕生 … 5
2　建築関係事件の定義・要件 … 6
　(1)　建築関係事件(6)　　(2)　建築関係事件の事件類型(7)
　(3)　定義についての説明(8)
3　建築関係訴訟の事件概況 … 11
　(1)　新受事件数の増加(11)　　(2)　訴額の多寡(13)
　(3)　付調停事件と調停の成立率(13)　　(4)　未済事件の増加(14)

Ⅲ　裁判所における建築関係訴訟の審理方針と審理方式 …………… 14
1　審理方針 … 14
2　審理方式 … 16
　(1)　方式①―弁論準備後専門委員型(16)
　(2)　方式②―早期に専門委員を付す型(17)
　(3)　方式③―弁論準備後調停型(18)
　(4)　方式④―早期調停型(19)
　(5)　方式⑤―調停後判決型(20)
　(6)　方式⑥―弁論準備と調停の並行型(20)
　(7)　方式⑦―調停の訴訟化を図る型(22)
　(8)　方式⑧―裁判官のみで行う型(23)
　(9)　方式⑨―鑑定人を選任する型(23)

Ⅳ　建築関係訴訟の進行 …………………………………………………… 25
1　調停 … 25
　(1)　民事調停制度(25)　　(2)　民事調停の動向(27)
　(3)　民事調停のメリット(28)　　(4)　訴訟離れと調停(30)
　(5)　専門家集団としての調停委員(32)
　(6)　調停委員の立場(34)　　(7)　簡易・迅速な解決制度(34)
　(8)　運用上の留意点(35)
2　建築調停の実際と建築訴訟の審理 … 36

iii

　　　　(1)　概論(36)　　(2)　東京地方裁判所民事第22部の目標(36)
　　　　(3)　付調停と調停手続の流れ(37)　　(4)　現地調査(43)
　　　　(5)　調停または和解成立の場合の処理(45)
　　　　(6)　不調後の処理(46)
　　　3　専門委員と技術専門家調停委員との差異 … 47
　　　　(1)　専門委員(47)　　(2)　専門委員の指定(48)
　　　　(3)　専門委員と技術専門家調停委員の区別(48)
　　　4　鑑定 … 51
　Ⅴ　今後の課題 …………………………………………………………………… 52
　　　1　裁判所の課題 … 52
　　　2　弁護士の課題 … 53
　　　　(1)　建築関係事件の困難さ(53)
　　　　(2)　十分な事前検討の必要性(53)

第2部　ADRによる建築紛争解決を考える
　　　　　　　　　　—パネルディスカッション

はじめに ……………………………………………………………………………… 56
各パネリストの紹介 ………………………………………………………………… 56
Ⅰ　国土交通省中央建設工事紛争審査会の現状 ………………………………… 57
　　　1　建設業を巡る状況 … 57
　　　2　建設工事紛争審査会のあらまし … 59
　　　3　紛争処理手続の流れ … 65
　　　4　事件の内容と推移 … 66
　　　5　中央建設工事紛争審査会における紛争処理の現況について … 70
Ⅱ　愛知県弁護士会のあっせん仲裁センターの現状 …………………………… 74
　　　1　愛知県弁護士会のあっせん仲裁センターの実績 … 74
　　　2　解決の内容 … 77
　　　3　建築事件と医療事件の違い … 78
　　　4　費用 … 80
　　　5　弁護士会ADRの全国的な状況 … 81
Ⅲ　住宅紛争審査会の現状 ………………………………………………………… 82
　　　1　指定住宅紛争処理機関と住宅紛争処理支援センターの成立ち … 82
　　　2　各機関の紛争処理の体系 … 83
　　　3　技術的基準の意義 … 84

    4 専門分野の細分化の問題 … 86
    5 技術関連資料について … 87
Ⅳ ADRの上手な利用方法 …………………………………………………88
    1 裁判所の調停 … 88
    2 弁護士会のあっせん仲裁センター … 89
    3 建設工事紛争審査会 … 91
    4 一部調停の成立の是非 … 94
    5 専門知識の入手方法 … 96
    6 ADRを利用する際の留意点 … 97

資料1-① 時系列表 … 104
資料1-② 時系列表 … 105
資料2　出来高一覧表 … 106
資料3　追加変更工事一覧表 … 107
資料4　瑕疵一覧表 … 108
資料5　中央建設工事紛争審査会における建設工事紛争処理
　　　　手続の手引 … 109
資料6　住宅紛争処理に関する制度について … 129
資料7　住宅の品質確保の促進等に関する法律における登録
　　　　住宅性能評価機関一覧表 … 140
資料8　建設住宅性能評価書交付実績の推移 … 143
資料9　平成12年建設省告示第1653号 … 144
資料10　住宅瑕疵担保責任保険法人業務規程の認可基準 … 155
資料11　住宅瑕疵担保責任保険　設計施工基準 … 164
資料12　住宅紛争審査会の紛争処理実施状況 … 176
資料13　住宅紛争審査会の紛争処理事例の統計 … 179
資料14　建設業法(抄) … 198

事項索引 ……………………………………………………………………199

第 1 部

裁判所における建築紛争解決の実際

菅野　博之（東京地方裁判所民事第22部　部総括裁判官〔2008年当時〕
現：東京地方裁判所民事所長代行者）

> 本研修会は2008年2月に行われましたが、内容はより新しいものに加筆されている部分があります

I　紛争解決の受け皿としての裁判所

　私のキャリアは、行政訴訟関係が長いのですが、あとは民事訴訟法の改正関係での訴訟手続論や司法制度・訴訟手続の国際比較論を長く勉強してきました。平成18年からは東京地方裁判所の建築・調停・借地非訟部に参りまして、2年強、建築について勉強させていただいています。

　裁判官というのはいわゆるゼネラリストですので、いろいろなものを耳にして目にすることが仕事です。建築訴訟についてもいろいろ目にして勉強させていただいています。その上で、現在は日本で東京と大阪だけにある建築の専門部で仕事をさせていただいていることから、こういうお話の機会が与えられたのだと思っております。

1　裁判所の数と職員数

　裁判所というのは全国に非常に多数設けられています。国の機関で1000庁も全国に展開している、しかも、全国津々浦々に市民の訪れる建物があるというものは非常に珍しいです。また、裁判官は中央勤務が普通ということではなくて、全国をローテーションしております。要するに、どんなところでも均質な司法サービスを提供しようと動いています。

POINT

＊裁判所

高等裁判所	8	（支部6＋知財高裁1）
地方裁判所	50	（支部203）
家庭裁判所	50	（支部・出張所280）
簡易裁判所	438	

　建築紛争に関しても、私が幹事を務めている東京地方裁判所の建築訴訟対策

委員会と専門委員制度委員会で研究・調査した結果についても、全国の裁判所で情報を得ることができ、また、私も実際に高等裁判所所在庁などに足を運んで、裁判官と協議したり、資料を説明したりといったことを続けています。ある程度均質な司法サービスを提供できるようになっていると思っております。

よく日本は裁判官が非常に少ないといわれますが、年々増加しています。私が任官した昭和55年頃には2000人弱だった裁判官が今は判事補以上で約2800人（平成22年度）。この増員も少しずつ起きたのではなくて、実は、以前は、20年間で約300人（年15人程度）が増えたのです。それが、この7～8年の間に毎年40人以上、あるいは年70人以上もの増員になっています。よく、「裁判員制度が始まると、裁判官があと500人ぐらいは必要だ。どうするんだ、この増員は」という議論がありましたが、現実に、平成22年4月の裁判官の員数と平成14年とを比較すると、500人以上の増員がされています。すごいなと、内部にいる人間から見ると思うわけです。

ただ残念なのは、今の公務員体制の下では一般職の増員がほとんど無理なことです。むしろ減員のプレッシャーがあるわけです。したがって、裁判所がだんだん頭でっかちな組織になりつつある。裁判官のほうは何とか無理をして増員しているけれども、他の職員が増やせない。そのために、いろいろな弁護士事務所との連絡やマネジメント的な業務について、むしろ徐々に厳しい状況になりつつあることをご理解いただきたいと思います。

一方で、民事調停官というパートタイムジャッジの制度も発足しており、受け皿も多様になってきています。東京地裁民事第22部では弁護士を本業とする8人から10人の方がパートタイムジャッジをなさっています。原則として一般調停をお願いしていますが、平成20年当時は、10人のうち2人の方にはIT関係の調停を、またその方たちと重複することもありますが、4人の方には建築調停を担当していただいています。

2　国民の司法参加の諸形態

今日、調停委員や司法委員、参与員等の国民の司法参加をしていただいている人数はずいぶんと多くなっております。全体で約3万8000人（平成22年4

月現在）の司法参加がありますが、これは裁判所職員数の約1.5倍で、かなり大勢の方が実は裁判所にいらしている。このうち民事調停委員は約1万2500人（平成22年4月現在）、東京地裁の管内で約1100人（平成23年現在）いらっしゃいます。

> **POINT**
>
> ＊**国民の司法参加の諸形態**（数字は平成22年2月または4月現在）
> ① 民事調停員（1万2539人）：地方裁判所・簡易裁判所
>   東京地方裁判所管内（約1100人、平成23年現在）
> ② 家事調停委員（1万2379人）：家庭裁判所
> ③ 司法委員（6149人）：簡易裁判所
> ④ 参与員（6712人）：家庭裁判所
> ⑤ 鑑定委員（1842人）：地方裁判所
> ⑥ 専門委員（1757人）：地方裁判所・高等裁判所
> ⑦ 労働審判員（1204人）
> 合計3万8209人（重複があるため上記員数の合計とは合わない）

3　東京地方裁判所民事第22部の態勢

　私が現在所属している東京地裁民事第22部は、調停、借地非訟、建築関係訴訟という3つの部門を有している専門部です。訴訟が9係、一般調停が10係以上、それ以外にもいろいろな係があります。したがって、裁判官はいくつもの部門を兼務しながら動いています。こういう部門は、先ほども申しましたように東京と大阪にしかないわけです。大阪は調停に軸足を持っている部ですので、建築を訴訟から調停あるいはその間をバトンタッチしながら一貫して動かすことを目標としている部は、東京だけになります。

　第22部もだんだん人を増やしておりまして、発足当時（平成13年）は裁判官6人体制でした。その後、パートタイムジャッジが2人加わって、8人体制で仕事をして参りました。それが現在（平成20年）は裁判官9人、パートタイムジャッジ10人、19人体制です（平成22年には裁判官12人、パートタイムジ

ャッジ9人、合計21人に増強)。調停委員は約380人。特に建築関係では、ほぼ毎日のように出勤していただいている方が何人もおられます。法廷6室、調停室22室、審問室3室を備えています。

また、民事第49部というのが別にあり、新件の5分の1を担当していただいています。裁判所流にいいますと、今この建築関係は3.5部体制。要するに、裁判官9人なので3カ部分と、もう1つの部が半分だけ普通の事件以外に建築訴訟もやるということで0.5部、合わせて3.5部というキャパシティーを持っているわけです（その後、前記のように民事第22部が増員され、現在では新件の建築訴訟はすべて民事第22部に配てんされるようになった）。

Ⅱ 建築関係訴訟

1　建築関係訴訟の誕生

　建築関係訴訟は非常に新しい部門で、行政訴訟や労働訴訟が何十年あるいは100年近い歴史を持っているのと比べると、本当に出来上がったばかりの概念です。建築瑕疵等が問題となる建築訴訟というのは、「裁判官泣かせ」——あるいは「弁護士泣かせ」なのかもしれませんが、非常に争訟性が強い類型です。争訟性が強いというのは主観面、客観面の両方です。

　主観面というのは、戸建てでも、個人にとって一生涯に一度建てる建物ということで、いわゆる人格訴訟になってしまうということです。非常に気持ちの面で難しくなる。実際に証拠で、神経症になってしまったという診断書が提出され、それによる慰謝料を請求する事件もあります。業者対業者の事件でもかなり主観訴訟になってくる。元請け・下請け、お互いに担当者同士でものすごく軋轢があり、相手は非常にわがままで、自分はひたすら被害者だったと、それぞれが思っていることがあります。日本人は近親憎悪的な感情が強いのかもしれませんが、非常に密接な関係にあったはずの業者同士が憎しみあうことがあります。一方、客観面でも、瑕疵の数や追加変更工事の数がたくさんあったり、あるいは建物の数自体が多くなったり、主観・客観両面で複雑困難な訴訟

といわれていました。

これをどう解決していくかということがいろいろ議論になっていたわけですが、以前から東京には調停部があり、これが民事第22部だったので、そこに建築訴訟が付調停され、ある程度の成果が上がっていました。これをスタートとして、平成11年には建築紛争検討委員会が設けられ、その後発展的に解消して、現在の建築訴訟対策委員会になり、調停の活用ということが打ち出されました。さらに、日本建築学会あるいはそれ以外の組織とも様々な協議がスタートして、平成12年には、調停委員・鑑定人等についての日本建築学会からの推薦体制が整備され、平成13年に建築部としての民事第22部が発足したという流れになっています。

POINT

＊建築専門部成立経緯
 平成11年　東京地方裁判所建築紛争検討委員会提言＝調停の活用
 　同年　　裁判所と社団法人日本建築学会との意見交換会開始
 平成12年　社団法人日本建築学会による司法支援建築会議の発足と、建築専門家調停委員および鑑定人の全国的な推薦協力体制がスタート
 平成13年　東京地方裁判所に建築部（民事第22部）発足
 平成16年　東京地方裁判所の建築関係訴訟の担当部に民事第49部も加わる

2　建築関係事件の定義・要件

(1)　建築関係事件

建物の建築に起因して生ずる紛争に関する民事訴訟は、従来から、一般に建築訴訟とか建築関係訴訟等と呼ばれてきました。これらは、裁判所の分類でいえば、通常民事訴訟であり、さらに細かい分類でいうと、医療訴訟や交通事故訴訟とともに、特殊損害賠償事件の一部として説明されることもありました。しかし、通常の民事訴訟の中で、この種の事件が特に取り上げられるのは、紛争の実態を理解するために建築に関する専門的知見が必要とされ、すでに述べたように、審理および判断に特別の配慮を要する複雑困難な事件の典型類型と

して位置づけられているからと考えられます。そうだとすると、建物の建築に起因して生ずる紛争であっても、単純な請負代金請求事件であって、資金繰りがつかないため未払いとなっている事件とか、たとえば契約当事者や契約内容等に争いがあるため、通常の民法解釈上または商法解釈上の争いが生じている事件は、特別な扱いをする必要はないわけです。

　請負代金事件や損害賠償事件であったとしても、そのすべてに建築系の専門技術が必要とは限りません。実際に必要とされるのは半分程度だと思っています。その切り分けが非常に難しいのです。裁判所では、本当に専門的な知見が必要でかつ争訟性が高く、形式的な争点ではなくて実質的な争点になっているものを建築関係事件あるいは建築関係訴訟と考えて、特定の部に集中させたり、特定の審理方式を取り入れたりしています。

(2) 建築関係事件の事件類型

　東京地裁の事務配分規程によると、原則として、下記の3類型の事件が建築関係事件に該当するものとされています。

> **POINT**
>
> *建築関係事件の事件類型
> ① 建物に関する請負代金（設計料および監理料を含む）または売買代金請求事件（ただし、(i)設計・施工または監理の瑕疵、(ii)工事の完成、(iii)工事の追加または変更、(iv)設計または監理の出来高が争点とならないことが明らかなものを除く）
> ② 建物の設計・施工もしくは監理の瑕疵または建物の工事の未完成を原因とする損害賠償請求事件
> ③ 工事に伴う振動または地盤沈下に基づく建物に関する損害賠償請求事件

　上記の3類型に該当すれば、訴訟提出の当初から、建築部（民事第22部または第49部、現在は第22部のみ）に配てんされ、特別な取扱いを受けることができます。

　ただ、残念ながらかなりわかりにくい類型であるために、実際には通常部に配てんされた後に配てん換えが行われたりすることも多く、あるいは、内部的

な話になりますが、統計をとる上でも非常に難しい状況です。そういう意味で、まだまだ発展途上形態の訴訟類型ということになると思います。

　1点お願いしたいのは、このように類型が微妙なものですので、原告として訴訟を起こすときには、訴状に「これがいわば建築関係訴訟なんだ」あるいは「違うんだ」ということを書いていただきたいということです。たとえば、「請負代金請求事件ではあるが、これは契約内容の争いになっていて、技術的な訴訟ではない」と原告代理人としてお考えならば、訴状の最後にその旨を備考として書いてほしいのです。逆に、「これは追加変更工事代金とか請負代金請求の形態をとっているが、当事者との争いではむしろ瑕疵修補について大議論になっている。したがって、技術的な論点を含む」ということを訴状に書いてほしいのです。

　そうしませんと、通常部に普通に配てんされ、そこで2回、3回と審理されているうちに、だんだん「やはり技術的争点が問題ではないか」、「専門部に回そうか」、「調停にしようか」などと議論されているうちに半年ぐらい経ってしまったり、またそれが配てん換えの問題となり、建築部に移すとか移さないなどといった手続論争をしていると非常につまらない時間がかかってしまいます。ですから、できるだけ訴状の段階で明らかにしておいてほしいわけです。ただ、残念ながら今も、かなりの割合の事件はストレートではなく、紆余曲折を経て民事第22部に来ています。そこが非常に困ったところです。

(3)　定義についての説明

①　建物に関する請負代金または売買代金請求事件

　代金請求の事件類型では、売買契約または請負契約に起因するものに限られます。ただし、この類型だけでなく、分類に当たっては、必ずしも契約書等の文言にはとらわれずに、総合的な判断を行っているので、たとえば委任ないし準委任契約であっても、実質が建築や設計の請負契約に近いものは含むと解されます。しかし、いくら文言にとらわれないといっても、建築工事関係でも、いわゆる人工出しなどの雇用契約の実質を持つ契約関係に起因するものは含まれません。

建築士の専門的な知見の活用を前提にしているので、契約の目的は、建築またはこれに類似する工作物に限られます。「建物」とは、要するに建築基準法の適用のあるものを念頭に置いているわけですが、そのすべてを含むとまではいえず、「屋根及び周壁又はこれらに類するものを有し、土地に定着した建造物であって、その目的とする用途に供し得る状態にあるもの」（不動産登記規則111条）を意味します。ただし、これに至る前の段階での建築途上の工作物や付属施設等も含みます。しかし、建築士の知見でまかなうことのできない、たとえば、道路工事やトンネル工事、造成工事などといった土木工事のみに関する事件は含まれません（もっとも、民事第22部には土木技師や、地質専門家等の専門家調停委員も配属されているので、付調停事件として処理することは可能です）。また、建物に関する事件であっても、たとえば、契約当事者が誰かが争点である場合などのように、技術的な争点を含まないことが明らかな事件は含まれません。

　また、「工事」には、新築工事のみならず、増改築、移築、内装工事、補修工事等も含みます。実際には、近時は、商業施設の内装工事や、ビルの大規模補修、一戸建ての耐震補強工事等に起因する事件も多くなっています。また、追加変更工事の成否や金額に関する訴訟は、従来から建築関係事件の典型例の1つでしたが、最近はさらに、集合住宅やビルの事件、あるいは多数の現場で起きた事件を1つにまとめた事件等、複雑かつ大規模な事件が増えています。

② **建物の設計・施工もしくは監理の瑕疵または建物の工事の未完成を原因とする損害賠償事件**

　「建物の設計・施工もしくは監理の瑕疵」とは、建物に関する請負契約または売買契約を締結した当事者間の損害賠償請求事件であって、損害賠償を求める理由として、建物の設計・施工もしくは監理の瑕疵が主張されていることをいいます。ただし、契約当事者以外の者が原告となった不法行為構成の損害賠償事件であっても、建物の施工等の瑕疵が請求原因となっており、建築士の専門知識が必要な場合には、それも含むことになると考えられます。ただし、建物の保存・管理の瑕疵を請求原因とするものは、類型が異なるので含まれませ

ん。したがって、いわゆる中古物件の売買の場合には、建築関係事件に含まれないことが多いと考えられます。

「建物の工事の未完成を原因とする」とは、当事者間に建物に関する工事請負契約が締結されており、かつ、その契約内容が外形的にも未履行であることをいいます。一応の外形があるが不完全履行であるという場合にも、未完成との主張がされることが多いのですが、これは瑕疵の問題であって、未完成の問題ではないことに注意が必要です。

建築に関係する事件であっても、上記に含まれないもの、たとえば原状回復工事の程度等が争点になる敷金返還請求事件や、建物の朽廃の有無が争われている建物収去土地明渡請求事件、賃貸建物の安全性が争われている建物明渡請求事件等は、建築関係事件には該当しません。このような事件は、付調停事件とすることにより、建築専門家調停委員の協力を得て、民事第22部で処理することが可能であり、現に、付調停事件にはそのような類型のものが多くあります。

③ 工事に伴う振動または地盤沈下に基づく建物に関する損害賠償請求事件

工事に伴う振動または地盤沈下に基づく損害賠償請求事件であれば、被告との間に契約関係があるか否かにかかわらず、建築関係事件に該当します。最近は、既存建物が不同沈下したのは、隣接地での建築工事ないしはそれに伴う基礎解体工事や地盤改良工事等が原因であるとする訴訟がよく見られます。また、隣地での建築工事による振動等を理由とする、周辺住民による損害賠償請求事件（「第三者被害型」と称されることもあります）等も、建築関係事件に該当します。いわゆる日照被害や粉塵被害、風害等を原因とする訴訟は、直ちには上記類型に該当しませんが、日照被害は振動被害とともに主張されることが多く、また、建築士の専門知識を必要とする事件の典型例でもあるため、場合によっては、建築関係事件に含めて処理することとなります。

④ 配てん後、建築関係事件に該当するか否かに問題が生じた場合の扱い

以上のように建築関係事件を定義していますが、建築関係事件に該当するか

否かは、争点によっても変わるため、通常部に配てんされた事件が実は建築関係事件であったり、逆に、建築部に配てんされた事件が実は建築関係事件の定義に該当しないことが判明することもあります。

通常部に配てん後、当該事件が建築関係事件であることが判明した場合は、できるだけ速やかに、付調停ではなく、配てん換えの手続をとることになります。

建築関係事件として民事第22部または民事第49部に配てんされた事件が、建築関係事件に該当しないことが判明した場合は、通常部に配てん換えをすることになります。もっとも、建築関係事件に該当しないとして配てん換えした事件でも、建築専門家調停委員等の知見を活用する必要がある場合には、調停に付することにより、民事第22部で処理することが可能です。

東京地方裁判所では、新件受理の段階でも、事件係属中であっても、建築関係事件か否かで疑義が生ずる場合には、民事第22部か民事第49部に問い合せることになっています。問合せに対応するため、民事第22部と民事第49部とで、当番制をとっています（現在は民事第22部のみです）。

しかし、配てん換えをすると、それだけで、期日指定が1～2カ月遅れることになりがちですし、また、配てん換えの可否の判断に時間をとられるのも非生産的です。さらに、建築関係事件が、当初、通常部に配てんされたために、手続上受けられたはずの特別な配慮や工夫を受けていない場合には、それも不合理です。そのようなことを避けるため、建築関係事件の訴状を提出するときは、必ず争点が建築瑕疵の主張の成否であるとか、追加変更工事の成否や積算金額であるなどと、建築関係事件の定義に該当する事実を訴状にわかりやすく記載することが重要です。行政訴訟や医療過誤訴訟であれば、一見して明白なことが多いわけですが、前述のとおり、建築関係事件については、外見上わかりにくいということに是非留意していただきたいと思います。

3 建築関係訴訟の事件概況

(1) 新受事件数の増加

新受事件は、東京地裁では、従来大体400～500件程度でした。若干特殊な

のは、物件が東京に限らないということです。なぜかというと、専門訴訟なので合意管轄を作って持ち込まれる事件がかなりあること。もう1つは、物件がたとえば新潟や福島にあっても、施工会社やゼネコンは東京が本社という例が多いこと。そうした関係から東京の管轄ということで訴訟が持ち込まれるわけです。これは専門性を高める、あるいは一極集中して処理するという面、あるいは東京に多数おられる弁護士を活用するという面では良いとは思いますが、裁判官にとっては非常に厳しい状況です。1週間のうちこの日は新潟の現地を見に行き、別の日には福島の現地を見に行く、こういう場合もありうるわけです。東京高裁管内ぐらいでとどめてほしいというのが本音です。神奈川・千葉・埼玉、もう少し広げて新潟・長野・静岡辺りまでだとよいのですが、それより遠いのは本当は勘弁していただきたいと考えております。

　なぜこんな愚痴みたいなことを申し上げたかというと、実は扱う件数がかなり増えているからです。全国統計を見ますと、建築訴訟というのはそんなに数が増えていない。むしろ平成16、17、18年は少しずつ減っています。最高裁判所の統計では2300件から2400件ぐらいの新受件数が報告されています。ただ、東京地裁管轄で見てみますと、非常に跛行的なものですが、平成19年は約560件。建築部発足以来最多の新受件数となりました。その後、平成20年は676件と新記録を更新し、平成21年は633件、平成22年は496件となっております。

　実は、例の耐震偽装等の事件後、建築関係事件が爆発的に増えるかなと思っていたのですが、まったく増えませんでした。むしろ平成18年は過去何年間で最低という事件数になりました。不思議に思っていたら、平成19年になってじわじわ増え始め、夏以降爆発的に増えました。ちなみに平成19年の最後の4カ月だけを見ますと、前年の6割から7割の増です。平成20年も急増傾向が続き、平成21年の3月ころまで新件が急増しました。

　平成16年に行政事件訴訟法が改正されたときも、17年あたりに増えるかなと思っていたら増えず、むしろちょっと減ったぐらいでしたが、2年ほど経った頃から急増しました。平成19年も行政事件訴訟は非常に増えましたが、やはり何かが起きて、構造・耐力あるいは安全性や地震についての危機感がだん

だん出てきて、じわっと浸透して2年ぐらい経つと訴訟が増えると、そういうことなのかなという気がしております。

建築関係訴訟の件数は、東京地裁では、たとえば同じように難しいといわれている医療訴訟に比べると、約2.8倍の新受件数になります。知財訴訟と比べても2倍近く、実はいわゆる専門訴訟の中では非常に件数が多い類型なのです。

(2) 訴額の多寡

建築訴訟には訴額の大きい事件もあります。集合住宅・マンションの事件が東京はかなり多く、20％強が集合住宅の訴訟、一戸建ての訴訟が56％、残りがビル等の訴訟です。訴額が結構大きなものが4割ぐらい、戸建てが6割ぐらいになっていて、これもおそらく東京の特殊性という気がします。昔、札幌地裁で通常部にいて建築訴訟に携わっていたときの雰囲気とは、非常に違うと認識しています。

訴額は、当然戸建ての場合とそうでない場合とで違います。戸建てでも、最近は1億円を超えるような請求額を立てて来られる方もいらっしゃいますが、戸建て訴訟で3000万円以上の請求額を立てられる方は35％ぐらいです。これが集合住宅ですと、3000万円以上の訴状が56％ぐらい。1億円を超えるものも20％ぐらいあり、だいぶ変わってきます。建物の規模が非常に大きいものですと、100億円近いものもあります。平成19年の新件では、50億円を超える請求額の事件はたしか3件だったように記憶しております。

(3) 付調停事件と調停の成立率

その中で調停に付される事件についてですが、一定時点をとって新たに付調停になった事件の数を見ると、意外と少ないのです。ただ、現実にはどこかの時期に調停を経た事件ということになると、非常に多くなります。調停に付す事件は3割弱ですが、どこかの段階で付調停になるということでいえば、5割を超えます。

調停の成立率という点も、皆様ご関心があると思います。常に7割を超えて

いることを、われわれはずっと誇りにしてきたわけですけれども、実際は微妙に少しずつ落ちてきています。非常にシビアな事件が増えているだけに成立数が落ちて、平成19年はとうとう67％ぐらいの成立でした。ただし不成立というのは20％ぐらいで、あとは、いわゆる取下げなどです。昔、この不成立というのが10％ちょっとしかなかった時代がありました。それに比べると、20％ないし21％が不成立になるというのは、裁判所としては非常に頭が痛い、考えなくてはいけない状況です。

(4) 未済事件の増加

　未済事件と呼ばれる、裁判官の手持ち事件はどんどん増えています。もともとは500件ぐらいだったのが、平成14年に516件、15年には600件台に上りました。16年には700件近く、17年に800件台に達しました。その後一進一退を繰り返しますが、増加の傾向にあり、平成20年2月に850件を超え、同年11月に900件を超え、このままでは、1000件を超えるのも時間の問題という状況になりました。裁判所では、建築関係事件は普通1件を5件換算しているので、1000件は5000件にあたるわけです。そもそも日本で5000件以上の手持ち事件を抱えている地方裁判所というのは、実は指で数えられるほどしかないことなどと比較してみても、非常に厳しい状況になりました。なお、その後、新件の急増が収まったことと、人員増および裁判所側の努力もあり、未済事件は平成21年2月（約930件）をピークに減少に転じ、現在は再び600件台にまで戻っております。

Ⅲ　裁判所における建築関係訴訟の審理方針と審理方式

1　審理方針

　東京地裁民事第22部では、建築関係の専門部としてできるだけ事件の中身にまで手を突っ込み、適正な解決をしようという考え方を持っております。もっとも、現在は、どこまでそうすべきなのか、どのようにそうするのか、再反

省の時期に入っているところのようにも見受けられます。

　10年ぐらい前でしたら、裁判官は建築訴訟にあたったとき、まず2期日なら2期日、「言いたいことを言いたいだけ言いなさい」というかたちで始めて、その上で、「聞いた中で本当に我慢できないのは、どことどこなんです？」、「この3つなんだ」、「では、この3つだけはとにかく調停委員等の専門家に見てもらって、直せるかどうか、とにかくチェックしよう」というふうに話を進めました。要するに、本当に重要な点だけでも何とか解決しようと、良くいえば重要点中心主義、悪くいうと最低限度の解決を目指すということを行ってきました。

　しかし徐々に、建築訴訟に対する一般社会のニーズとか要求水準の高まる中で、それだけでは済まないということになりました。そのため現在は、かなり技術論争にまで入り込んで、全体についてきちっとした合理的な解決を行おうというスタンスで動いており、非常に細かく分化された専門家調停委員を配置しています。

　民事第22部では、建築関係事件を受理した後には、事件の内容（争点の数）、性質（複雑性と専門性）等を踏まえ、調停手続を利用するもの、訴訟手続で審理するもの、調停と訴訟を並進するものをふるい分け、かつ、建築専門家の知識および経験を最良のかたちで役立てるべく、建築士等の関与が明らかに必要でないと認められる事件以外は、可能な限り建築専門家調停委員または専門委員を活用することにしています。そして、調停手続では、従前から行われていた合意形成目的の調停よりも、むしろ争点整理目的の調停のほうを多く活用しており、これらを総合して、事件の適正・迅速な解決を図ろうとしています。

　そのため、民事第22部では、建築関係事件に対する理解を深め、その処理能力の向上を図るとともに、専門家調停委員および専門委員のスキルアップと連携を図るため、毎月、社団法人日本建築学会の司法支援建築会議と協議し、また、平成13年4月から、2カ月に1回程度の割合で、社団法人日本建築学会等から講師の派遣を受け、技術的問題や実務的問題につき建築関係事件研究会を定期的に開催しています。さらに、専門家調停委員や法律家調停委員およ

び専門委員を対象に、公的なもの、私的なものを含め、多様な研究会を実施しているほか、部内でも、定期的に建築実体法研究会を実施して、法律問題についての検討を重ねています。これらの協議会や勉強会等を通じて、建築関係事件に関して、より一層的確な判断ができる知的財産の蓄積を目指しており、最近では、着実にその成果が期待できる状況になりつつあると自負しています。なお、以下は、平成20年当時の審理方式等についての説明であり、その後の新たな方策等には言及していないことに留意して下さい。

2 審理方式

建築関係訴訟は、訴状提出後、1カ月後を目安に、第1回期日を法廷で開いて、答弁書の陳述、争点の聴取、証拠の整理がどの程度進んでいるかについての聴取等をした後、弁論準備に付されるのが通常です。2回目からは、原則として弁論準備にそのまま移ってしまいます。法廷で2回、3回と行うことはなく、しかも1回目の法廷も、訴状・答弁書陳述というのみではなくて、どこまで準備しているかを尋ねることが中心になります。たとえば、証拠となる図面は施工図・竣工図だけですか、設備図まで持っていますか、それは紙の図面ですか、DVDですか、DVDは写しが焼いてあって提出できますか、それについて専門家のチェックを受けて、すでに報告書や意見書ができていますか、といった具合に尋ねるわけです。その準備の度合いを見て、われわれもどういう段階で専門家を付け、どう分類していくかを考えたいのです。

(1) 方式①

> **弁論準備後専門委員型** 裁判官のみで弁論準備を行い、瑕疵一覧表、追加変更工事一覧表、時系列表等の作成をさせ、争点の確認と書証の整理が完了した段階で、専門委員を付して、ともに現地調査を行い、次いで、専門委員とともに証人尋問または和解もしくは判決に進む方式。
>
> 典型的な方式ではあるが、建築関係事件に専門委員を付する場合は、むしろ瑕疵一覧表、追加変更工事一覧表等をどのように完成させていくか、また証拠をどう整理するかについて意見や協力を得るほうが良く、この点に大きな意味がある

> ため、方式①は、最近は、あまりお勧めできるタイプではない。しかし、機動性があるので、小さな事件や和解の可能性の高い事件に向く方式である。

　審理方式にはいくつも種類があるので、類型化してみますと、方式①というのは、いわゆる弁論準備後専門委員型です。要するに、まず裁判官のみできちっとした争点整理を行います。瑕疵一覧表、追加変更工事一覧表、時系列表等を作成して争点を確認、証拠整理も完了した段階で、争点に一番適した専門委員を付して、現地調査をし、そこから証人尋問をするのか、和解するのか、何にするのかを決める。これが本当は教科書的な方式です。

　ただ、この方式は非常に時間がかかりますし、当事者の負担になることもあります。当事者から本件はきちんと裁判官だけで争点整理してもらわないと困るといわれたりしてこうなってしまうこともありますが、原則として裁判所は行いたくない方式です。ただし、裁判官だけで行いますと期日が頻繁に入れられ、早く計画審理が進むという機動性を持つので、争点が非常に少ない単一型の事件や、技術的な問題よりも法的な問題のほうが重要な事件等では、こういう方式も十分効果を発揮することがあります。

(2) 方式②

> **早期に専門委員を付す型**　弁論準備の早期の段階、場合によっては第1回または第2回期日から、専門委員を付けて、主張書面や書証の読み方、専門的知見、何が審理判断する価値のある本当の争点なのか等についても助言を得て、現地調査後、専門委員とともに、証人尋問または和解もしくは判決に進む方式。
> 　建築関係訴訟では、瑕疵一覧表、追加変更工事一覧表、時系列表等の作成や、争点の確認、書証の整理をすること自体に専門知識が必要な場合が多い。また、当該専門委員および当事者双方が承諾した場合には、専門委員による評価・査定も含む説明書を作成してもらえることもある。そのため、建築関係事件に専門委員を付する場合は、弁論準備の早期の段階から行うことが増えてきている。

　方式②は早期に専門委員を付けるタイプです。民事第22部では、平成21年の未済事件840件のうち200件ぐらいが合議訴訟、残りが単独訴訟で動きま

す。合議訴訟では、この方式②がかなり活用されています。最近は弁論準備の早期に専門委員を付けるのが原則です。弁論準備の第1回で専門委員の付け方について協議をし、第2回期日で専門委員を付すという例がかなり多いですが、場合によっては、期日間に電話等でいろいろ議論をして第1回目に同席してもらうこともあります。

　なぜ早く専門委員を付けるかというと、皆様も建築訴訟を準備されたときに感じられると思いますが、最後の段階で評価してもらうことよりも、まずは、どんな訴訟を出すのか、図面をどう読むのか、争点の中で何が重要なのかといった議論をするときに、やはり専門家の助言があったほうがずっと早く済むのです。また、裁判所は非常に多くの文献や資料を完備していますが、それを裁判官が自分で調べるのはかなりの労力を要します。しかし、専門家に聞けば、すぐに「この文献にこういうのがあります」、「こういう答申が建築学会で出ています」、「国交省でこういう通達があります」といった回答が得られ、本当に早いのです。ですから、専門委員を活用するのなら最後の段階ではなく、できるだけ早めにということで、この方式②が今はだんだん用いられてきています。

(3) 方式③

> **弁論準備後調停型**　裁判官のみで弁論準備を行い、瑕疵一覧表、追加変更工事一覧表、時系列表等の作成をさせ、争点の確認と書証の整理が完了した後、現地調査に進む段階で、建築専門家調停委員および法律家調停委員を付し、両調停委員の関与の下、現地調査をし、次いで、和解的な調停に進む方式。
> 　過去には、調停型の進行方式の典型例であった。しかし、近時は、早期に現場を見たほうが良い事件も増えている上、争点整理型の専門調停の有用性が実証されつつあるため、方式③は和解型に特化したものとして、あまりお勧めできるタイプではなくなりつつある。

　方式③は弁論準備後調停型です。裁判官のみで争点整理をした上で調停に付す。かつてはこれが建築調停の典型例であり、場合によっては建築訴訟を動か

すときの典型例だといわれていました。

　ただ、現在建築調停は、いわゆる和解型の調停よりは争点整理型の調停のほうが多用されるようになってきています。現実にはもちろん、こういうかたちでの弁論準備終了後の付調停はいくらでもありますが、その難点は現地に行くのが遅くなることです。やはり建築というのは現地を見てということがあって、早い時期に行ったほうがよいのです。

　きちんと争点整理をするので、その間、現状を保全しておくようにということで引っ張ると、当事者にとっても非常に大変な場合があります。「いや、もう補修したい。直したい」といわれても、「直しても結構ですよ。その代わり、今後そちらの立証活動には大きな妨げができますよ」といわざるをえないことがあるわけです。その問題があるので、きちっと主張整理をしてから調停委員を付けて、現地を見て調停案を出していくというのはどうも厳しいのです。

　かつ、このかたちの弁論準備を行って、その上で仮に1年間調停を行い、結局不調に終わったとすると、訴訟1年、調停1年、その後もう1回訴訟1年、普通にやって3年かかることになります。こじれたら4年目になるわけです。もしかしたらこれが、いわゆる長期未済のような、建築訴訟において長期間かかる事件の原因かもしれない。そういう理由から、われわれ裁判官には、今はあまり使わないようにしようという意識があります。

(4)　方式④

> **早期調停型**　弁論準備の早期の段階で、争点整理型の調停に付し、建築専門家調停委員および法律家調停委員の関与の下、比較的早急に現地調査を行い、調停手続の中で、瑕疵一覧表、追加変更工事一覧表、時系列表等の作成や準備書面の交換を実施して、争点の確認と書証の整理等をし、次いで、調停委員会の意見も提示した上で、和解的な調停を進めるか、弁論に戻すかを決めるという方式。
> 　一時期、裁判所のお勧めの方式であった。現在も、過半ではないが、かなり多い方式である。

　方式④は早期調停型です。当事者・代理人と議論するときには、「今和解を

進めるということではありません。ただ専門家の知恵を借り、早期に現地を見に行くために、早期から調停に付したほうがいいのです。もちろん調停に付しても普通に準備書面や書証を出していただき、主張整理を致しますから、手続は調停で進めましょう。いきなり調停案が出てくるわけではありません」というかたちでお話する。これがかつて、建築関係事件において、よく勧められていた典型的な審理の仕方なわけです。

(5) 方式⑤

> **調停後判決型**　争訟性の強い事件につき、あえて上記④の審理方式をとり、建築専門家調停委員および法律専門家調停委員の協力を経て、争点整理をし、調停委員会の意見も書面化した上で、訴訟に戻し、証人尋問後、判決する方式。
> 　近時、増えつつある。

その次の方式⑤、⑥、⑦以降というのは、新しいタイプです。方式⑤というのは④と同じといえば同じですが、これは、最初から調停案がまとまらないであろうことを踏まえて手続を進めたり、あるいは双方とも調停は反対といっているのを職権で調停に付すなど、ある意味で方式④に対する１つの反省形として出てきたものです。

ただ、調停委員の方の意見を聞きますと、やはり評判はあまりよくありません。「双方が協力的でないのに、裁判官が職権で調停に付すといったところで、円滑に進められるわけがない」とか、「最後までやってきちんと調停案を出して、事件をまとめることに醍醐味がある」ということでしょう。今は、この方式をどんどん増やすつもりはないですが、本当に適した事件があれば活用することもありうると思います。

(6) 方式⑥

> **弁論準備と調停の並行型**　弁論準備の早期の段階で、調停に付し、建築専門家調停委員および法律家調停委員の関与で現地調査を行い、調停手続の中で、瑕疵一覧表、追加変更工事一覧表、時系列表等の作成を行うが、訴訟手続を中止せず、

> 弁論準備期日も同一期日または調停期日の10分前等に指定し、準備書面の交換や書証の取調べを弁論準備期日で実施して、争点の確認と書証の整理等をし、次いで、和解的な調停を進めるか、弁論に戻すかを決めるという方式。

　方式⑥は、現在非常に増えてきている弁論準備と調停の並行型というものです。これは弁論準備の早期の段階で調停に付し、かつ弁論準備と訴訟を中止せず、並行して進めていくものです。利点としては、普通に準備書面の陳述もできますし、あるいは請求の拡張や減縮、書証の取調べ、調書による整理もできることです。

　この方式は、方式④や方式⑤の発展型として生まれた工夫です。争点整理型調停の有用性が実証されつつあるとはいっても、主張の確定や証拠の取調べ、あるいは手続経過の調書化には困難もあるので、弁論準備も並進させるというものです。これにより、当事者も、訴訟がきちんと進行しているという安心感や、裁判官が全期日立ち会うことについてのいわば保障を与えるとともに、客観的に見ても、調停不成立時に再度手続をやり直すという時間的・経済的ロスを省くというメリットがあります。平成19年ころから、民事第22部では、新たに調停に付される建築関係事件については増加しつつある方式であり、特に合議事件を調停に付す場合は、原則としてこの方式をとっています。

　ただし、弁論準備手続中に専門家調停委員および法律家調停委員を退席させないとすれば、当事者双方の承諾を得るべきであり、かつ、新しい試みでもあるので、実際には、当事者の意向を聴取した上、この方式に同意が得られた事件に限って実施しています。もっとも、これまでに裁判所側でこれに適する事件（争訟性が強いが、専門知識が有用で、かつ、和解向きか判決向きかが不明な事件）と判断した場合に、この方式をとることについて不同意となった例はほとんどありません。

　裁判所から見ますと、調停だけで進めていくと、調書で主張を整理したり、何々について撤回するとか、何々については争いがないとかを残すことがなかなかできない。調停を1年、2年やった後で、主張や争点が整理されているようでされていないというような難点がありました。そのため、弁論準備と調停

を同時に進めるほうがよいのではないかと考えたわけです。

　代理人からしますと、普通の調停のみですと、いわゆる「調停に回されちゃったよ」という不満が、もしかしたらあるのではないかと思います。しかし、方式⑥の場合には、裁判も進んでいるという説明を当事者にできます。また、弁論準備と調停並進ですから、裁判官の調停への全件立ち会いが手続的に保障されます。建築調停の場合は、少なくとも東京地裁では、裁判官が立ち会っている事件は7割ぐらいです。全国的に見ればそうとも限りませんが、ある程度争訟性が高い、しかも建築関係訴訟は争訟性が高いものがもともと多いという中では、こういう弁論準備と調停を一緒に進めるという方式がなじみやすいわけです。

　ただし、これについては、講学的にいえば適法かどうかという議論はいろいろあると思います。そのため、裁判所では完全に適法であるという意識を持っているものの、現在は念のため、当事者には責問権の放棄について承諾を取っています。どちらかが嫌だといったときは行わず、双方ともこれでよいといったときにだけ、この弁論準備と調停の並行型という方式を採っています。これですと、判決・和解・調停、いずれに向いているかわからないものでも審理を進めやすいという点も、裁判所側から見たメリットです。

(7) 方式⑦

> **調停の訴訟化を図る型**　争点整理型の調停を行いつつ、調停手続中に事実の取調べとして、本人や証人の尋問および尋問調書の作成まで進めてしまう方式。
> 　民事第49部で、実験的に試行されている。手続の迅速化に役立つと考えられているが、まだ例は少ない。

　方式⑦は、逆に調停の訴訟化を図るものです。方式⑥はある意味では訴訟の調停化を図るものですが、この方式⑦というのは争点整理型の調停を行い、その中でいわゆる事実の取調べを民事調停法によりできることになっていますので、証人尋問も尋問調書作成も行う、場合によっては鑑定も行うというものです。昔の考えですと、調停で鑑定をするというのは相反するような概念になり

ますけれども、法的にはやってやれないことはないのです。

ただし、もともとあまり想定していなかったことなので、たとえば、尋問調書の反訳を裁判所の予算でできるのかとか、鑑定費用は当事者が予納した場合、その処理が最後の訴訟費用に入るのかとか、いろいろな隘路(あいろ)があり、現在試行中というところです。正直なところ、これが今後爆発的に増えるとは思っておりません。東京地裁の建築訴訟対策委員会で審理の迅速適正化についていろいろと考えた中でのモデルというのが、方式⑥の弁論準備と調停の並行型と調停の訴訟化を図る方式⑦の2つだったのです。現在、方式⑥は実験段階を経て、すでに活用段階に入り、⑦はまだ実験段階という状況です。

(8) **方式⑧**

> **裁判官のみで行う型**　裁判官のみで弁論準備を行い、争点の確認と書証の整理をしながら和解のタイミングを探り、早期に和解するか、人証調べに移行する方式。

うまくいけば最も迅速な方式です。しかし、専門家の関与を経ない方式なので、これに適する事件は限られています。

(9) **方式⑨**

> **鑑定人を選任する型**　①〜⑧の方式で、和解または調停成立に至らなかった場合に、さらに鑑定人を選任して、鑑定をしてから判決をする方式。
> 実際に行われた件数は少なく、年間数件のみである。

最後に、鑑定を行う方式⑨を紹介いたします。

鑑定についてここで触れておきます。年間20件以上の事件で鑑定申立てがあり、いろいろ議論しますが、実際に鑑定を行うのは年に7〜8件ぐらいです。裁判官の手持ち事件約800件と比べると1％程度と非常に少ない。なぜかというと、時間がかかることと、医療訴訟と同じく、鑑定事項をどのように定めるのかということ自体で大議論になってしまうことがあるからです。鑑定事項を

決めるために、1年も1年半もまた議論しなくてはならないケースもあります。裁判所から見ると、非常に苦しい審理というものが続くことがあるわけです。

　もう1つの理由はコストです。建築の鑑定は時にお金がかかります。特に最近、鑑定が申請されるのは、先ほどの耐震偽装問題のみに限らず、建物の構造や基礎、地盤の問題が多いのです。普通の木造建築の継ぎ手や耐震壁がどうのということですと、鑑定まで至らない場合が多いのですが、基礎・地盤ですと、鑑定が議論されることも多いのです。そして、たとえばボーリングで5～7m掘って100万円かかるとか、本格的にやろうと、3カ所掘ったら200～300万円もかかるとか、「いや、本件では、深く何本も掘らなければならないし、特別な調査も必要です」となったら、500、600、700万円。場合によっては、実際に1000万円超える見積もりが出てくることもあります。鑑定まで至るには、当事者もさんざん苦労して、これは実りが薄いかもというときに、最後の手段として鑑定を申し立てるということがあるわけです。そういうときに何百万円単位のコストが場合によってはかかりますよという議論がはたしてできるのかとなると、なかなか難しいところがあるわけです。

　さらに、より前向きの理由としては、専門委員制度と専門家調停制度が非常に活発化したことです。昔から調停はありましたが、専門家調停と呼ばれるものが現実に多用できるようになったのはこの5～6年だと思っています。しかも、もう1つの選択肢として専門委員という制度ができました。これによってかなり専門的な知識を得ることができます。ただし、鑑定に近いことを期待する方もおられますが、先ほどの基礎などですと外注しての検査先を教えてもらうことなどは頼めるとしても、鑑定自体をお願いすることはできません。

　ノウハウみたいなお話をします。たとえば、当事者の了解があるならば、専門家調停委員や専門委員も交えていろいろと議論した上で、「ここを調べれば、大体この事案はわかるはずだから専門業者に調べてもらおう。費用はどれぐらいかかるだろうか」、「本当はこうやるとこうなるけれども、こういう安いやり方もある」、「では、100万円で外注しよう」などといった合意ができることがあります。業者選定を当事者のどちらかがやると、それは喧嘩になってしまい

ますので、裁判所に預けさせてくださいということにします。専門家調停委員や専門委員からいくつか会社の候補を出してもらった中で、裁判所のほうで決定し、当事者双方の共同発注のかたちをとるわけです。100万円なら50万円ずつ支払うことになります。これは鑑定ではないわけです。

そして、専門会社の検査過程において、調停委員や専門委員がいわば監査役を果たしてもらい、この調査自体意味があり適切な場所を選んでのものなのかどうかなども見てもらう。場合によっては、調査結果についても説明をしてもらう。そういうかたちで動かすものが、実はかなり数が多いのです。こうして専門知識を取り込む方法が多様化してきたので、前向きな意味で、鑑定の数がそんなに伸びないという面もあると思います。

IV 建築関係訴訟の進行

1 調停

(1) 民事調停制度

日本の調停制度は非常に歴史が古いのです。日本の司法制度で、海外で説明したり、あるいは外国からお客様を招くときに自慢できるものは実はあまり多くありません。明治以降、西洋型の訴訟制度を取り入れたために、向こうのほうが歴史が長いということがあるからです。

たとえば少額訴訟制度を作りましたといっても、ヨーロッパ諸国で話せば、「少額裁判所は250年前に最初に作りましたが、200年前に廃止しましてね。ここ100年でも2回ぐらい作って、30年前にまた廃止されて今ないんですよ」と、そんな話で混ぜ返されたりするわけです。専門部や参審制度等でも同じことで、アメリカ・イギリスだけでなくドイツやフランスで話をしても、「実は200年前はこうで、150年前はこうで、今はない」などと、そんな議論になってきたりします。

その中で割合自慢できるのが、実は調停と司法研修所、またこれは内部の組織ですけれども裁判所職員総合研修所です。実際にお客様として来られる方

も、この3つを見て行かれることが多いです。法曹養成と裁判所職員養成に対して、多額の費用と時間を費やしてトータルに運営している国というのは極めて少ないのです。どの国でも司法研修所に相当するものはあるけれども、これほど大規模で、これほど養成期間が長かったり、あるいは公費で賄ってくれたりする制度は少ないわけです（ただし、司法修習生に対する給与支給については見直しの議論がされています）。1年間研修をしてくれる国はあるけれども、極めて高額な受講料を払わなければいけなかったり、実務修習にしても修習料をこちらが払わないといけないなど、いろいろな国があるわけです。

　1982（昭和57）年ころにイギリスに留学していたのですが、大学院でも日本の調停の話だけは、向こうの民事訴訟法の学者も知っておりました。日本において、司法型調停というのはむしろ先駆者的に進んでいるのです。だから、そこの部分だけは「君、しゃべってごらん」と、そういうことがありました。

　そのようなことで、外国のお客様も非常にたくさんいらっしゃいます。去年も、イギリスやフランスの最上級の裁判所の長官などがお見えになりました。フランスの場合も表敬訪問かと思えば、質問書が届き、実際にも大変熱心な質疑応答がありました。なぜかと尋ねたら、フランスも導入予定であるからだということでした。イギリスの最上級の裁判所の長官には、私が2度目に留学したときに建築裁判所（オフィシャルレフリーズコート）で建築訴訟の勉強をさせていただいたので、それをずいぶん導入して東京地裁で運営しているという話をしたところ、ずっとにこにこしながら聞いていて、帰るときになって「実は私が長官になって最初にやったことは、医療訴訟の改革と建築部を廃止したことです。オフィシャルレフリーズコートは今なく、新しく建築部を作って、そこに職権調停を導入しました。今年からイギリスでも調停が行われるようになって、つい先月第1号の調停成立ができたんですよ」といわれました。日本の調停手続について非常に勉強させてもらっているというのを、来訪されてから聞かされて驚きました。

　その他、オーストラリアの最高裁判事とか、日本弁護士連合会でお招きになったモンゴルの調停センターの方が大勢いらっしゃったことがあります。また、中国・韓国・ドイツの方、いろいろな国の方が調停について見に来られま

す。

> **POINT**
>
> ＊調停制度の歩み
>
> 1922（大正 11）年　借地借家調停法
> 　　　　　　　　　　《裁判による調停の開始》
> 1926（大正 15）年　商事調停法
> 1932（昭和 7 ）年　金銭債務臨時調停法
> 1951（昭和 26）年　民事調停法、民事調停規則
> 　　《民事紛争解決のための一般的制度としての民事調停制度の成立》
> 1974（昭和 49）年　民事調停法の改正
> 　　　　　　　　　　《常設の調停委員の誕生》
> 1991（平成 3 ）年　民事調停法の一部改正による調停強化
> 1996（平成 8 ）年　民事調停法の一部改正による調停強化
> 2003（平成 15）年　民事調停法および民事調停規則の一部改正
> 　　　　　　　　　　《パートタイムジャッジ＝民事調停官制度の導入》

⑵　**民事調停の動向**

　ご承知のように、民事調停事件の新受件数は平成の時代に入って非常に増えました。平成元年当時 5 万件台だったのが、平成 15 年に 61 万件まで増えました。平成 15 年には、全国の地方裁判所と簡易裁判所の第一審訴訟事件全部を合わせたより多かったのです。まさに調停主導型の司法になってしまったのです。しかし、その後、猛烈に減少しました。なぜかというと、これはいわゆる特定調停の問題です。景気の悪化のために、平成 12 年に特定調停制度が導入されたときから特定調停が右肩上がりに増え、平成 15 年にピークに達したわけです。同年の調停の新受件数のうち実に 53 万件以上が特定調停でした。そこから景気の回復とともに特定調停が急激に減少し、平成 21 年は約 5 万 6000 件にまで減っております。同年の全調停は約 10 万 9000 件です。ただし、減ったといっても、以前と比べればやはりずっと多いわけです。

(3) 民事調停のメリット

　調停は、合議制で行われていることがメリットだとよくいわれます。裁判官も同じで、2人、3人で議論すると非常に争点がわかりやすくなります。

　私は基本的にものを書いたり読んだりするのは苦手で、口頭のほうが好きです。行政訴訟でも、ほかの訴訟でも、準備書面の厚いのが出ると、「取りあえず口頭でちょっと説明してくれませんか」とお願いします。そのほうが早いですし、かつ、口に出して人を説得することによって双方の頭の整理ができていく、それが人間の思考の特徴ではないかと私は思っているのです。

　そういう意味で合議制というのは非常にメリットがある。しかし裁判官だけで全件合議制でやれるかといったら、そんなことは到底できない。むしろ、平均的な事件については単独訴訟も増やして何とか機動性を付けよう、迅速にやろうという方策のほうが一般的なわけです。それを、裁判官を使わないでできるだけ合議制でやれる、いろいろな知恵も入れられる調停というのは、ちょっと逆説的な言い方ですけれど、裁判所から見ると合理的で的確な審理を行うという役割も担っているのです。

　複数の専門分野にまたがるときには、さらに複数の調停委員を付けています。場合によっては専門家調停委員が3人付きます。非常に典型的な例をいえば、構造設計の建築士さんが1人と施工の建築士さんが1人、さらに設備の方が1人付きます。また、それに弁護士さんが付いて4人体制の調停委員も珍しくない。専門委員でも、非常に金額が大きい事件あるいは社会的インパクトが大きいと考えられる事件については、同じ分野で3人付ける例もあります。1人の専門委員の見方だけではなく、より客観的で多様な見方を示してもらおうとして、複数指定をするのです。実際に3人で侃々諤々の議論になったりして、聞いていると面白く、大変勉強になることがあります。

　たとえば建築基準法というものをどう考えているか自体も、皆様ご承知のとおり、学者の間でも、あるいは実務家の間でも、いろいろ意見があるわけです。それが金科玉条なのか、最低基準なのか、目標なのか。かつ、それがいつの改正、どの部分で、基準の性格が異なるのか、あるいは実務への定着の仕方も異なるのかなどについて、いろいろな見方があるわけで、やはり調停の場で

議論していただきたいのです。なお、裁判官のみの調停というのも手続上可能です。数は少ないですが行われています。後ほど申し上げますが、調停の活用法の1つとして非公開ということがありますので、その観点から裁判官のみで調停を行うよう求められることもあるわけです。

POINT

＊調停委員会
① 調停主任裁判官（原則1人）と調停主任裁判官が指定した調停委員（原則2人）により構成　→民事調停法5条1項、6条、7条
② 複数の専門分野にまたがる事件には、専門分野ごとに調停委員の指定が可能
③ 特殊な案件（迅速性が求められる事件など）については、裁判官の単独調停を実施　→民事調停法5条1項ただし書
④ 調停終了時、調停主任裁判官の立会いは必須（他期日は原則不立会い）

POINT

＊民事調停の流れ
①調停の開始
　ⅰ）当事者の申立て（簡易裁判所）
　　※地方裁判所で行う場合は、原則として管轄合意書の提出を要する。
　ⅱ）訴訟の係属する裁判所の決定による（地方裁判所）

②手続の進行
　ⅰ）期日の呼出し
　ⅱ）本人の出頭義務
　ⅲ）代理人は原則として弁護士
　ⅳ）事実の調査（事情聴取・現地調査・書証調べなど）
　　　→民事調停規則8条の2（期日外の準備）、9条（調停の場所）、12条（職権調査）

③調停の終了
　ⅰ）調停の成立
　　　裁判所書記官による調停調書の作成、調停主任裁判官による決裁
　　　→民事調停法 16 条
　ⅱ）調停の不成立
　　　・申立事件は係属終了となるが、訴えの提起が可能
　　　・付調停事件は訴訟手続再開
　　　・調停に代えて決定することも可能。この場合、当事者が決定受領後 2 週間以内に異議申立てをしないと、当該決定が和解と同様の効力を有する。　→民事調停法 17 条、18 条

(4)　訴訟離れと調停

　以前、スウェーデンの大学と裁判所で調査したときに弁護士会にも何度か足を運び、「なぜスウェーデンでこれほど大きな訴訟が少ないのか」——ある物の言い方をするとそういう現象があるのですが、これについていろいろ議論させていただきました。スウェーデンは、本当に開かれた親切な裁判所を持っています。スウェーデンの司法省の方が「ソビエト連邦が目標として作ろうとしていた、人民のための裁判所というものを、ソ連は作れなかったが、僕たちは作りました」といっていましたが、本当にそういう面があるなと思いました。極論すれば、まったくの素人が 1 人でわけもわからず裁判所の窓口に行って何かいろいろと不平をいっていると、それをきちんと書記官が聴き取って調書を作って、本当に訴訟にまで持ち上げてくれて、何もなくても場合によっては判決まで行くことができるぐらい、職権的な審理を行うことがあるわけです。

　それを可能とするためには膨大な数の裁判官が必要です。人口 900 万人程度の国——言葉の表現は悪いですが、要するに東京都よりも少ないような人口の国に、日本と大差ないぐらいの数の裁判官がいます。高等裁判所の裁判官も多いのです。それなのに事件は、それも日本の地方裁判所にあるような通常民事訴訟があまり多くありません。企業間紛争が本当に来なくなってきている。ス

ウェーデンは簡易裁判所を廃止してしまったのですが、内部では簡裁が廃止されたのではなくて、実は地裁が廃止されたのだという言い方をする人さえおります。

　なぜそういう開かれた親切な裁判所で訴訟離れが起こったのかというと、弁護士会の話ではやはり公開の問題が大きいというのです。北欧ですから、非常にそういう個人情報についてのいろいろな議論が先進的だったわけです。日本より20年ぐらい早くそういうことがいろいろ進んでいた。一方、企業も営業秘密の秘匿に非常に敏感になった。それだけで株価が動くと。それこそ訴訟をわざと起こして、いわば「ためにする」インサイダー的訴訟が、場合によってはできるようなことにまでなりかねないと。そういう中で企業の裁判所離れが進んでしまったわけです。それで、非公開の仲裁に移ってしまったのです。現在では、裁判官も、私設の仲裁裁判所や調停裁判所と兼務している方がいます。ストックホルムの地裁の民事部の裁判長ですと、多くの方が大学教授等としても働いているか、私設の仲裁裁判所等の審判官を務めておられます。

　なぜこんな話をしたのかといいますと、10年以上前にその話を聞いたとき、あまりピンと来ませんでした。それが、この2～3年見ていますと、明らかに、これは公開を避けるために調停に持って来たなと思うものが出て来ています。企業の場合でしたら株価への波及というものもあるでしょうし、その上で双方が合意して合意管轄を作って持って来る。あるいは、ある意味での不祥事に該当する事件もある。あるいは、地方議会や国会に関連性が出て来る場合がある、だから調停を利用するといったケースです。双方が合意すればそういうことができるわけです。

　また、双方合意管轄で持って来ているということは、最初から両方に弁護士が付いて、それぞれ調停でこれを解決しようと考えて来ているわけですから、裁判所が間に入って「これはどれぐらいの期間でやりますか。3カ月ですか。6カ月ですか。何カ月にしますか。期日は最初にこう入れましょうね」と、あらかじめ指定して、いわゆる計画調停を行うこともできます。これも1つの調停の進め方です。そういう調停においては、時々裁判官だけの調停というものも行われます。

ADR基本法（裁判外紛争解決手続の利用の促進に関する法律）が、ついに平成19年に施行されました。その中で司法型調停というのも、他のいろいろなADRの1つのモデルとして歴史があるものだけに、こういうふうにやるんだよという、1つのスタイルを示すものとしての意味も持つのだろうと考えています。

(5)　専門家集団としての調停委員
　調停委員には、いろいろな分野の方がいらっしゃいます。東京地裁の民事第22部の調停委員約390人の中で建築関係の方は約140人（平成22年当時）ですが、裁判所では建物の種類とその分野で細かく分けています。つまり、単なる構造と施工だけではなく、木造、鉄骨、鉄筋、10階建て以上の建物などに分けて、さらにそれを設備・電気・配管・壁、防水、湿度調整、シックハウスなどに分けます。縦軸と横軸で分けていくわけです。また、構造系といっても、構造計算に強い方とそうでない方がいらっしゃいますし、意匠系の方もレストランなど専門性の強いものがあり、いろいろです。
　ただ、やはり足りない分野というのもあって、裁判所で今苦慮しているのは、事件数は少ないですけれどもプラント系です。発電所や原子力関係、ものによっては再処理施設とか非常に特殊なものです。こういうのは建物といっても、むしろ中身が問題というか、いわゆるプラントなんです。そうしますと、さすがに建築士の方でもどうしようもない。しかも火力発電所と水力と原子力とでは、専門家としても全然別種です。そういうプラントにどう対処するのかというのが1つの大きな問題です。
　もう1つは、土木系が結構増えてきております。土木をどこまで建築訴訟として取り込むかというのは1つの問題で、土木自体は建築関係訴訟の定義に入りません。ただし、建物の工事と一緒に行われたものとして一定程度は受け入れたり、あるいは付調停ということで、かなり扱っています。それから、ビルを建てる場合には、実際には土木工事と連繋して一緒にやっていることがいくらでもあるわけです。いろいろ議論するうち、先ほどのように地耐力とか土壌の話に入ると、いつのまにやらほとんど土木の話になってくることもあるわけ

です。あるいは、開発するとき、最近はマンションでもひな壇型のが多いですから、建物の話より、むしろ土を切ったり盛ったりする土木系の議論になってくることがあります。これは建築訴訟の範疇に入りますが、本当に必要な専門家は建築士だけではないのです。それにどう対処するかが問題です。

　もう1つは、それほど数が爆発的に増えているわけではないですが、シックハウスや結露、環境汚染などへの対処をどう確保していくかです。なぜかというと、このタイプは、実は和解や調停で終わる率が低いのです。本当に人格訴訟になってしまうことがあります。人生がこれで終わってしまったといわれたり、家族の方が亡くなったりとか、複雑な情況になることがあります。こういう事件を扱う専門家をどう選ぶか。誰を選ぶべきなのか。実務家で選ぶと、利害関係ということで議論が出る可能性がある。一方、学者の方ですと、研究はされているけれども、現実のいわば施工の現場をあまり見ていないという問題があります。もちろんこの分野の専門家の数も多くありません。毎回このタイプの訴訟が来るたびに、専門家調停委員を付すかどうか、専門委員を付けるかどうかで悩みます。もっとも、どなたをお願いするかで、関係学会に推薦をお願いしたりして、この2年間で倍ぐらい増員していただきました。

　医療の調停委員と同じことですが、専門分野になると、調停委員になっても扱う件数はあまり多くはありません。多くないのですが、やはり人数が一定程度いないと困るのです。なぜかというと、裁判所が調停委員を選ぶときの縦軸は専門性です。横軸は利害関係のなさや外見上の公平さです。本当はどの方を選んでも公平にやってくれると裁判所は思っていますが、外見の公平らしさということが求められますから、そうすると、医療でも、たとえば診療科目ごとに1人か2人の調停委員しか選んでいないと、1つの出身大学か何かでどうしようもなくなることがあるわけです。建築についても、こういう人格訴訟面が強いものについてはやはり同じ面がありまして、相当数を確保しておかないと、事件と全然何の関係もありえない人を選ぶのは難しいということが起きます。そこで、関係の学会や専門家の方に推薦をお願いして、いろいろ動いているところです。

⑹　調停委員の立場

　ちなみに、調停委員は国家公務員であるということを時々当事者で知らない方がいます。中には調停委員がいるからしゃべれないとか、裁判官だけになって話したいといわれる方がいらっしゃいます。それは困るのです。調停委員にはきちんと守秘義務があって、個人情報などは絶対に漏れないのです。それは、専門委員についても同じことです。

　また、専門委員も調停委員も、あくまで証拠方法ではありません。それ自体が鑑定人でもなければ証拠方法でもない。したがって、専門委員や調停委員に訴訟代理人が法廷外で接触して、証拠を出してもらう、陳述書を作ってもらう、あるいは鑑定書を書いてもらう、極端な場合ですと証人として申請していただくというのは非常に困ります。こんなことは普通ありえないと思っていたのですが、現実には時たま起こっているので、それは知っておいていただきたい。

　法廷外でどちらかがどちらかに接触したということがわかると、もうそれだけで原則として辞めていただくことになっています。本当は接触を受けても、その調停委員がどうこうすることは多分ないはずです。本人も「えっ、何で？」ということになるのですが、先ほどいった公平らしさを求めるという点に反するわけです。調停委員や専門委員の方も非常に迷惑を受けますので、絶対に接触しないでいただきたい。もちろん、現地へ行ったときにそこで議論をするとか、期日で調停委員と議論するのは当たり前のことですが、期日外のときに、会って話を聞いたり、議論するのは絶対に困るということです。

⑺　簡易・迅速な解決制度

　もしかしたら他のADRのほうが、調停よりももっと簡易・迅速な解決を提供できることもあるかもしれません。しかし、調停の申立費用が訴訟の2分の1だということは、安いといえば安いと思います。実際に数十億円とか百億円ぐらいの請求で申し立ててくる方もおられますので、そうするとかなり印紙の面でメリットにはなっているなという気がいたします。

　また、訴訟ですとリスクや怖さがあるということで、一種のテスト訴訟のよ

うなかたちとして、まだ判例や定見がないがこれを訴えかけたい、裁判所がどういうことをいうのか見てみたいというときに、最初から調停を申し立てる申立調停を使う方もいらっしゃいます。ある意味で調停というのは何でもありなのです。実際に、「適切な紛争解決を求める」とだけ調停の趣旨に書いて来られる方がいらっしゃるわけで、それを不適法といってはねることはしていないわけです。

「最近における民事調停の実情」というのは、今まで話したところでもう尽きていると思います。

> **POINT**
> **＊司法型 ADR としての民事調停制度の特質**
> ①当事者の主体的な参加
> 　→当事者双方の主体的判断による紛争の終局
> ②民事紛争一般を対象
> 　→法律上の権利義務の存否を問わない。
> ③多様な分野の専門家（2 名以上）と裁判官からなる調停委員会
> 　→民間の良識・専門知識の反映。適法・適正な解決の担保。
> ④解決の実効性と解決内容の柔軟性
> 　→調停調書による強制執行も可能。判決の限界を超えた「相当な解決」。
> ⑤簡易・迅速な解決、比較的低廉な申立費用
> 　→簡易裁判所の場合 1〜3 期日。訴訟の 2 分の 1 の申立費用。
> ⑥手続の非公開
> 　→民事調停規則 10 条（手続の非公開）、民事調停法 37 条（評議の秘密を漏らす罪）・38 条（人の秘密を漏らす罪）

(8) 運用上の留意点

運用上留意している点は、要するに実態の把握・解明に努めるということを調停委員の方たちには口を酸っぱくして申し上げております。調停に対する古いイメージとして、たとえば、「お互いとにかく譲り合いなさい。半分に切る

とこうなりますね」という進め方を予想する人も多いと思いますが、いわゆる専門調停の場合には、それではなかなかできない。調停案の説得力があるかどうかというのは、どこまで紛争の実態に即した調停案を提示することができるかにかかっております。したがって、そこをよく思案してほしいという話をしています。あとは、むやみに何回も調停期日を重ねないでほしいとお願いしております。

2 建築調停の実際と建築訴訟の審理
(1) 概論

調停手続では、当事者と協議を行っておおまかな審理計画を立て、調停委員会による評議の実施、瑕疵一覧表や主張整理表の作成、専門家調停委員による現地調査（原則として調停主任も参加）などの過程を経て、合理的な合意形成が可能となるように橋渡しをしています。また、争点整理目的の調停では、全調停期日への調停主任の立会いを確保し、的確な争点整理を行うように心がけております。

(2) 東京地方裁判所民事第22部の目標

民事第22部が目標としている調停による紛争解決の特色について簡単に触れますと、訴訟が裁判官による裁断であるのに対し、調停は、当事者の合意、すなわち当事者の主体的判断による紛争の終局である点に最大の特色があります。当事者の合意形成の橋渡しをする調停過程では、非公開の調停室で当事者のプライバシーに配慮しつつ、当事者が調停委員や相手方等と、争点を中心としながらも、より幅広く当該紛争に直接・間接に関係する諸事情について、意見を十分に交換し、相手方との対立点および一致できる限界点を見出しつつ、自己の紛争に対する見方を次第に客観化させていくことが重要です。その上で、判決による解決の見通しや、実質的な公平、支払い能力、執行の成否等の当該訴訟の最終的解決形態を規定する現実の諸要因を総合的に考慮した上で、当事者双方が当該紛争を最終的に解決するとの決断に至るプロセスに特徴があります。

このような紛争解決過程への当事者の主体的な参加の形態は、訴訟手続における当事者の参加形態とは趣を異にするものであり、このプロセスこそが、調停成立時の任意履行の担保に重要な役割を果たすと認識されています。民事第22部では、調停成立事件の任意履行の状況を把握する1つの指標として、建築関係事件の、調停で終了した場合の執行文付与率の調査を実施しました。その結果、平成18年1月から同年12月までの間に調停により終了した事件の執行文付与率は8.6％にすぎず、この数字からも、調停成立事件は判決で終了した事件と比較して、任意履行の割合が高いことが推測されます。

(3) 付調停と調停手続の流れ
① 調停手続参加への当事者の動機付け
　調停後の事件に対する取組みを迅速かつ積極的なものにするためには、当事者の協力が必要となります。話合いによる解決ができないために訴訟を提起した当事者に、どうして再び話合いをしなければならないのか、すなわち、なぜ調停手続によるのかについての疑問に答えることは、その後の調停手続を円滑に進める上で重要な手続になります。付調停事件の第1回調停期日において、当事者に自主的な紛争解決をしようという意識が希薄な事件が散見されますが、当事者がこのような状態のままですと、調停手続が遅延し、あるいは真の争点の解決ができないおそれがあります。事件が話合いで解決するのにふさわしいものであるにもかかわらず、当事者が調停に積極的でない場合には、当部の調停による解決の利点（裁判官である調停主任のほか、技術専門家調停委員、法律専門家調停委員、有識者調停員等の構成により、紛争解決能力が高い。調停成立率は約7割であり、成功率が高い。調停で解決すれば上訴もなく、履行の確保も良好であって、結果的に早期解決になるなど）を説明して、説得することになります。また、前述のとおり、争点整理型の調停や、弁論準備並進型の調停のほうが増えている現状からすると、これらの新しいタイプの調停に付する場合は、さらに加えて、当該類型の審理方式の趣旨目的と利点につき、説明する必要があります。

② 調停委員指定のための情報収集

　当該事件に最も適任の調停委員を指定することは、事件の適正かつ迅速な解決のための最初のキーポイントです。

　民事第22部では、1事件に調停委員2名を指定するのを原則としており、うち1名は法律専門家調停委員、もう1名は当該事件の専門的な争点に対応可能な専門分野の調停委員を充てる態勢をとっています。事案が複雑で複数の専門分野が交錯する場合には、複数の技術専門家調停委員を指定しますし、調停手続進行中に、異なる専門知識を要することが明らかになった場合には、適宜、新たな技術専門家調停委員を追加して指定する取扱いを行っています。

　事件の配てんを受けた担当書記官と担当裁判官は、事件記録に基づき、当該事件の解決に最適の調停委員を選任するべく協議し、裁判所が調停委員を決定します。

　なお、この過程で当事者双方から、期日において、あるいは事前に電話等で意見を聞くこともあります。これは、第1次的には、争点が何であり、どのような分野の専門知識が必要かを確認するために行うものであり、第2次的には、外形的にも中立な調停委員を選任するために、当事者が会社の場合の系列関係や他の利害関係人の有無等を尋ねるためのものです（この点は、当該調停委員候補者からも聴取するので、屋上屋を重ねるものにすぎないときも多い）。したがって、選任につき、説明や紹介の意味で調停委員候補者の具体的氏名を挙げることもありますが、それにつき当事者の同意を得ようとするものではないですし、また、当事者から当該調停委員候補者の経歴等を尋ねられても、答えないこともあります。また、当事者からの推薦の下、調停委員を選任することはありません。

③ 調停委員用の資料の写しの添付

　訴状、答弁書等の主張書面および重要な証拠については、裁判所に常駐していない調停委員が事件を事前に検討する資料として、あらかじめ担当調停委員に送付する必要があります。付調停の際には調停委員会の分として訴訟記録の主要部分の写しを2部ずつお願いすることもあります。また、付調停後に提出

する主張書面および書証については、必ず正本・副本以外に、調停委員用の写し各1部を作成して提出していただくことになります。残念ですが、これがないため、あるいは提出が遅れたために、技術専門家調停委員が期日前に十分な検討ができず、せっかくの期日が空転してしまうという例が多発しています。

なお、民事第22部は、調停委員への資料の直送方式を進めていますので、直送承諾となっている調停委員（弁護士はほとんどがそうであり、建築士等も増えつつある）には、時間の短縮のためにも、是非、直送していただきたいと考えます。

④ 評議

民事第22部では、第1回調停期日の前に、調停主任および調停委員との事前評議を実施することにしています。事件についての方向性や調停の進め方に関する情報交換を主目的とするものであり、通常の裁判官同士の合議と異なるところはありません。担当調停委員（ことに技術専門家調停委員）は、事前の検討に基づき、自分で作成した疑問点等の整理表や当事者に対する質問事項を記載したメモなどを携えて評議に臨むのが通常です。以後の評議は、期日の直前や直後に行われることが多いですが、事件の節目や、調停案の提示の際等には、別途評議期日を入れて評議することが多いです。

⑤ 瑕疵一覧表等のデータ交換

建築訴訟では、ご承知のように瑕疵一覧表というものを作成し、これを複数の目的のために使います。それから、追加変更工事一覧表・時系列表、事件によっては未成工事一覧表を出される方もいます。いずれも民事第22部の標準書式があります（資料1〜4〔104頁〜108頁〕参照）。標準書式は電子情報になっており、同部書記官から当事者双方に電子メール等によって交付されるようになっています。それに書き込んで、電子メール添付で交換していただき、裁判所にも出してもらう。そうやって表で整理していくということを行っております。

なぜ表を使うかといいますと、建築関係事件は争点が多く、場合によっては

何百、極端な例では1000を超えるようなものもあります。それを文章形式で整理していってもきりがないのです。また、従前、主張のみで証拠のないもの、証拠のみで主張のないもの等が多く、両者があるものも、主張と証拠の関連性が不明であったり、証拠のどの部分が該当するのかといった検索に時間がかかるものなどが多かったのです。さらに、各争点ごとに瑕疵の具体的程度等の明示、補修内容、補修金額、原工事と追加変更工事の各内容等の明示がなければ、主張の意味をなさないものが多いのに、それらに漏れの多い事件が目立つわけです。そのため、主張と証拠の関係や、主張の具体性がわかりやすい一覧表が用いられるわけです。

　古くは、イギリスの建築部（オフィシャルレフリコーズコート）で発案されたスコッチスケジュール等に端を発するものです。

　変更がどんどん起きるということも、一覧表を使う理由の1つです。議論をしている中で、こちらとしてはどんどん削っていきたいのですが、当事者のほうは、調べていく上で増えていく、増やしたいというものが出て来ます。現地を見に行った後で、「こことここはもうやめてください」といって落としたり、その段階で専門家のほうから「むしろここがポイントじゃないか」という話が出て来ることもあります。このように各一覧表は、もともと随時加除訂正されていく、要するに流動していくものだと思っており、その意味でも、表の交換による主張と証拠の整理は建築事件に適していると考えます。これに対し、従来の準備書面交換型の主張整理は、陳述してしまうと、いったん主張が固定してしまうところにも問題があるわけです。

　ちなみに私は、準備書面交換型で行う場合は、最後に出した準備書面しか有効ではないというふうにしてほしいと思っています。諸外国の民事訴訟手続では多くの国がそうです。なぜ日本だけが準備書面等で陳述したものはすべて訴訟資料になってしまうのか、外国の法曹たちから、非常に理解し難いといわれることがあります。何通も見なければならないというのは、法律家としてやりようがないと思います。裁判というのは原告の主張1通、被告の主張1通、自分たち裁判官は常にそれを見比べて議論し、審理し、あるいは判断する。その意味で本当は最後の準備書面だけで、残りはすべて撤回すべきだと思っており

ます。でも、現実にはそうはいきません。しかし、表の場合にはそれがやれるわけです。ずっと手を加えながら、最後にできた表のみでもって、準備書面添付や弁論準備調書添付等により主張の整理をするわけです。

3番目のメリットは、建築訴訟は準備書面などで整理すると、いろいろな主張が出ているのに、実はほとんど裏付けがないことが多いのですが、表を作ると、そこが如実にわかるという点です。それと、金額で評価するとどういうものになるのかが一見してわかるという点もメリットです。少し形式的な言い方で嫌われてしまうかもしれませんが、訴訟事としてやるためには証拠があり、かつ、金額に換算していくらのものになるかということが重要です。それをきちっと整理するために、やはり表というものが欠かせないのです。

ただし、表には、当事者の打ち合わせの過程や、どの図面に承諾したのかなどといった事案の経緯があまり明確に出て来なくなってしまいます。そのために時系列表というものを同時に作って、書証と一緒に付けていただきたいのです。特に専門家の場合は図面主義になってくるため、「どの図面に基づいて作った、発注した」、「どの図面がいつ渡っているのか」、「どの図面に承認のサインをもらったのか」などといった議論が出ます。ですから、単に関係者の打ち合わせ表のようなものではなく、何をどうしたのか、請求書をいつ発注し、見積書をいつ出したのか、そういうことも含めて記載していただきたいのです。

とにかく、表にすると何となく頭が整理できます。「何だ、これはすべて追加変更工事をやった後に見積書を出しているのか」、「この事件はすべてその前に見積書が出ているのか」、「図面については全部後出しじゃないか」など、いろいろなことがわかってきます。

それから、場合によってはいわゆる施工計画表も必要です。業者は実際の施工をグラフにして、いつこうやるという施工計画図を作ります。もともとの施工計画図はどうだったのか、実際に行った施工計画図はどうだったのか、いろいろ修正変更を重ねた末の最後の施工計画図はどうだったのか、それを出してもらうのも意味があります。

なお、表の作成に関して、皆様にお願いがございます。こういう瑕疵一覧表の取扱いは裁判官も、弁護士も慣れていないことがあります。そうすると、す

ごく簡単なものが出たり、逆にものすごく詳細なものが出たりします。どちらもやはり好ましくない。簡単すぎる例ですと、次々と番号をふってどれもただ「2階床」と書いてあったり、現状欄に、「施工むら」「音がする」「傷がある」等と漠然とした記載をし、あるべき状態欄に、「瑕疵のない状態に補修する」等と抽象的に記載するようでは、何の意味もありません。要するに、現状と、瑕疵がない状態、模範とすべき状態というものをきちっと具体的かつ簡潔に書き分けてほしいのです。基本的には単語1つではなくて、具体的に2〜3行書いてほしい。逆に、そこに20行も30行も書いたら、何のための整理なのかわからなくなってくるので、困ります。もし、長い記載が必要な場合には、「何月何日付け準備書面の第何項で詳述する」として引用していただければよいのです。

　それと、建築訴訟は戸建てでも結構規模が大きくなることもありますし、まして集合住宅ですと当然規模が大きくなってきます。そうすると、同じような主張や認否が何度も繰り返されることになります。したがって、類似の主張や同様の認否が繰り返される場合は、瑕疵一覧表、追加変更工事一覧表、時系列表等に、さらに記号表を付けるなどして、ABC等一定の記号で、主張や認否を略記するなど、いろいろな工夫をしていただきたい。争点の極めて多いものや物件自体が多数あるものは、用語表も作成したほうがよいです。面倒なようでも、結局、記号表や用語表を作成したほうが省力化になります。

　これらの表は、実は何度も交換していると、当事者間でも、どれが最新のものかわからなくなってくることがあります。そのために、東京地裁では、右上に必ず履歴を書いてくださいとお願いしています。要するに、自分がメールを打ち返すときに、その表の右上に「平成20年2月18日加筆」「2月19日認否」等と順次付記して、加筆しても前の人のを消さない。次から次へと書き足していって作成の履歴がわかるようにしていただきたいのです。そして、最新の、今回打ち返すときに直した部分だけは網掛けするとか、アンダーラインを引くかなどして、区別してもらえるとありがたいです。受け取ったほうが、今回の交換で加わった分だけを見直せばよいようにしてやりとりする。こういうかたちで主張証拠整理をしていただきたいと思います。

また、証拠の引用のところで、たとえば設計図書が乙3号証になっているときに、ただ「乙3」と書いても何にもわからない場合が多いことに注意して下さい。見積書や瑕疵診断書、図面集等を引用する場合も同じです。必ず、乙3の何頁の番号○○とか、何頁の何行目から何行目までとか、何枚目の右上の何々印の付された部分などと特定して記載してほしいのです。特に、大量の書証の出る建築関係訴訟では、そのように記載していただかないと意味がなくなってしまいます。

(4)　現地調査

　現地調査は早く行ったほうがよいと思います。現地に臨んで調査検分することが、争点の絞込みや証拠の整理をする上で極めて重要になりますし、当事者双方にとってもプラスになります。手続的には現地調停または進行協議期日になります。

　もっとも、裁判所側だけの都合でいいますと、早く実施すると結局もう1回行かなければいけないということもよくあるので、本当は早く行きたいわけではないのです。事件によっては、5回も行ったという例があります。非常に厳しいのですが、やはり行かないと争点を絞れないものもあります。先ほどの話のように、瑕疵一覧表がきちんと完成していて、その表の項目番号が全部共通図面に落ちていて、それを手に持って現地を見て確認するというのが、本当は理想形なのです。しかし、実際にはそこまで待たずに行かないとそもそも瑕疵一覧表が作れない事案もあるし、施工者側等で認否のしようもない事案もあります。また当事者がなかなか作れないといっているときに、現地を見ると、「なるほど、これはこういう方式で表現したり、整理しないとやれないタイプの事件だな」とか、いろいろなことがわかります。さらに、施主側としては、早く現地調査を受けた上で、瑕疵部分を自分で補修したいと考えることも多いでしょう。その意味でも、裁判所はできるだけキャパシティーを増やし、人数を増やして、迅速な現地調査に対応できるようにしたいと思っていますが、なかなか厳しいところもあります。

　少し脱線しますが、実は、私も若い頃は鉄筋工や電気工、いろいろなブルー

カラーのアルバイトをしたりしましたので、高い所は得意だと思っていたのですが、年を取ると駄目です。最近高い所に登ると足がすくむ。逆に地下はだいぶ上手になって、高さ 30cm くらいの所でも潜っております。基礎や地盤、土台のことが争点となる事件が増えてきていますので。また、昔風の雨漏りは登らないといけないわけです。なかなか厳しいですが、危険手当ても出ません。

　さて、現地調停の場合であっても、進行協議期日の場合であっても、裁判所による検証調書が作成されるわけではありません。現地調査の結果を証拠化するには、各当事者が写真撮影等をしなければならず、実際にこれを行っていることが多いです。そのため、事前にお互いに写真撮影の許可と、何人が同行するかの打合せをしています。個人の居宅等の場合は、各当事者ごとに、訴訟代理人 1～2 人、説明する建築士等が 1 人、写真撮影や検分の補助者 1～2 人程度にとどめるのが望ましいと考えます。

　また、当事者には、事案によっては、三脚や照明機材、測定機材の用意、床下へ入るための準備、場合によっては、壁はがしや穴開け、床はがし、基礎部分掘削等、種々の準備をお願いしています。

　さらに、共通図面に瑕疵一覧表等の項目番号を付し、これを利用して現地調査手続書を作成することや、都内であれば、官用車 1 台分の駐車スペースの確保等についても、事前打合わせが必要です。現地への順路図も提供してもらっております。

　技術専門家調停委員や専門委員は、現地調査の結果をメモ化して整理したり、デジタルカメラで現地を撮影し、パソコンの現地再現システムを利用して現地調査の結果を検討したりすることもあります。ただし、これらは、調停委員等の手持ち資料であって、直ちに証拠となるものではないし、求めがあっても、これを当事者に交付して証拠化するのは、調停委員等の立場に反し、原則として相当ではありません。

　現地調査後に、こうした調停委員らによる調査の結果や、当事者の提出した現地調査の際の報告書、それを踏まえての瑕疵一覧表等の補充完成版等をもとに、調停委員会としての意見を合議するなどして調停案または和解案を作成することが多くなります。提示した調停案または和解案に対する当事者の意見に

ついては、酌むべき点は酌み、賛成できない点はその根拠を明示して再考を求めます。このような過程を繰り返す中で、多くの事件で調停または和解の成立を見ています。

(5) 調停または和解成立の場合の処理

　建築関係事件であっても、和解調書や調停調書の作成は、基本的に通常民事事件の場合と変わることはありません。ただ、清算条項については、時に当事者間で認識の不一致が生ずることもあるので、念のために説明します。

　建築関係事件であっても、基本は「何々に関し」を入れない単純な清算条項を付すのが原則です。この場合でも、成立日以降に、雨漏りが生ずるなどの瑕疵が発覚すれば、それは通常の瑕疵約款やアフターサービス約款に基づいて処理されることになります。すなわち、建築関係事件の特徴として、訴訟当事者は、当該建物および契約関係がある限りは、今後一切の関係を絶つということはできないのです。

　これは、「本件に関し」、あるいは「何々工事に関し」（このほうが紛れがない）を入れた清算条項を付した場合でも、基本的には同じことです。もちろん、「本件に関し」を入れた清算条項では、訴訟物以外の瑕疵や追加工事代金等であれば、成立日以前のものでも請求・主張しうることになりますが、実質的に蒸し返し的なものであれば、信義則に反するという抗弁が出されることになると思います。

　また、施工者側等の希望で、訴訟で問題となった瑕疵や部位を特定して列記し、「これらや成立日までに知り得た瑕疵につき、被告に何らかの責任があることを理由とする補修工事や損害賠償等の請求をしないことを確認する」等の清算条項を入れる例もあります。しかし現実的には、その効力は、そのような条項を入れない場合と差異はないはずです。このような条項を入れても、成立日以降に生じた雨漏りや、成立日以降に発見された建物躯体の瑕疵等に基づく請求を排斥することはできません。かえって、何を記載するのかで紛争が生じがちですし、これに列記のないものはどうなるのかなどの問題も生じますので、裁判所としては、お勧めできません。もっとも、調停条項や和解条項の書

きぶりは、当事者間の気持ちの問題等も関係しますので、そのような観点から、このような条項を入れる場合もありえます。

　逆に、施主側からは、成立日以降に生じた雨漏りや建物軀体の瑕疵等についての請求を排斥する旨を明示した清算条項としたいとの希望が出されることもあります。これも、本来、一般原則で処理しうるものである上、記載するとなると、契約約款やアフターサービス約款との関係やそれら約款の解釈が問題になることもあります。また、記載のないものは反対解釈するのか、あるいは施工者側では事実上補修に応じるつもりであったが、法的義務とされるのなら嫌であるなどとして、かえって紛争が再燃することもあります。やはり、裁判所としては、当事者間ですでに共通認識のできた事件等を除き、お勧めできません。

(6)　**不調後の処理**

　建築調停とIT分野の調停、また機械分野の調停の場合は、調停が不成立になっても、そのまま終わりということで訴訟部に戻すのではなくて、俗に意見書と呼ばれているもの（本当は意見書ではないと思っているのですが、要するに調停の経過や結果についての文書）を残すことにしています。

　過去にはそれを当事者に交付しなかったり、第3分類とよくいいますが、訴訟記録でないところに綴ったりということもありました。最近は調停調書や最後の不成立調書に、調停の経過は別紙のとおり、調停委員会の勧告案は別紙のとおりであるなどとして、文書を添付し、当事者にも交付することが多くなっています。その中で簡単なものは1枚ぐらいで、積算の結果がただ載っているだけとか、単純に調停のときの勧告案だけ付いているというものもあるでしょうし、場合によっては、調停の経過あるいは争点、争点に対する調停委員会の見解まで含めてフルコースで書かれているものもあります。このあたりは正直にいいますと、専門家調停委員のご協力次第です。当事者はそれを謄写して書証として訴訟に出すこともできますし、あるいは事前に当事者にお渡ししたものを書証化することもあります。

　調停の場合に、なぜこのような取扱いをするのかという批判もあると思いま

す。数は少ないですが、20とか30に1つぐらいの例で、「そんなものを付けてもらうのは困る。不成立になった以上はもうまっさらで、ゼロから出発なんだ」とおっしゃる方がいます。しかし、裁判所の考えは逆なのです。ここまで時間やコストをかけて（調停委員は国費で賄っているわけですし、各自の時間を犠牲にして、調査検討等をしているわけです）、たとえば今まで1年も2年もかかったこの調停手続をゼロにして、それでいいのかという重い問題があります。もちろん勧告案や調停委員会による整理、評価の仕方について批判は出て来るでしょうし、その査定なり積算について、たとえば反証を訴訟で、不利と思ったほうが行うことになるでしょう。当事者双方にとって、それぞれ見解の違う意見書となっているかもしれませんし、実際に判決を見ても、そのときの意見書と同じ判決が出ているものも、違うものもあります。結論は同じだけれど、金額はかなり違うという例もあります。ただ、やはり審理の土台として、意見書なり何なりの調停の成果物があった方が、当事者双方にとって、訴訟になっても合理的な訴訟活動を行いやすいはずです。そのため、建築ですと、調停での到達点を新たなスタート地点として訴訟を始めるわけです。要するに、ゼロにリセットするものではないと考えているのです。

3 専門委員と技術専門家調停委員との差異
(1) 専門委員

平成16年4月1日から、専門委員制度がスタートしました。建築関係の専門委員は、80人以上（平成23年4月現在）が選任されており、細かな各分野を網羅しています。単に、設計、構造、監理、施工、積算等といった大きな分類分けだけでなく、さらに、鉄筋、鉄骨、コンクリート、木造、戸建て住宅、高層建築物、大型店舗、屋根、防水、基礎、山留め、崖崩れ防止、一般内装、店舗内装、レストラン内装、外装、電気工事、空調工事、配管、騒音、振動、日照、景観、公害、都市計画、結露、シックハウス、カビ等、多岐の分野に分かれています。そのためか、建築関係事件での専門委員の活用は多く、平成20年では、東京地裁での専門委員の全指定件数の半数程度となっており、立会い回数では過半数をはるかに超える状態です。

(2) 専門委員の指定

　専門委員の指定の流れは、技術専門家調停委員の場合と基本的には変わりはありません。争点と、争点との関係で必要となる専門的知識の分野の吟味が必要であることや、それらに適する専門委員がいても、当該専門委員に就任してくれるよう説得することがなかなか大変な場合が多いことも変わりありません。ただし、専門委員を付するには当事者双方の同意が必要ですので、当事者が専門委員を付するか専門家調停委員を付するか裁判所に一任すると答えている事件（相当数の事件はそうである）以外では、当事者の意向の聴取をより慎重に行う必要があります。そのため、場合によっては、専門委員候補者の経歴等も一部開示することもあります。

　なお、民事第22部の取扱いとしては、原則として、専門委員の立会いは1回ではなく、必要な期日全部に立会いを求めているため、当事者の同意を得た上、最初から一律に、「専門委員を争点または証拠の整理等の手続、証拠調べ手続および和解手続に関与させる。本件の専門委員として、○○○○を指定する」旨、調書に記載して決定しており、その際に、当事者双方が「同意する」旨の調書記載もしています。

(3) 専門委員と技術専門家調停委員の区別

　これまで、専門家の知見を活用するためには、付調停にするか、鑑定手続をとるかしかなかった事件についても、専門委員制度を利用する第3の道ができました。

　ただし、専門委員の場合には、若干注意していただきたいことがあります。先ほど専門委員制度の成立によって選択の幅が広がったといいましたが、専門委員と技術専門家調停委員とは同じものではありません。また、鑑定人とも大きく異なります。

　専門委員は専門知識を活用し一般的な説明をし、裁判所の争点整理に協力してもらうことを主眼とするのに対し、技術専門家調停委員は、法律家調停委員および調停主任と協力して、意見を述べ、調査や査定もして、高い調整能力を発揮することが期待されています。

しかし、実際に建築事件等を審理していますと、当事者は、一般論に関心があるのではなく、現に問題になっている特定の見解や、証拠等について専門家からの説明を得たいと考えていることが多いのです。そのため、原則として、専門委員には、専門的な書証の読み方や、図面、証言の理解等につき説明をしてもらい、また、当事者に事実関係やその理論付けに誤解がある場合に説明をしてもらったり、前述したように建築関係訴訟では、瑕疵一覧表等の記載の仕方や書証等の整理の仕方を指導してもらうなどの役割が期待されています。

　さらに、当事者の要望としては、専門委員に、技術専門家調停委員のように、現地調査の上、評価を含めた物件の説明をしてもらうことや、査定、積算等を含む説明までしてもらうことを期待していることが多く、現に、前述したように、専門委員を付した場合に専門委員と共にする現地調査はほぼ必ず実行されていますし、当該事案に則した内容の説明をしてもらったり、評価を含めた当該物件自体についての説明をしてもらうことも多くなっております。

　ただし、専門委員制度を無料の鑑定と思ってもらっては困るし、当事者の証拠収集活動の一助と考えてもらっても、制度の趣旨に反することは言うまでもありません。したがって、専門委員の本来の役割が技術専門家調停委員と差異があることからすると、このような作業を実行してもらうためには、当事者双方の明示の同意が必要であると考えています。すなわち、専門委員は、調停委員と異なり、法律によりあらかじめ明示されている役割は小さいのですが、民事訴訟ですから当事者双方の同意があれば積極的運用も可能と考えているわけです。逆にいえば、専門委員については、専門委員を付する際に、何についてどの程度の協力をしてもらうのかをあらかじめ議論して、当事者と裁判所の共通の認識の限度で協力をしてもらうわけです。また、実際には、当事者は、上記のような作業まで希望することが多いとしても、専門委員としては、時間的にも、コスト的にも、そこまでは協力できないといわれる場合も多いので、これをどのように調整するかが裁判所の困難な問題になっています。

　以上のような問題状況の下、平成20年当時の民事第22部では、専門委員に過度の負担をかけないことを条件に、かつ、事前に当事者全員の同意をとった上で、必要な事案については、書面により評価を含む説明をしてもらうことに

しています。書面によるとするのは、それを当事者に交付することにより、口頭説明よりも、さらにいえば内心で考えているよりも、手続の透明性が増し、当事者が反論する上でも便利だからです。その場合は、弁論準備手続調書等に、「当事者全員　専門委員○○○○が、○○○○についての説明書（評価を含む）を提出することを承諾する」などと明確に記載し、また、当該説明書は、弁論準備手続調書等に、「裁判官　専門委員の説明は、別紙記載のとおり」と記載して、調書に添付するなどして記録にとどめることにより、審理手続の透明性を確保することにしています。また、事案によっては、当事者双方に、専門委員に質問したいことを文書で出してもらい、裁判所が間に入って、どのような質問事項の下で説明してもらうか調整することもあります。構造計算の適否や合理的補修方法などのように、当事者に質問書を提出してもらうまでもなく、自明のときは、事項を特定するのみで済ませることもあります。このような説明書は、その後の審理の進め方や和解を考える上で大きな助けとなることがありますし、裁判官の一般的知見や経験則を補助するものとして、または当事者が援用している場合は弁論の全趣旨として、判決の基礎の一部となることもあります。

　この前、専門委員の方と研究会を開いたのですが、「やはり1つの事件について何か説明しようと思うと、最低3時間必要です」といわれました。「大きな事件はもっと必要、小さな事件でもそれぐらいはほしい」ということです。そうすると、1期日では本当は無理なのです。専門委員の方も1回、2回見てわからないものが、1年ぐらい審理を続けて、やっと「なぜ片方に付いている建築士さんがこういう誤りをしたのか」というのがわかるということもあります。だからこそ、専門委員制度をより踏み込んだかたちで活用するようになっているわけです。

　さらに、双方の承諾のある場合に専門委員の方に書面でまとめて説明していただく中には、たとえば構造でしたら、計算結果の検証とか、検算をお願いし、あるいは補修ならば、費用の積算等をお願いする場合もあります。これは、いわば発展型です。また、それについて当事者から質問書を取ることもあります。実は期日にも、当事者から尋ねられて積算的な議論にまで進むことは

ありますが、かなり複雑なことについては文書で出していただかないと十分な議論が難しいわけです。また、大規模な事件では、当事者や訴訟代理人多数が一堂に会して説明会を開き、専門委員から書面を交付した上、その書面の口頭による解説もしてもらい、さらに、口頭での質疑も行った上、後日の再質問も受け付けるという例もあり、これらは好評でした。

　ただし、このような積極的運用をもって鑑定と同じように考えられると、やはり困ります。あくまで一般的知見として、たとえばある物について、「どの程度の基準・水準がありますか」、「補修するとすればどのような方法がありますか」、「一般的補修費用はどの程度といわれていますか」、などといったかたちで質問をしてほしいのです。ストレートに、「本件は瑕疵があるのか、ないのか、瑕疵に当たるものを指摘せよ」、などといった質問書を出されても困るわけです。

　また、それを書証として使うのは行きすぎだと、裁判所のほうでは思っています。先ほど申し上げたように、専門委員の証拠化については、現行法の下では、裁判所は非常に消極的に捉えています。ただし、記録化についてはむしろ積極的なのです。手続の透明性を高めるためにも、口頭でしゃべったようなことはきちんと調書に残しておいたほうがいい。そうすれば当事者双方ともわかりますし、文書も双方に交付できるし、それに基づいてさらに議論が深まっていくと考えているわけです。

　なお、裁判所から見ても、また当事者から見ても、専門委員の説明書は、その役割やさらにいえば重みが、鑑定とは違います。鑑定はまさに判断を求めるものであり、裁判官の心証にも大きな影響を持ちます。これに対し専門委員の説明書は、いわば判断や議論のスタートとなるものであり、それで決定的な力を持つものではありません。期間や費用も違うのですから、各専門委員にもそのようなものとして協力をしてもらっております。

4　鑑定

　鑑定の手続は、通常の民事事件と変わるところはありません。ただし、東京地裁では、すでに多数の技術専門家調停委員を抱えており、かつ、それでも足

りない分野については、財団法人日本建築学会との間で鑑定人推薦の制度ができているので、鑑定人のなり手探しに苦慮することは比較的少ないのが現状です。

もっとも、建築関係事件では、鑑定作業に破壊検査やボーリング等の工事が必要な場合が多く、外注によるコストもかかります。したがって、鑑定費用は一般的な民事訴訟の場合に比べて、高額になることが多くなります。通常、百数十万円程度から数百万円となることが多く、建物の規模によってはさらにこれを超えることもあります。

V 今後の問題

1 裁判所の課題

建築関係訴訟を専門部または集中部で処理するシステムとなって、約10年が経ちました。1人または複数の専門委員を選任した訴訟は、その詳細な助言の下で、大規模または複雑な事件についても、的確な争点整理が実施されている例が多くなっています。調停に付した事件についても、現地調査、これに基づく査定・積算や意見表明等がスムーズに行われています。また、少なくとも、裁判官が早期に当該事件の処理に必要な専門的知見と一般的技術水準等を把握するという観点からいえば、専門委員または専門家調停委員の早期の活用により、かなりの成果が上がっています。

しかし、統計的に見る限りは、これらのことが審理期間の短縮には必ずしもつながっていないようです。民事第22部の建築関係事件の未済事件の平均審理期間は平成19年当時で約18カ月であり、東京地裁の民事通常部の未済事件平均審理期間の2倍を超えています。また、全国の裁判所を対象とした2年を超える長期未済事件の割合に関する調査でも、建築瑕疵事件のそれは、行政訴訟や、労働訴訟、知的財産権関係訴訟、医療過誤訴訟、公害訴訟等よりも多くなっています。

このあたりの状況が、同じく審理に長期間かかる訴訟の典型といわれた医療

過誤訴訟および知的財産権関係訴訟では、大幅な改善があったことと異なっています。東京地裁でも、建築関係訴訟の未済事件の平均審理期間は、知的財産権関係訴訟はもちろん、行政訴訟等にもすでに逆転されて、これらよりも長くなっています。この原因を調査解明し、さらなる調停の活用、専門委員の協力、部内処理態勢等の見直しを検討する必要があると考えています。

もっとも、技術専門家調停委員や専門委員を指定した事件一般で、先にお話ししたように、裁判官が早期に当該事件の処理に必要な専門的知見を取得することができ、調停成立率も7割近いのですから、今後、審理期間の短縮は可能と考えています。

2 弁護士の課題

(1) 建築関係事件の困難さ

建築関係事件は、紛争の内容が設計、監理、構造、設備、査定・積算等の多岐にわたったり、争われている瑕疵や追加変更工事の箇所が多数に及ぶことが多いのが現状です。また、個人の当事者の訴訟では、施主や購入者にとって、住宅の建築や購入は、多くは一生に一度のことである上、近時の情報の氾濫、権利意識の高揚等もあって、被害感情は強くなり、また、コストダウン圧力の影響か、問題工事や当事者双方の認識の食い違いも増え、主張は年々大部になるばかりです。そのため、争点整理や説得等に時間を要することが多く、審理期間の短縮が難しい状況となっています。

(2) 十分な事前検討の必要性

しかし、建築関係事件は、当該紛争で問題となっている物件が現存しているものが大多数です。紛争対象が現存している以上、このような大多数の事件では、入念な事前準備をすることにより、審理の合理化、省力化を図ることは十分可能であると考えられます。すでに述べた各種一覧表の作成も、事前準備次第で、容易にも、困難にもなります。建築関係訴訟の審理の工夫が始まってまだ長期間経過していないため、各種一覧表の作成に習熟していない弁護士が多く、審理に長時間を要しているようにも見受けられます。

また、事件の組立ての中身についても、施主個人が依頼して最初に行われた瑕疵診断をそのまま鵜呑みにして、訴訟を組み立てたり、あるいは、事後に施行者側のみで作成した見積書を鵜呑みにして、追加変更工事代金の請求訴訟を提起すると、大変な目に遭うことが多いようです。第三者の目から客観的に見れば、どのような読み方がされるのか、また、主張は作れるとしても証拠はあるのか、あらかじめ、弁護士が中立的立場で検証しておく必要があります。一定の代金額とのバランスの下に工事をしているのであり、完全を求めればコストにはね返ることも考慮しなければなりません。そのような目で、瑕疵診断を検証する必要もあります。また、逆に、施主も一定の予算の下に発注しているのですから、いくら追加変更工事が存在しているとしても、その費用の原工事代金額に対する割合が著しく高い場合は、追加変更の合意の認定が格段に厳しくなることに留意するべきです。

　さらに、交通事故訴訟のような長い歴史がないせいか、損害論が十分煮詰まらないままの事件も多く見られます。たとえば、建築基準法に違反するものはすべて瑕疵であるという立場を仮にとったとしても、その場合にどのような実損が生じているのかが論証されなければ意味は乏しいでしょう。また、過大な補修費用がかかる場合には補修請求ができないことにも注意しなければなりません。さらに、たとえばひどい雨漏りがあるとして、補修代金相当額でいくのか、建替え費用相当額でいくのか、建物の全損と評価しての損害賠償でいくのか、雨漏りによる損害を主とするのか、さらには営業損失や逸失利益まで進むのか等、形式論や単に金額の多寡にとらわれるのではなく、当該事案に則した、立証のしやすい構成は何なのかを十分検討の上、請求額を決定すべきだと思います。

■参考文献
　『建築訴訟の審理』東京地方裁判所建築訴訟対策委員会（判例タイムズ社・2006）
　各種建築用語辞典（図の多いものがよい）

第 2 部

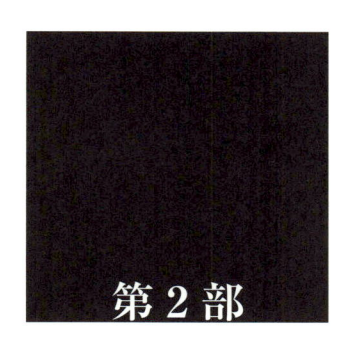

ADR による建築紛争解決を考える
―パネルディスカッション―

○パネリスト 菅野 博之（東京地方裁判所民事第22部　部総括裁判官〔2008年当時〕／現：東京地方裁判所民事所長代行者）
　　　　　　伊藤　 弘（独立行政法人建築研究所　研究総括監〔2008年当時〕／現：独立行政法人建築研究所理事）
　　　　　　加藤 秀生（国土交通省中央建設工事紛争審査会　紛争調整官〔2008年当時〕／現：財団法人住宅保証機構住宅保証研究所研究第一部長）
　　　　　　渡邉 一平（日弁連 ADR センター副委員長〔愛知県弁護士会〕）
○司　　会　加藤 俊子（日弁連 ADR センター副委員長〔東京弁護士会〕）
　　　　　　遠山信一郎（日弁連 ADR センター副委員長〔第一東京弁護士会〕）

はじめに

遠山　ADRセンター副委員長の遠山でございます。第2部パネルディスカッションの趣旨をもう一度確認させていただきます。今回の弁護士研修においては、専門技術性、それから人格的な色彩を持った紛争類型である建築紛争について、先生方が事件としての枠組み、争点を正確に把握して、さらにその解決のための適切な方法に訴訟もしくはそれ以外の方法――今回はADRを想定しておりますが、そういったものを選択し追考するためのコツとかヒントとか、さらに、ベーシックな知識を身に付けていただけますよう、このパネルディスカッションを展開したいと思います。

各パネリストの紹介

加藤（俊）　ADRセンター副委員長の加藤でございます。司会進行を務めますので、どうぞよろしくお願いいたします。これからパネルディスカッションに入りますが、最初にパネリストの先生方をご紹介いたします。まず向かって一番左側が、独立行政法人建築研究所研究総括監の伊藤弘さんです。二番目は、国土交通省の中央建設工事紛争審査会紛争調整官の加藤秀生さんです。次に、第1部で講演をしていただきましたが、東京地方裁判所民事第22部の部総括判事、菅野博之さんです。最後に、日弁連のADRセンターならびに愛知県弁護士会あっせん仲裁センターの運営委員会委員、またあっせん仲裁人でもあります渡邉一平弁護士です。

　それでは、先ほどは東京地裁民事第22部の菅野判事からご講演をいただきましたけれども、ここで、国土交通省中央建設工事紛争審査会と弁護士会のあっせん仲裁センター、それぞれのADRの手続についてご説明いただこうと思います。最初に加藤さんから、これまで利用したことのない弁護士の方も多いと思われますが、建設工事紛争審査会につきまして、どのような建築紛争を取り扱っているのか、それから建設工事紛争処理手続の概要、最近の運用状況に

ついてご説明をお願いします。

I 国土交通省中央建設工事紛争審査会の現状

1 建設業を巡る状況

加藤(秀) 加藤です。行政官ですので、ちょっと本筋とはずれるかもしれませんが、まず最初に現在の建設業を巡る状況について、おおまかにご説明いたします。

図表1の「建設投資、許可業者数および就業者数の推移」をご覧ください。この表は棒グラフで建設投資額を表しています。白い長い棒グラフが民間投資、下のほうの黒い棒グラフが政府投資です。ですから、建設投資は政府投資プラス民間投資、このように単純に見ていただければと思います。

まず、民間投資のピークは平成2年度に来ていまして、55.7兆円。これに対して、政府投資のピークが平成7年度。バブル後の景気対策がいろいろあり、35.2兆円となっていますが、これを両方合わせた建設投資のピークは、平成4年度の約84兆円でした。平成19年度は大幅に減っておりまして、政府投資は公共事業費が3%カット、カット、カットと来て、今や17.2兆円、民間投資が35.2兆円、合わせて52兆円ぐらいが建設投資全体であろうと思います。これが建設業者のパイですが、これをピーク時と比べますと、建設投資全体ではピーク時より37.7%減。政府投資に至っては46.9%減となっており、ピーク時（平成7年）と比べて半分近くに落ちています。

これに対して業者数のほうを見ていただきますと、許可業者数のピークは平成11年度末の約60万業者でしたが、現在平成18年度末においても52万4000業者ということで、約12%しか減っておりません。パイのほうは減っているけれども、食べる人のほうは減っていないということで、競争が起こるのは当たり前でありまして、そういう中でエントロピーが高まっているといいますか、紛争が起こりやすいような下地があります。

正しく申しますと、52万業者といいましても、これは建設業の許可を出し

図表 1　建設投資、許可業者数および就業者数の推移

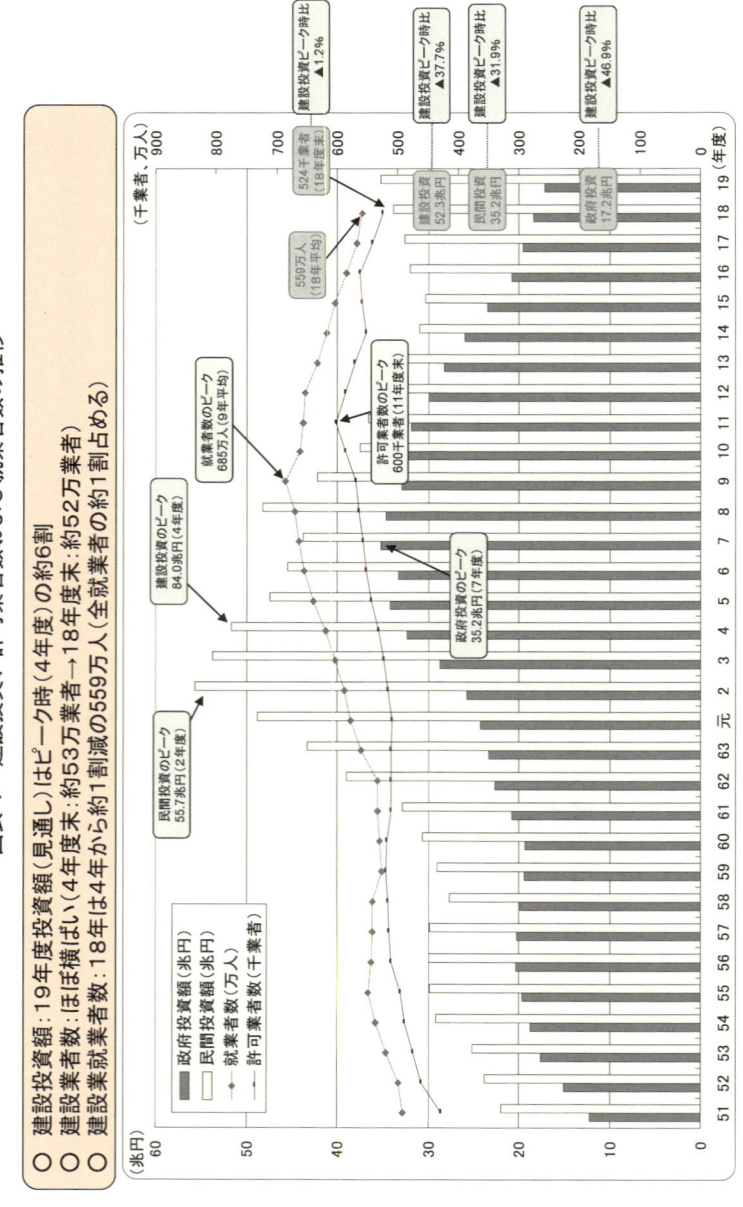

- 建設投資額：19年度投資額（見通し）はピーク時（4年度）の約6割
- 建設業者数：ほぼ横ばい（4年度末：約53万業者→18年度末：約52万業者）
- 建設業就業者数：18年は4年から約1割減の559万人（全就業者の約1割占める）

凡例：
- 政府投資額（兆円）
- 民間投資額（兆円）
- 就業者数（万人）
- 許可業者数（千業者）

主なピーク・注記：
- 民間投資のピーク 55.7兆円（2年度）
- 建設投資のピーク 84.0兆円（4年度）
- 政府投資のピーク 35.2兆円（7年度）
- 就業者数のピーク 685万人（9年度）
- 許可業者数のピーク 600千業者（11年度末）
- 524千業者（18年度末）
- 559万人（18年平均）
- 建設投資 52.3兆円（19年平均）／建設投資ピーク時比 ▲1.2%
- 民間投資 35.2兆円／建設投資ピーク時比 ▲37.7%
- 政府投資 17.2兆円／建設投資ピーク時比 ▲31.9%
- ／建設投資ピーク時比 ▲46.9%

出所：国土交通省「建設投資見通し」「許可業者数調べ」、総務省「労働力調査」
注1　投資額については平成16年度まで実績、17年度・18年度は見込み、19年度は見通し
注2　許可業者数は各年度末（翌年3月末）の値
注3　就業者数は年平均

ている数ですから、必ずしもすべての人が建設業を本業にしているわけではありません。中には製造業の方が、売っている機械の器具の設置工事をするために建設業の許可を取ったり、あるいは本屋さんが内装工事をするために許可を取ったりしています。そういう方を抜いて、完成工事高をあげている、主に建設業に携わる業者の数は25万ぐらい、そのうち公共事業に携わる業者が18万ぐらいと考えられています。

　公共事業を直接受注する業者には、経営事項審査といって、途中で倒産したりしないように、財務体質やあるいは技術力などの審査をさせていただいております。これは建設業の許可とは別に審査しています。この経営事項審査を通っている業者が大体18万です。したがって、25万から18万を引いた7万が民間工事の専業です。公共事業といいましても、直接その発注者、すなわち、公共機関から請け負う業者が大体7～8万といわれております。

　こういう全体の状況の中で、図表2「職業別建設業就業者数の推移」を見ていただきますと、平成9年をピークとして以降減少しており、平成18年ではピーク時に比べ120万人以上減少していることがわかります。就業者数は少しずつ減少しているということです。図表3「建設業就業者の年齢階層別構成比の推移」は、高齢化が進んでいることを示すグラフです。50歳以上の就業者の占める割合は依然大きく、20歳以下の就業者の割合は小さくなっています。図表4「建設業の利益率の推移」からは、産業全体では利益率の改善が進む中、全産業と比べて建設業は投資の減少等により、利益率が低迷していることがわかります。図表5「建設業の倒産の状況」からは、建設業の倒産件数は依然として高水準で推移し、とくに地方部において、全倒産件数に占める割合が高くなっているのがわかります。

2　建設工事紛争審査会のあらまし

　私ども紛争審査会の設置根拠は建設業法です。資料14（198頁）の建設業法の1条にあるように、「建設業を営む者の資質の向上、建設工事の請負契約の適正化等を図ることによって、建設工事の適正な施工を確保し、発注者を保護するとともに、建設業の健全な発達を促進」すること、この「建設工事の請負

図表 2　職業別建設業就業者数の推移

○ 建設業就業者数は平成9年をピークとして以降減少しており、平成18年ではピーク時比120万人以上減少している。（18％減）

（万人）	H2年	H3	H4	H5	H6	H7	H8	H9	H10	H11	H12	H13	H14	H15	H16	H17	H18
その他	24	25	26	26	25	24	24	24	24	23	21	20	19	19	17	16	15
販売従事者	22	22	24	26	27	24	29	31	31	32	34	33	33	34	35	34	32
管理的職業、事務従事者	118	127	127	128	127	128	131	133	131	128	126	125	116	114	113	107	107
専門的・技術的職業従事者	29	33	36	42	42	43	43	41	43	42	42	39	37	36	34	32	31
建設作業者等	395	399	408	420	433	438	442	455	434	432	432	415	414	401	385	381	375
計	588	604	619	640	655	663	670	685	662	657	653	632	618	604	584	568	559

出所：総務省「労働力調査」（暦年平均）
（注）建設作業者等：製造・制作・機械運転及び建設作業者
その他：保安職業、サービス職業従事者、農林漁業従事者、運輸・通信従事者、採掘作業者、労務作業者

図表3 建設業就業者の年齢階層別構成比の推移

○ 50歳以上の就業者の占める割合は依然大きく、29歳以下の就業者の占める割合は小さくなっている。

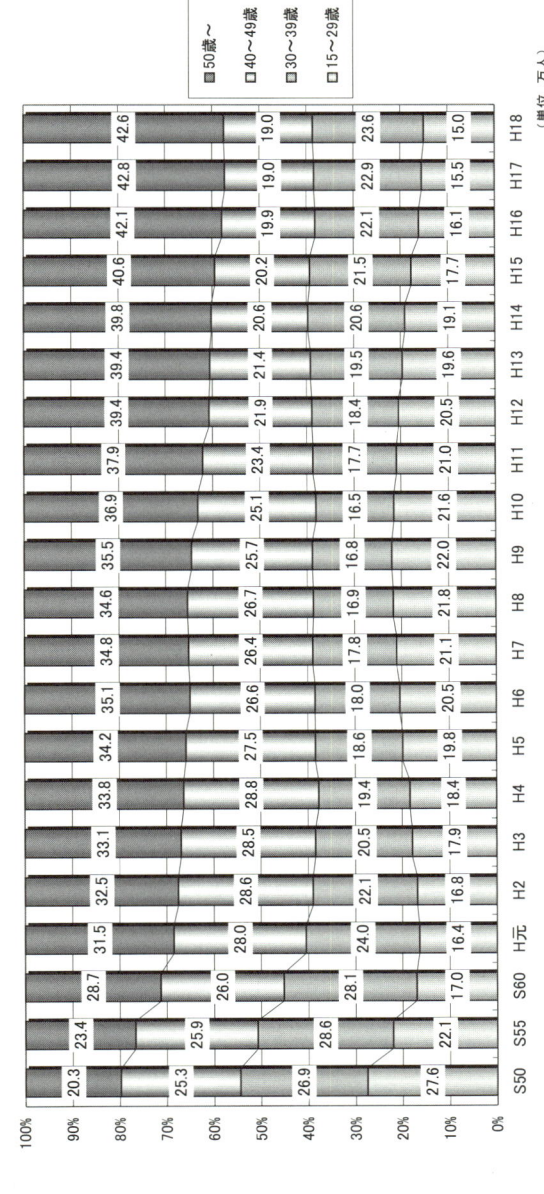

凡例: ■50歳～ □40～49歳 ■30～39歳 □15～29歳

（単位 万人）

	S50	S55	S60	H元	H2	H3	H4	H5	H6	H7	H8	H9	H10	H11	H12	H13	H14	H15	H16	H17	H18
50才以上	97	128	152	182	191	200	209	219	230	231	232	243	244	249	257	249	246	245	246	243	238
うち55以上	59	73	85	114	123	131	138	143	151	154	159	165	160	161	162	151	153	157	164	167	169
40～49才	121	142	138	162	168	172	178	176	174	175	179	176	166	154	143	135	127	122	116	108	106
30～39才	129	157	149	139	130	124	120	119	118	118	113	115	109	116	120	123	127	130	129	130	132
15～29才	132	121	95	95	99	108	114	127	134	140	146	151	143	138	134	124	118	107	94	88	84
うち20未満	12	12	9	11	13	15	14	13	14	14	14	14	11	10	9	9	8	7	6	5	5
合計	479	548	530	578	588	604	619	640	655	663	670	685	662	657	653	632	618	604	584	568	559

出所：労働力調査（総務省）

図表 4　建設業の利益率の推移

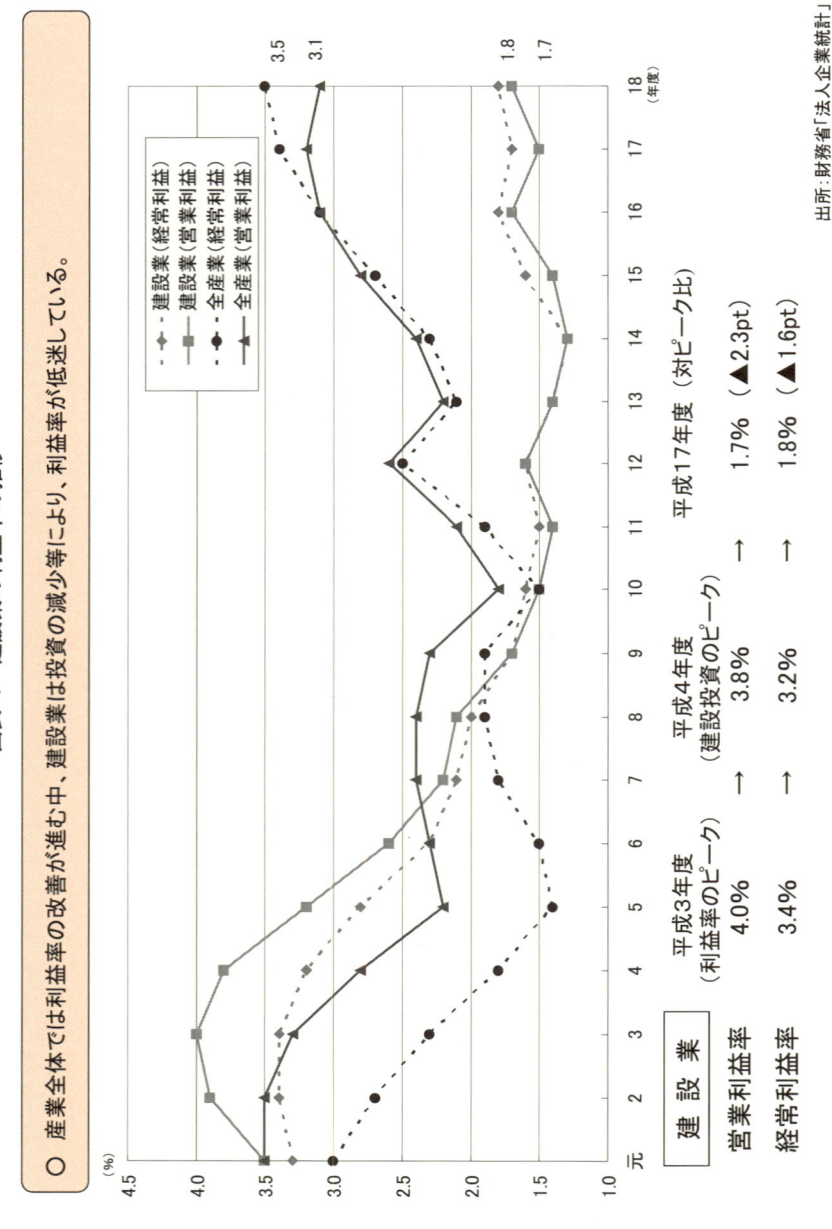

○ 産業全体では利益率の改善が進む中、建設業は投資の減少等により、利益率が低迷している。

建　設　業	平成3年度 (利益率のピーク)		平成4年度 (建設投資のピーク)		平成17年度 (対ピーク比)
営業利益率	4.0%	→	3.8%	→	1.7%　(▲2.3pt)
経常利益率	3.4%	→	3.2%	→	1.8%　(▲1.6pt)

出所：財務省「法人企業統計」

62　第2部　ADRによる建築紛争解決を考える

図表5 建設業の倒産の状況

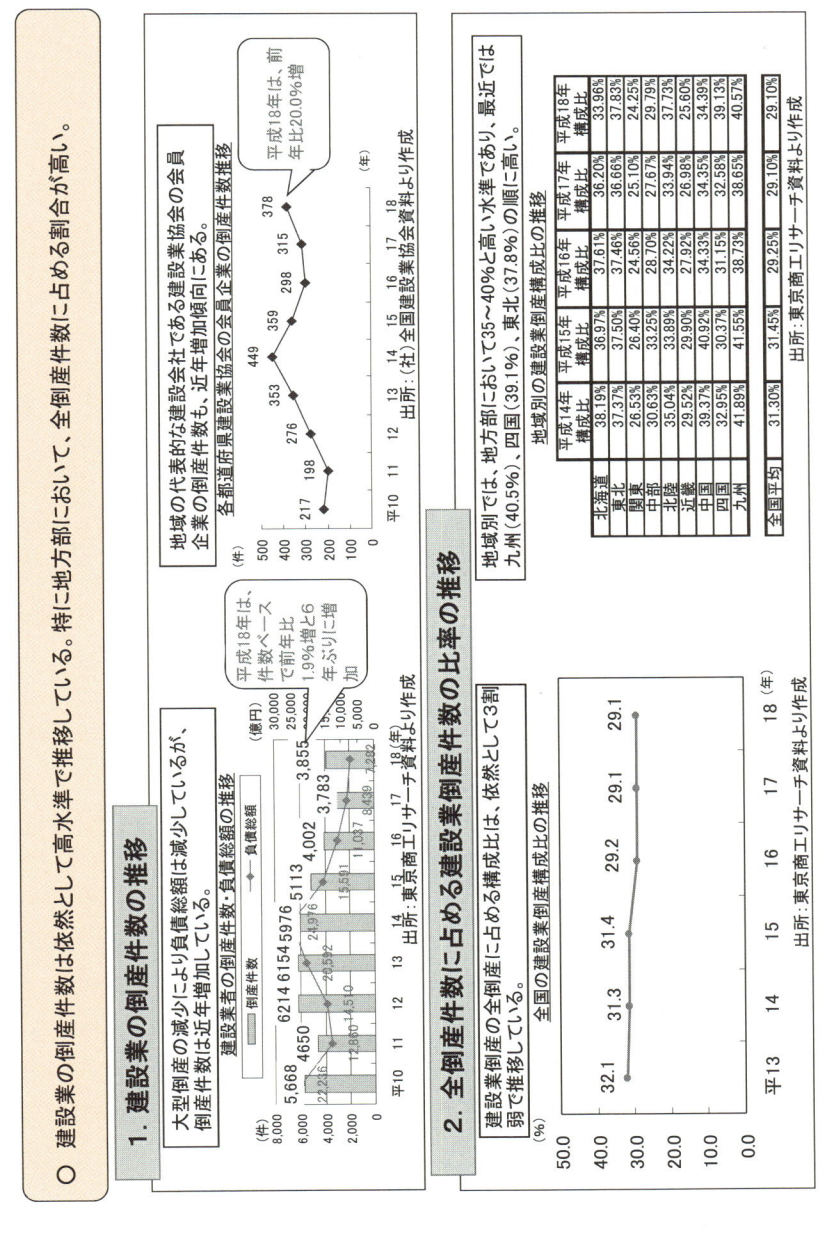

○ 建設業の倒産は依然として高水準で推移している。特に地方部において、全倒産件数に占める割合が高い。

1. 建設業の倒産件数の推移

大型倒産の減少により負債総額は減少しているが、倒産件数は近年増加している。

平成18年は、件数ベースで前年比1.9%増と6年ぶりに増加。

出所:東京商工リサーチ資料より作成

地域の代表的な建設会社である建設業協会の会員企業の倒産件数も、近年増加傾向にある。

各都道府県建設業協会の会員企業の倒産件数推移

平成18年は、前年比20.0%増

平10	11	12	13	14	15	16	17	18 (年)
217	198	276	353	449	359	298	315	378

出所:(社)全国建設業協会資料より作成

2. 全倒産件数に占める建設業倒産件数の比率の推移

建設業倒産の全倒産件数に占める構成比は、依然として3割弱で推移している。

全国の建設業倒産構成比の推移

平13	14	15	16	17	18 (年)
32.1	31.3	31.4	29.2	29.1	29.1

地域別では、地方部において35~40%と高い水準であり、最近では九州(40.5%)、四国(37.8%)、東北(39.1%)の順に高い。

地域別の建設業倒産構成比の推移

	平成14年構成比	平成15年構成比	平成16年構成比	平成17年構成比	平成18年構成比
北海道	38.19%	36.97%	37.61%	36.20%	33.96%
東北	37.37%	37.50%	37.46%	36.66%	37.83%
関東	26.53%	26.40%	24.56%	25.10%	24.25%
中部	30.63%	33.25%	28.70%	27.67%	29.79%
北陸	35.04%	33.89%	34.22%	33.94%	37.73%
近畿	29.52%	29.90%	27.92%	26.98%	25.60%
中国	39.37%	40.92%	34.33%	34.35%	34.39%
四国	32.95%	40.37%	31.15%	32.58%	39.13%
九州	41.89%	41.55%	38.73%	38.65%	40.57%
全国平均	31.30%	31.45%	29.25%	29.10%	29.10%

出所:東京商工リサーチ資料より作成

契約の適正化等を図る」という施策の一翼として位置付けられています。

　建設業法の中には、不当に安い代金額で発注してはいけないというような規定、請負契約の適正化に関する規定、あとは書面で契約を結ばなければならないとか、見積もりをきちんととらなくてはならないとか、そういうことが縷々書いてあります。かねてから、建設業の契約関係は非常に前近代的であり、そしてまた、種々修正は施されておりますけれども、出来上がらないとお金がもらえないというあたり、あとは公共発注者との間の力関係等々で、片務性があるといわれております。そういうものを是正するという施策の中に位置付けられている審査会です。

　建設工事紛争審査会の直接の設置根拠は25条で、「建設工事の請負契約に関する紛争の解決を図る」と書いてあります。したがいまして、私どもの所掌範囲は建設工事の請負契約に関する紛争です。建設工事というのは建設業法2条1項に定義規定があります。建設業法3条2項、具体的には別表第1によって許可が必要な二十数業種が書いてありますが、そのことを指しています。大体普通の建設工事と思っていただいて結構ですが、建設工事の請負契約に関する紛争に限られております。

　資料5の「建設工事紛争審査会のあらまし」（110頁）をご覧ください。私は国土交通省の中の中央建設工事紛争審査会というところの事務局員ですが、建設工事紛争審査会は、国土交通省に1つ、各都道府県に1つずつ、合計48が設置されています。「5. 審査会の管轄」（111頁）に書いてありますが、中央審査会は、簡単にいいますと、当事者のどちらかが国土交通大臣の許可を持っている建設業者である場合の紛争を扱います。あるいは、許可を受けた都道府県知事が違う場合、たとえば東京都知事の許可を持っている建設業者と神奈川県知事の許可を持っている建設業者の元請下請紛争、こういうものは私どもの管轄になります。都道府県の審査会は、その都道府県で許可を受けた建設業者だけが関与する紛争を扱います。あるいは両方とも許可がない場合は、その建設現場がある都道府県の審査会が管轄いたします。もちろん合意管轄は可能です。

　中央審査会は、委員が15人、特別委員が130余名、合わせて150名余りか

らなっています。さらに、先ほどのお話とおおむね似たような感じですが、弁護士の先生方を中心にした法律の専門家、各技術―建築・土木・電気・設備分野等の先生方、建設業行政に携わったことのある方など専門委員から構成されています。

その所掌範囲ですが、先ほど申しましたように請負契約が絡まないといけませんので、売買あるいはもっぱら設計の問題だけですと、範囲外で扱えません。請負契約の紛争を扱いますと、どうしても設計が絡んでくることがあります。どっちだかよくわからない場合には一緒にやるということが現実にはありますが、純然として設計士だけを訴えたいという場合は、根拠法が建設業法ですので非常に厳しい。厳しいというか、相手方から抗弁を出されますと、これは違いますといわざるをえない場面が出てきます。あとは、近隣への騒音など、工事に伴う契約当事者以外の方との紛争、また、これは微妙なところもありますが、直接契約関係にない元請けと孫請け間の紛争、こういうのは取り扱うのが難しいです。

3　紛争処理手続の流れ

手続は、あっせんと調停と仲裁の3種類でやっております。あっせんと調停の違いは、実務的には資料5の「6. あっせん、調停、仲裁の違い」（112頁）を見ていただきたいと思います。大体、あっせん委員は弁護士の先生1人にお願いをしています。調停委員の場合は仲裁と同じですが、主任を弁護士の先生に務めていただき、これに技術分野の先生を必ず1人お付けし、さらにもう1人、事件の性格によって会長が担当事件の委員を指名すると、こういうかたちになっております。

手続ですが、大体のフロー図は資料5の「Ⅱ. 紛争処理手続の流れ」（114頁）のようになります。調停を例にとって説明いたしますと、まず申請書を出していただきます。必要的記載事項がありますので、それを記入してお出しいただくということです。申請書提出後、これを被申請人に通知して答弁書をいただきます。この間大体3週間ぐらいの余裕をもっていたします。揃ったところで、委員の指名と日程調整等を行い、申請書を出してから約2カ月から3カ月

で第1回の審理となります。1カ月以内に答弁書を出していただくと、そこから調整してうまくいけば審理まで3週間ぐらい、最短ならば申請から審理まで1カ月半ぐらいです。

あとは、通常の調停とそれほど変わりないと思いますが、出て来られる当事者の方々の宿題の準備なども考えると、大体1カ月から1カ月半に一度のペースで審理を行うことになると思います。事件によっても違います。

4　事件の内容と推移

そこで、どういう事件があるのかについて概略を説明いたします。全体では図表6の「申請件数の推移」をご覧ください。この折れ線グラフは一番上が全体、そのすぐ下に沿うような点線が都道府県の審査会の件数、一番下が中央の件数です。都道府県の件数自体は、平成8～9年頃をピークにしてだんだん下がり気味です。全体では、ピーク時は300件を超えております。都道府県だけですと250～260件がピークで、最近は都道府県が150件ぐらいまで落ち込んでいます（平成21年度：132件）。中央のほうは徐々に増加傾向にあり、今60件ベースぐらいで動いています（同68件）。

その内訳は図表7の「手続別の申請件数割合の推移」が表しています。平成18年度の申請件数を手続別に見ますと、調停が148件（71％）（平成21年度：134件〔67％〕）、あっせんが36件（17％）（同30件〔15％〕）、仲裁が26件（12％）（同36件〔18％〕）となっています。この構成比は、長期的な傾向変化は見られません。

次に、図表8の「工事種類別の申請件数割合の推移」です。かつてはほとんどが建築事件でしたが、最近増えているのが土木です。一番上、黒で示されている「その他」は電気とか設備とか解体だけとか、そういうたぐいのものです。平成18年度では、建築が154件（73％）（平成21年度：123件〔62％〕）、土木が31件（15％）（同52件〔26％〕）、その他が25件（12％）（同25件〔13％〕）となっています。

それから、図表9の「当事者類型別の申請件数割合の推移」について見てみましょう。請負契約に関する紛争なのでいろいろな当事者が出てまいります

図表6 申請件数の推移

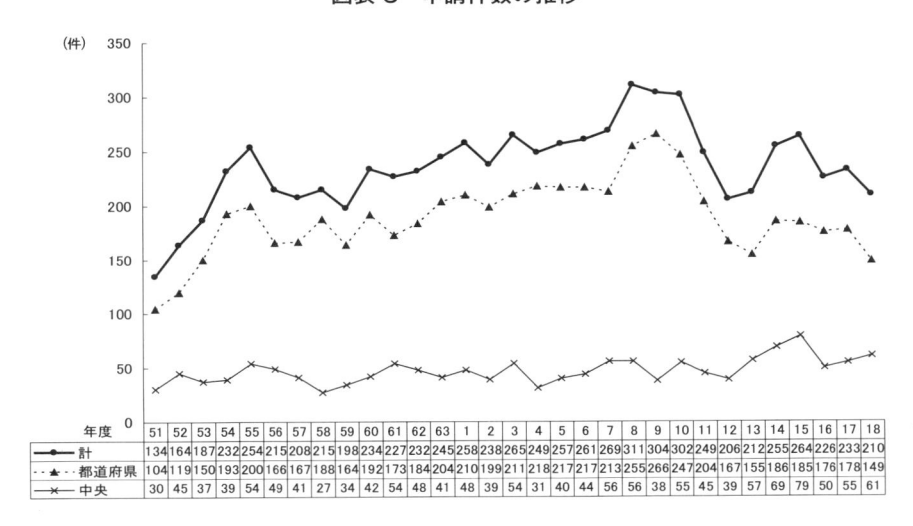

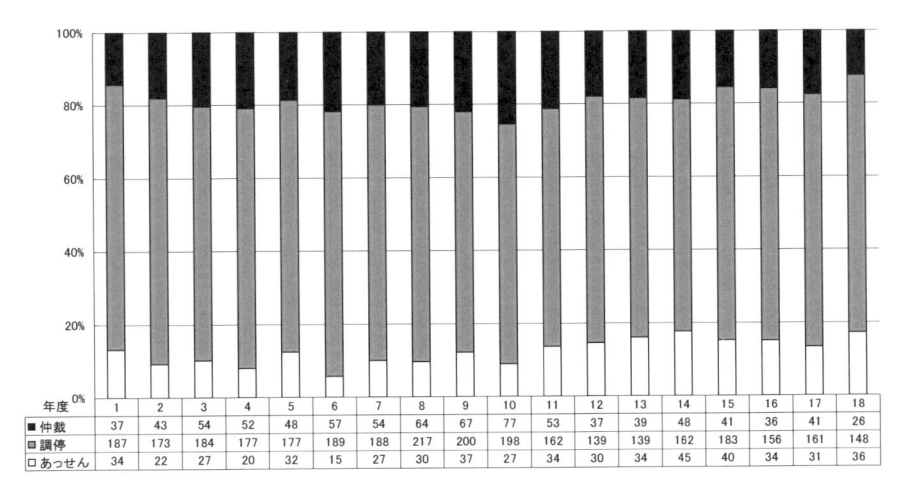

年度	51	52	53	54	55	56	57	58	59	60	61	62	63	1	2	3	4	5	6	7	8	9	10	11	12	13	14	15	16	17	18
計	134	164	187	232	254	215	208	215	198	234	227	232	245	258	238	265	249	257	261	269	311	304	302	249	206	212	255	264	226	233	210
都道府県	104	119	150	193	200	166	167	188	164	192	173	184	204	210	199	211	218	217	217	213	255	266	247	204	167	155	186	185	176	178	149
中央	30	45	37	39	54	49	41	27	34	42	54	48	41	48	39	54	31	40	44	56	56	38	55	45	39	57	69	79	50	55	61

図表7 手続別の申請件数割合の推移（中央＋都道府県）

年度	1	2	3	4	5	6	7	8	9	10	11	12	13	14	15	16	17	18
仲裁	37	43	54	52	48	57	54	64	67	77	53	37	39	48	41	36	41	26
調停	187	173	184	177	177	189	188	217	200	198	162	139	139	162	183	156	161	148
あっせん	34	22	27	20	32	15	27	30	37	27	34	30	34	34	45	40	34	31	36

Ⅰ 国土交通省中央建設工事紛争審査会の現状

図表8 工事種類別の申請件数割合の推移（中央＋都道府県）

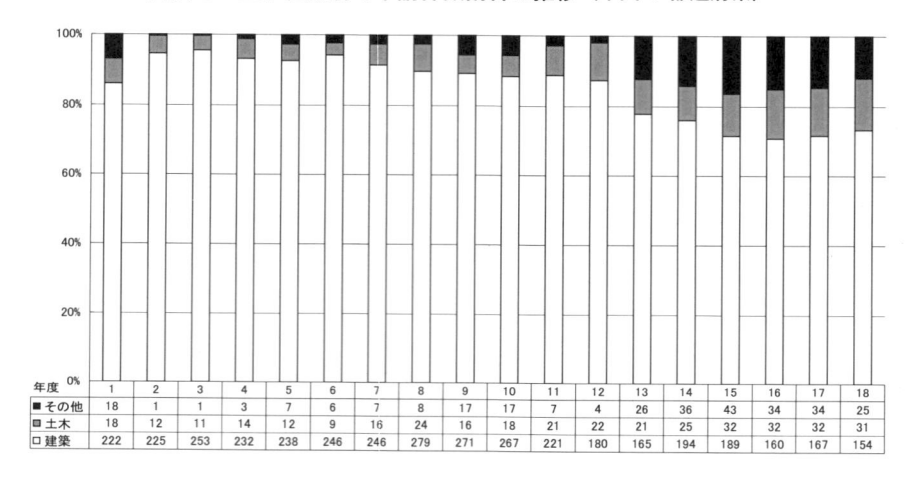

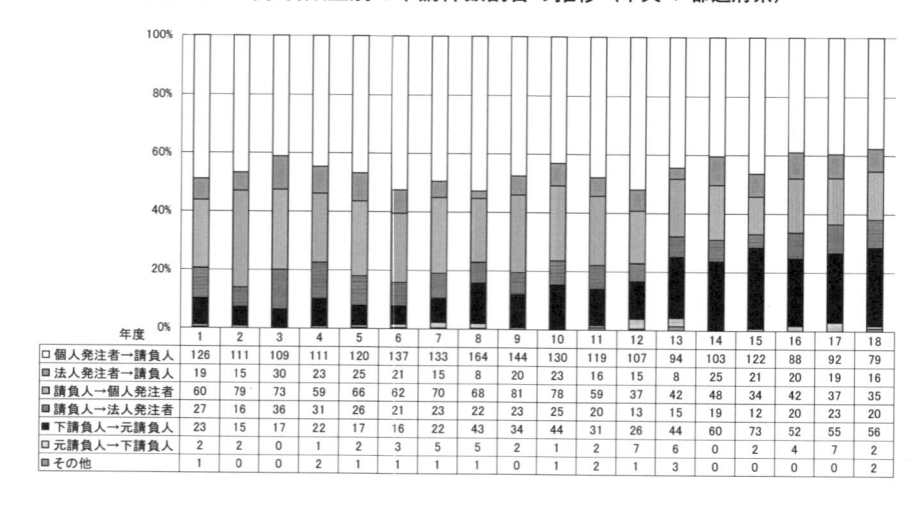

年度	1	2	3	4	5	6	7	8	9	10	11	12	13	14	15	16	17	18
■その他	18	1	1	3	7	6	7	8	17	17	7	4	26	36	43	34	34	25
■土木	18	12	11	14	12	9	16	24	16	18	21	22	21	25	32	32	32	31
□建築	222	225	253	232	238	246	246	279	271	267	221	180	165	194	189	160	167	154

図表9 当事者類型別の申請件数割合の推移（中央＋都道府県）

年度	1	2	3	4	5	6	7	8	9	10	11	12	13	14	15	16	17	18
□個人発注者→請負人	126	111	109	111	120	137	133	164	144	130	119	107	94	103	122	88	92	79
■法人発注者→請負人	19	15	30	23	25	21	15	8	20	23	16	15	8	25	21	20	19	16
□請負人→個人発注者	60	79	73	59	66	62	70	68	81	78	59	37	42	48	34	42	37	35
■請負人→法人発注者	27	16	36	31	26	21	23	22	25	20	15	19	12	20	23	20
■下請負人→元請負人	23	15	17	22	17	16	22	43	34	44	31	26	44	60	73	52	55	56
□元請負人→下請負人	2	2	0	1	2	3	5	5	2	1	2	7	6	0	2	4	7	2
■その他	1	0	0	2	1	1	1	1	0	1	2	1	3	0	0	0	0	2

68　第2部　ADRによる建築紛争解決を考える

図表10　紛争類型別の申請件数割合の推移（中央＋都道府県）

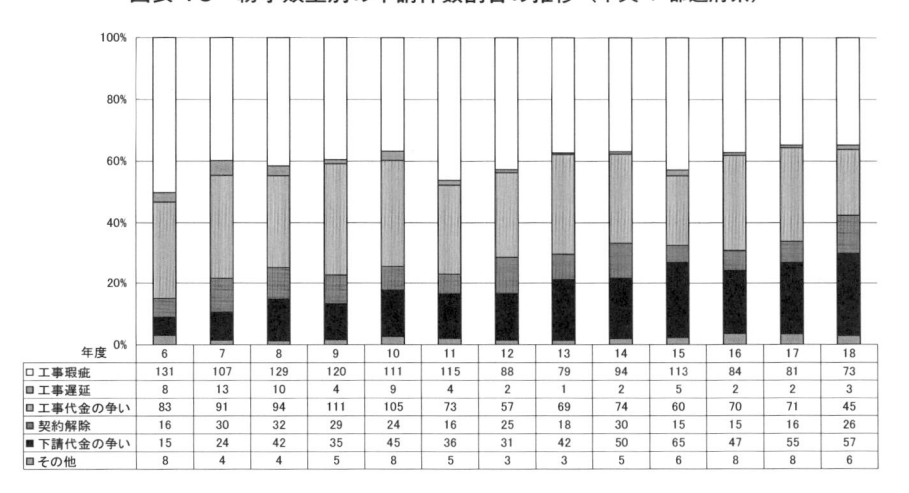

年度	6	7	8	9	10	11	12	13	14	15	16	17	18
□ 工事瑕疵	131	107	129	120	111	115	88	79	94	113	84	81	73
■ 工事遅延	8	13	10	4	9	4	2	1	2	5	2	2	3
■ 工事代金の争い	83	91	94	111	105	73	57	69	74	60	70	71	45
■ 契約解除	16	30	32	29	24	16	25	18	30	15	15	16	26
■ 下請代金の争い	15	24	42	35	45	36	31	42	50	65	47	55	57
■ その他	8	4	4	5	8	5	3	3	5	6	8	8	6

図表11　あっせん・調停の紛争処理結果の推移（中央＋都道府県）

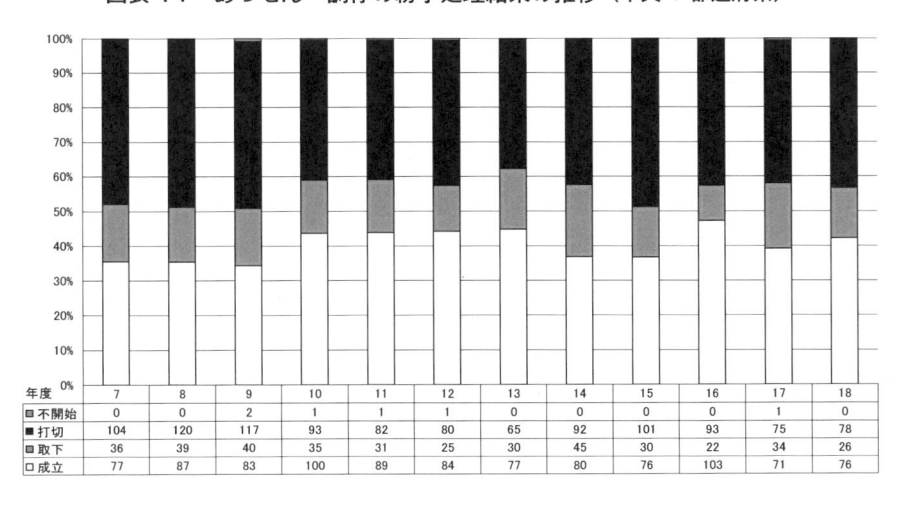

年度	7	8	9	10	11	12	13	14	15	16	17	18
■ 不開始	0	0	2	1	1	1	0	0	0	0	1	0
■ 打切	104	120	117	93	82	80	65	92	101	93	75	78
■ 取下	36	39	40	35	31	25	30	45	30	22	34	26
□ 成立	77	87	83	100	89	84	77	80	76	103	71	76

Ⅰ　国土交通省中央建設工事紛争審査会の現状

が、平成18年度で一番多かったのは、個人発注者が請負人を訴えるもので79件（38％）、続いて下請負人が元請負人を訴えるものが56件（27％）、その次が請負人が個人発注者を訴えるもの35件（17％）と続いています。主として第一次的な発注者と請負人の紛争が多いということがいえます（平成21年度では、①下請負人が元請負人を訴えるもの64件〔32％〕、②個人発注者が請負人を訴えるもの59件〔30％〕、③請負人が法人発注者を訴えるもの32件〔16％〕の順となっている）。

その内訳については、図表10の「紛争類型別の申請件数割合の推移」を見ていただきますと、工事瑕疵73件（35％）、下請代金の争い57件（27％）、工事代金の争い45件（21％）の順になっております（平成21年度では、①下請代金の争い69件〔35％〕、②工事瑕疵57件〔29％〕、③工事代金の争い44件〔22％〕の順となっている）。工事遅延、工事代金紛争と、瑕疵と代金紛争などがやはりメインです。

あっせん・調停の成約率は、大体40％以上50％以下といったところです（図表11参照）。平成18年度に終了したあっせん・調停手続は180件でした。そのうち76件（42％）であっせん・調停が成立し、78件（43％）は当事者間に合意成立の見込みがないとされて手続が打ち切られました（平成21年度では、146件が終了し、あっせん・調停成立が45件〔31％〕、打切72件〔49％〕となっている）。

5　中央建設工事紛争審査会における紛争処理の現況について

ここからは、中央建設工事紛争審査会（以下、「中央」という）における紛争処理の現状を説明いたします。

まず図表12の「工事種類別の申請件数割合の推移」を見ますと、平成18年度については、土木が11件（18％）と、図表8に比べてさらに土木の割合が増えております（平成21年度：25件〔37％〕）。近年は、「その他」の割合が随分増え、だんだん「その他」では済まなくなってきている一方、建築は減少傾向にあります。

同じように、図表13の「当事者類型別の申請件数割合の推移」を見ますと、

図表12　工事種類別の申請件数割合の推移

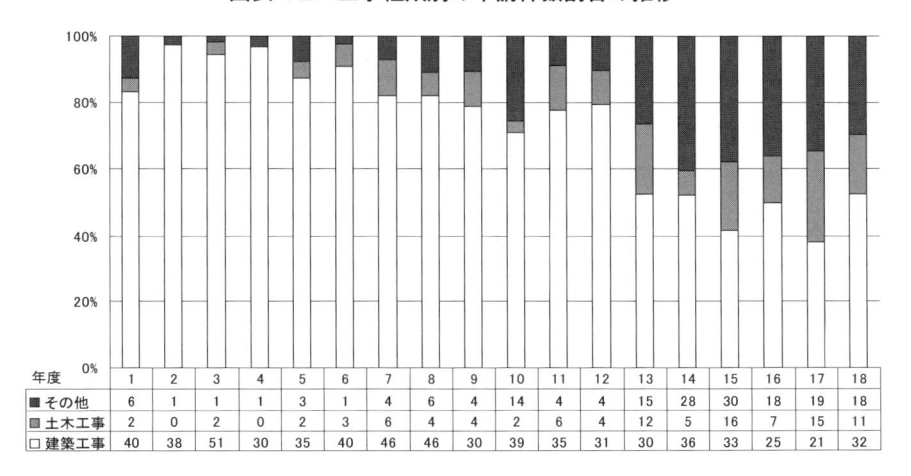

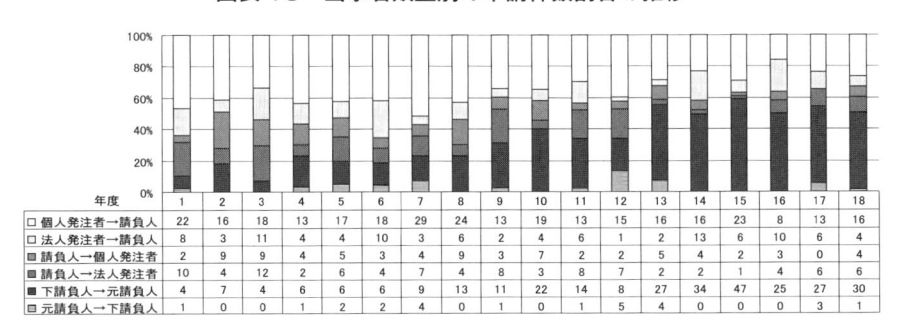

年度	1	2	3	4	5	6	7	8	9	10	11	12	13	14	15	16	17	18
■ その他	6	1	1	1	3	1	4	6	4	14	4	4	15	28	30	18	19	18
▨ 土木工事	2	0	2	0	2	3	6	4	4	2	6	4	12	5	16	7	15	11
□ 建築工事	40	38	51	30	35	40	46	46	30	39	35	31	30	36	33	25	21	32

図表13　当事者類型別の申請件数割合の推移

年度	1	2	3	4	5	6	7	8	9	10	11	12	13	14	15	16	17	18
□ 個人発注者→請負人	22	16	18	13	17	18	29	24	13	19	13	15	16	16	23	8	13	16
□ 法人発注者→請負人	8	3	11	4	4	10	3	6	2	4	6	1	2	13	6	10	6	4
▨ 請負人→個人発注者	2	9	9	4	5	3	4	9	3	7	2	2	5	4	2	3	0	4
▨ 請負人→法人発注者	10	4	12	2	6	4	7	4	8	3	8	7	2	2	1	4	6	6
■ 下請負人→元請負人	4	7	4	6	6	6	9	13	11	22	14	8	27	34	47	25	27	30
▨ 元請負人→下請負人	1	0	0	1	2	2	4	0	1	0	1	5	4	0	0	0	3	1

Ⅰ　国土交通省中央建設工事紛争審査会の現状

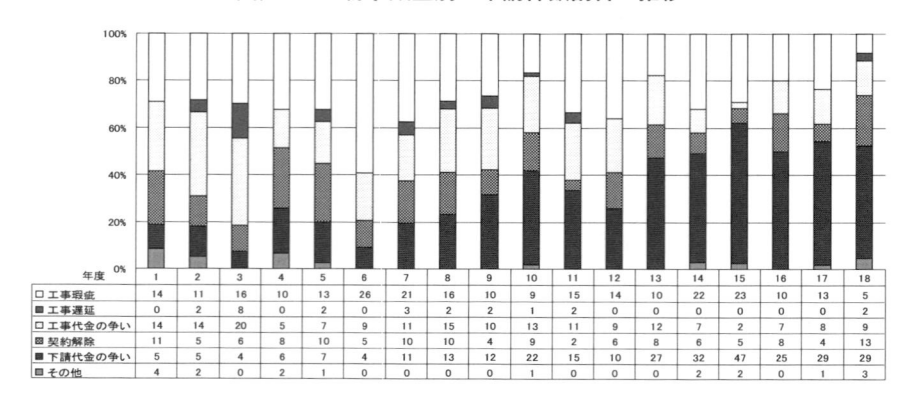

図表14 紛争類型別の申請件数割合の推移

年度	1	2	3	4	5	6	7	8	9	10	11	12	13	14	15	16	17	18
工事瑕疵	14	11	16	10	13	26	21	16	10	9	15	14	10	22	23	10	13	5
工事遅延	0	2	8	0	2	0	3	2	2	1	2	0	0	0	0	0	0	2
工事代金の争い	14	14	20	5	7	9	11	15	10	13	11	9	12	7	2	7	8	9
契約解除	11	5	6	8	10	5	10	10	4	9	2	6	8	6	5	8	4	13
下請代金の争い	5	5	4	6	7	4	11	13	12	22	15	10	27	32	47	25	29	29
その他	4	2	0	2	1	0	0	0	0	1	0	0	0	2	2	0	1	3

長期的には個人発注者関係の訴えが減り、元請下請関係の紛争が増えていることがわかります。したがって、図表14の「紛争類型別の申請件数割合の推移」を見ますと、下請代金の争いが29件（48％）と、多くなっていることがわかります（平成21年度：30件〔44％〕）。

図表15は、終了事件の平均審理回数です。どのぐらいの審理回数がかかっているのかということですが、平成18年度で見ますと、あっせんが1.5回、調停が3.4回、仲裁は10.0回となっています。ただ、仲裁の場合は、非常に件数も少ない上に個別性が強いので、大きくグラフが動きます。図表16は、終了事件を平均所要月数で見た場合です。あっせんが2.8月、調停が6.0月、仲裁は19.6月。大体平均2年ぐらいで仲裁は終わっています。調停は、中央だけで見ますと、だんだん所要月数が減っています。

費用については、当初に申請料と、決して安くはないんですが予納金をいただいています。あとは、仲裁であれば鑑定や尋問ということになりますが、これは基本的に国の予算がありませんので、先ほど第1部で菅野判事からお話がありましたように、当事者負担で業者と三者契約のようなかたちでやっていただきます。ただ、仲裁の場合ですと、そこの選任には中央建設工事紛争審査会の事務局が絡んでいくこともあります。

以上、概要はこのようなところでございます。

図表15 終了年度・手続別平均審理回数の推移

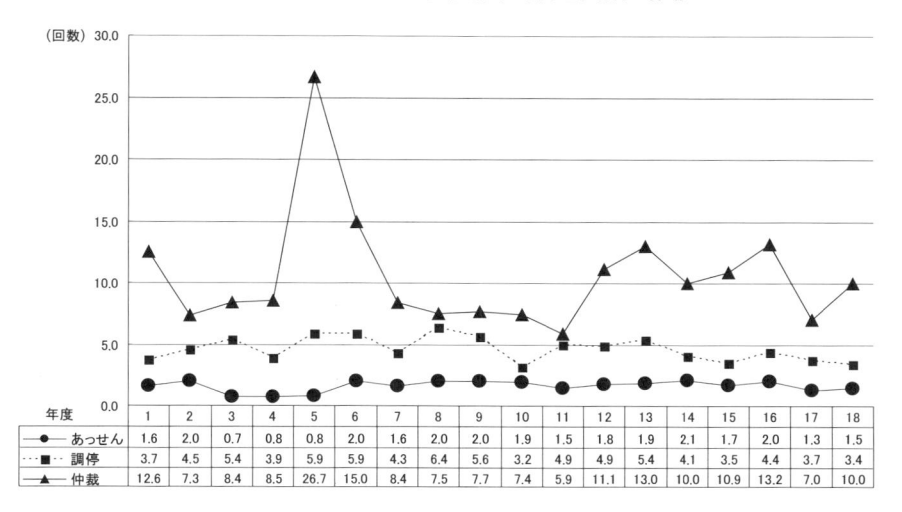

年度	1	2	3	4	5	6	7	8	9	10	11	12	13	14	15	16	17	18
あっせん	1.6	2.0	0.7	0.8	0.8	2.0	1.6	2.0	2.0	1.9	1.5	1.8	1.9	2.1	1.7	2.0	1.3	1.5
調停	3.7	4.5	5.4	3.9	5.9	5.9	4.3	6.4	5.6	3.2	4.9	4.9	5.4	4.1	3.5	4.4	3.7	3.4
仲裁	12.6	7.3	8.4	8.5	26.7	15.0	8.4	7.5	7.7	7.4	5.9	11.1	13.0	10.0	10.9	13.2	7.0	10.0

図表16 終了年度・手続別平均所要月数の推移

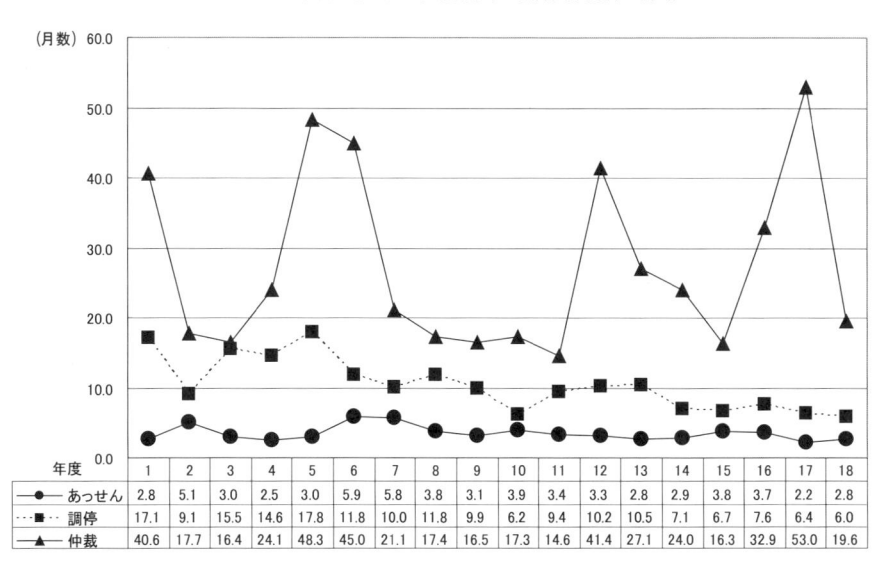

年度	1	2	3	4	5	6	7	8	9	10	11	12	13	14	15	16	17	18
あっせん	2.8	5.1	3.0	2.5	3.0	5.9	5.8	3.8	3.1	3.9	3.4	3.3	2.8	2.9	3.8	3.7	2.2	2.8
調停	17.1	9.1	15.5	14.6	17.8	11.8	10.0	11.8	9.9	6.2	9.4	10.2	10.5	7.1	6.7	7.6	6.4	6.0
仲裁	40.6	17.7	16.4	24.1	48.3	45.0	21.1	17.4	16.5	17.3	14.6	41.4	27.1	24.0	16.3	32.9	53.0	19.6

Ⅰ 国土交通省中央建設工事紛争審査会の現状

加藤（俊）　ありがとうございました。次に、愛知県弁護士会の弁護士の渡邉さん。愛知県弁護士会ではかなり活発に弁護士会のADRが行われているということは、皆さんもよくご承知かと思うのですが、建築紛争解決へのADRでの取組み、実績等を交えてのご説明をお願いいたします。

Ⅱ　愛知県弁護士会のあっせん仲裁センターの現状

1　愛知県弁護士会のあっせん仲裁センターの実績

渡邉　渡邉でございます。私も建築紛争のパネリストに指名されたわけですが、建築紛争に詳しいかというと、全くそういうわけではございません。なぜパネリストに選ばれたかといいますと、今ご紹介がありましたように、愛知県弁護士会のあっせん仲裁センターの実績が、少なくとも弁護士会のADRでは断トツのナンバーワンがずっと続いている。特に多いのが建築で、医療事件もかなり多い。そのあたりで、あっせん仲裁センターの実情でも話してくれないかというご趣旨だと思います。

　ご承知のとおり、あっせん仲裁センター、あるいは仲裁センターとか紛争解決センターという名前で、弁護士会ADRは各地に創設されてきたわけですが、実際に数字を見ていただいて、建築紛争あるいは愛知県弁護士会のあっせん仲裁センターの実情をご説明いたします。

　図表17・18をご覧ください。これは、日弁連ADRセンターで出しております弁護士会ADRの事件の統計です。図表17が受理事件、図表18が解決事件です。建築紛争というと、この中の「3 請負契約をめぐる紛争」がかなり多いでしょう。ただし、先ほど菅野判事がおっしゃったように、単なる代金不払いの事件も含まれています。あるいは「1 不動産売買をめぐる紛争」の中にはマンションの引渡しを受けたけれども瑕疵があってもめているようなものも含まれますし、「7 不法行為をめぐる紛争」における近隣紛争には日照紛争などもある。そういうことで建築紛争というのは分け方が非常に難しいものですから、なかなか数を取り上げにくいのですが、「3 請負契約をめぐる紛争」が大

図表17　紛争類型別受理事件一覧表

		二弁	大阪	新潟県	東弁	広島	横浜	一弁	埼玉	岡山	愛知県	西三河	岐阜県	石見	京都	兵庫県	山梨県	奈良	天神	北九州	札幌	仙台	久留米	愛媛	山形県	合計
1	不動産売買をめぐる紛争	6	2	1	7	0	5	2	0	1	7	1	0	0	0	2	0	0	1	0	0	1	3	0	0	39
	手付金返還等	2	1								1															4
	契約解除	1					1															3				5
	買い戻し					1																				1
	その他	3	1	1	7		4	1		1	6	1				2			1			1				29
2	不動産賃貸借をめぐる紛争	13	5	0	6	0	4	3	0	3	17	3	0	0	1	0	0	0	3	1	1	11	0	1	0	72
	明渡	7			1			1			7	1										8		1		26
	賃料増額									1	1								1							3
	賃料減額																									0
	敷金・保証金返還	1	1		2																	1				5
	賃料配分・管理費用分担																									0
	滞納賃料	1	1								1	1										1				5
	原状回復費用										1															1
	更新料				1																					1
	借地権買取	2									1															3
	修理・修繕費用	2	2								1	1										1				7
	その他	1	1		3		2	3		1	5				1				1		1					21
3	請負契約をめぐる紛争	5	4	0	8	0	1	0	0	12	29	4	1	0	0	1	0	0	2	0	3	11	2	0	0	83
	建築工事代金	4	2		1		1			8	4					1			1		2	2				26
	契約の解除		1		1					8	1											1				12
	建築工事の損害	1			1					3	6	2							1		1	1	2			18
	デザイン料																					2				3
	その他		1		5					1	11	1	1									5				24
4	貸金をめぐる紛争	0	4	0	0	0	0	2	0	1	4	2	0	0	0	0	0	0	1	0	2	2	0	1	0	19
5	その他の契約紛争	20	4	3	15	0	3	8	0	10	21	1	0	0	4	2	0	2	2	0	7	5	2	0	0	109
	リース契約			1	1					1	1	1										1				6
	商品委託取引	5									1															6
	預り金返還	1									1															2
	動産売買	1					1			2	7															11
	銀行関係	1		2			1									1							1			6
	手数料返還	1																			3					4
	契約不履行	8	3					2		1	3				1				2							20
	消費者紛争	1			11						2	3										1				18
	立替金			2							1							1				1				5
	債務弁済協定	1														1										2
	その他	1	1		2		5			4	4				2			1			3	3	1			29
6	債務不存在確認	4	1	0	2	0	0	1	0	1	3	2	0	0	0	0	0	0	0	0	1	2	0	0	0	17
7	不法行為をめぐる紛争	41	32	6	25	2	5	8	4	48	65	12	0	0	9	37	0	6	7	3	12	40	9	1	1	373
	けんか	2	7	1	2					1	3				2			1	1							20
	動物事故	1																	1			1				3
	交通事故	3	8	2	2	1	1		1	34	1				1	30			2	1	2	3	2			98
	医療過誤	5	6	1	1		1				23	1									2	11	2	1		54
	名誉毀損	3					1			1	1															6
	近隣紛争	7			4			3			3	2			4						1	4				28
	婚姻外男女関係	6	3	1	8			1		5	3	10	4			2		1		2	1	15	2		1	62
	賠償額確定	10			1					5	3				2	4		3	1	2					1	32
	スポーツ事故		1		1						1								1			1				5
	故意による加害	3			1			1	1	2	4	1									1					14
	その他	1	7	1	6	1	1	1	1	2	13	2							1		5	6	3			51
8	知的財産権がらみの紛争	1	1	0	4	0	0	0	0	0	0	0	0	0	0	0	0	0	0	0	0	0	0	0	0	6
9	家族間の紛争	16	1	0	10	0	4	7	1	7	16	4	0	0	0	2	0	1	0	0	4	13	0	1	0	87
	離婚・夫婦関係調整	4			7			2	1	4	7							1			2	5				33
	婚約破棄		1								1					1						3				6
	養育費・親権	1				1				1	2											1				6
	相続	9			2			1			1	4	3			1					2	2		1		26
	親子関係	1									1															2
	その他	1			1		2	4		1	3											2				14
10	職場の紛争	10	5	0	8	0	1	1	0	2	15	1	0	0	2	3	0	1	1	0	6	13	1	0	0	70
	解雇・退職	6	1		4		1	1		2	6				2						1	4				28
	労働災害	2	1								1					1					1	2	1			8
	賃金		1		1					4											1	3				9
	その他	2	2		3					5					2	1		1	1		4	4				25
11	会社関係の紛争	2	0	0	5	0	3	0	0	0	0	0	0	0	0	0	0	0	0	0	2	2	0	0	0	14
12	相隣関係	2	2	1	6	0	3	0	0	2	4	0	0	0	0	0	0	0	1	1	1	3	0	0	0	26
13	マンション（区分所有）関係	0	0	0	0	0	1	0	0	0	0	0	0	0	1	0	2	0	0	0	0	0	0	0	0	4
	管理費滞納等																									0
	その他						1								1		2									4
14	その他	1	0	0	18	0	3	1	0	6	7	2	0	0	1	0	0	0	0	1	1	1	1	0	0	43
	合計	121	61	11	112	2	30	33	5	93	193	32	1	0	18	47	0	16	14	3	43	106	15	5	1	962

図表18 紛争類型別解決事件一覧表

		二弁	大阪	新潟県	東弁	広島	横浜	一弁	埼玉	岡山	愛知県	西三河	岐阜県	石見	京都	兵庫県	山梨県	奈良	天神	北九州	札幌	仙台	久留米	愛媛	山形県	合計
1	不動産売買をめぐる紛争	2	1	0	2	0	2	1	0	0	2	0	0	0	1	0	0	1	0	0	0	1	0	0	0	13
	手付金返還等	1	1																							2
	契約解除	1					1															1				3
	買い戻し																									0
	その他				2		2				2				1			1								8
2	不動産賃借をめぐる紛争	3	3	0	2	0	3	1	0	1	10	1	0	0	0	0	0	0	0	0	1	6	0	1	0	33
	明渡	1								1	7	1										4		1		15
	賃料増額										1															1
	賃料減額																									0
	敷金・保証金返還																									0
	賃料配分・管理費用分担																									0
	滞納賃料	1	1																							2
	原状回復費用																									0
	更新料																									0
	借地権買取										1															1
	修理・修繕費用	1	1				1															1				3
	その他		1		2		2	1		1	1							1			1	2				11
3	請負契約をめぐる紛争	2	0	0	2	0	0	1	0	3	15	3	1	0	0	0	0	0	2	0	2	2	0	0	0	33
	建築工事代金	2								3	5	1							1							12
	契約の解除				2						5	1										1				9
	建築工事の損害							1			3								2							6
	デザイン料																									0
	その他										2	1	1								1	1				6
4	賃金をめぐる紛争	0	0	0	0	0	0	0	0	1	0	0	0	0	0	0	0	0	0	0	0	2	0	0	0	5
5	その他の契約紛争	9	0	0	2	0	0	4	0	3	8	0	0	0	2	0	0	1	2	0	1	2	1	0	0	35
	リース契約					1				1	1															3
	商品委託取引	1																								1
	預り金返還																									0
	動産売買										3															3
	銀行関係																						1			1
	手数料返還																									0
	契約不履行	8					2			1	1				1				2							15
	消費者紛争				2						1															3
	立替金																	1								1
	債務弁済協定														1											1
	その他							1		1	2										1	2				7
6	債務不存在確認	0	0	0	1	0	0	0	0	0	2	1	0	0	0	0	0	0	0	0	1	0	0	0	0	5
7	不法行為をめぐる紛争	20	14	5	12	0	3	4	2	26	28	3	0	0	3	24	0	2	4	0	7	19	2	0	0	178
	けんか	1			1			1	1		1											1				6
	動物事故	1									1															2
	交通事故		5	1	2					20	2	1				21			2				1			55
	医療過誤	4	2	1	1						8										1	6				23
	名誉毀損	4																								4
	近隣紛争				2						2										1					5
	婚姻外男女関係	5	4	1	6			1	1	1	3	1			1	1		1				10	1			37
	賠償額確定	3					1			3					2	2			2							13
	スポーツ事故									1									1							2
	故意による加害	2					1														2					5
	その他		3	1	1		1	1	1	1	11	1									3	2				26
8	知的財産権がらみの紛争	1	0	0	2	0	0	0	0	0	0	0	0	0	0	0	0	0	0	0	0	0	0	0	0	3
9	家族間の紛争	5	1	0	4	0	2	4	0	3	3	1	0	0	1	0	0	0	0	0	1	1	0	0	0	26
	離婚・夫婦関係調整	3	1		3			1		2												1	1			12
	婚約破棄																									0
	養育費・親権																									0
	相続	2								1	3	1										1				8
	親子関係										1															1
	その他				1		2	2																		5
10	職場の紛争	5	3	0	4	0	1	0	0	2	7	0	0	0	1	0	0	0	1	0	1	1	1	0	0	27
	解雇・退職	4	1		2		1			2	1				1							1				13
	労働災害	1									1												1			3
	賃金		1		1						2															4
	その他		1		1						3								1		1					7
11	会社関係の紛争	0	0	0	0	0	0	0	0	0	2	0	0	0	0	0	0	0	0	0	1	0	0	0	0	3
12	相隣関係	3	0	1	0	0	1	0	0	0	2	0	0	0	0	0	0	1	0	0	0	2	0	0	0	10
13	マンション（区分所有）関係	0	0	0	0	0	0	0	0	0	0	0	0	0	0	0	0	0	0	0	0	0	0	0	0	0
	管理費等滞納																									0
	その他																									0
14	その他	0	0	0	4	0	0	0	0	0	3	0	0	0	0	0	0	0	0	0	1	0	0	0	0	8
	合　計	50	22	6	35	0	12	15	2	39	83	9	1	0	7	26	0	7	8	0	15	37	4	1	0	379

体建築紛争だと考えますと、平成18年の全国の受理件数は年間で83件となっています。その中で愛知県弁護士会は、名古屋の本会が29件、西三河支部が4件、合わせて33件で、全体に対するウェイトが非常に大きくなっています。

このパネルディスカッションに出る前に、名古屋地裁の総務課に建築紛争の統計があるかをお聞きしたんですが、正式な形のものはないということでした。分類をする定義付けが非常に難しいので公式な統計ではないけれども、ということで教えていただいた数字は、名古屋地裁の本庁と全支部の建築関係の事件が平成18年度で年間約121件、19年度10月までで68件だそうです。愛知県の場合、年間約20～30件の件数がある。そうすると3割ぐらい扱っているわけだから、かなりお役に立っている。

それから、調停のほうは、簡易裁判所でもちょっとわからないということでしたが、医療事件についていいますと、あっせん仲裁センターのほうが少し多くなっています。そういう意味でいえば、愛知県は裁判、民事調停、あっせん仲裁センター（弁護士会ADR）が、それぞれの特長を見て利用されていると思います。

2　解決の内容

解決の内容ですが、詳しくは図表19を見ていただきましょう。大体年間30件前後、平均解決率が52％。応諾事件対比57％。事件の相手方が出頭して来ることを応諾という用語でいっております。仲裁の応諾とはちょっと違うのですが、出頭してきた方の中で57％ぐらいが解決している。申立日から解決日までの平均期間は、143日。結構長いです。それから、平均審理回数が4.74回。申し立てれば大体半分は解決します。先ほど菅野判事のご講演で大体7割ぐらい解決している、7割を最近切ったからちょっと困っているというようなお話がありましたが、それに比べるともう少し低いです。

それから、弁護士の利用率。こういうパネルディスカッションを聞いていただく目的は、やはり皆さんが建築事件について弁護士として興味を持っていらっしゃるからだと思いますが、愛知県の場合は弁護士の利用率が他の弁護士会のADRに比べて非常に高いという点に特徴があります。つまり、ADRが弁護

図表 19　解決の内容

(1) **件数**
　・センター発足以来 11 年間で累計 260 件、年平均 23.64 件
　・平成 15 年～19 年　19 件～39 件
　　＊名古屋地裁本庁・全支部の建築関係事件：平成 18 年 121 件、平成 19 年 68 件（10 月末まで）、（ただし正式な統計ではなく、変動の可能性あり）

(2) **解決率・期間・回数**
　・平均解決率（解決件数／申立件数）　　52%　　応諾事件対比 57%
　・平均期間（申立日から解決日まで）　　143 日
　・平均審理回数（解決事件）　　　　　　4.74 回
　　＊申し立てれば半分は解決する。期間は 4 カ月、回数は 4、5 回という感じ。

(3) **弁護士利用率**（代理人選任率）
　・申立人　　53%
　・相手方　　44%
　　あっせん仲裁センターは弁護士の役に立っている。

士に活用されている、解決の方法として定着しているといえると思います。

3　建築事件と医療事件の違い

　ここで、建築事件と医療事件の違いについて、少し補足説明したいと思います。図表 20・21 をご覧ください。図表 20 が建築事件の統計で、申立人側の弁護士選任率は53%、平成 17・18・19 年度は 6 割以上で、やや高くなっていく傾向にあります。それから、相手方の弁護士選任率は44%です。これに対して医療事件は図表 21 ですが、弁護士選任率は申立人側が56%、応諾事件弁護士選任率（相手方）が89%という非常に高い数字になっております。このように建築事件と医療事件とでは非常に違いがありまして、そういう点で専門家の活用方法も両事件は違うということを考えていかなければならないと思います。代理人もそうです。

　建築事件についていいますと、施主が、「瑕疵があって損害賠償だ、修補だ」と申し立ててくるパターンと、建築会社あるいは設計士が、「代金を支払って

図表20 愛知県弁護士会あっせん仲裁センター建築事件一覧表

(平成19年12月26日作成)

	申立件数	応諾件数	応諾率	弁護士選任率（申立人）	専門家仲裁人参加件数／率	終了件数	解決件数	解決率／終了件数	総日数（解決事件）	平均日数（解決／事件）	総回数（解決事件）	平均回数（解決／事件）	解決額	解決額総計	解決平均	注1	注2
平成9年度	5	4	80%	20%		5	3	60%	361	120	13	4.33	170,000〜2,900,000	3,370,000	1,123,333		
平成10年度	14	11	79%	25%	2年/47%	12	7	58%	789	113	43	4.3	274,000〜1,500,000	2,461,500	351,643		
平成11年度	12	10	83%	50%	3年/50%	15	7	47%	1,179	168	38	5.43	400,000〜5,000,000	7,380,571	1,054,367		
平成12年度	25	23	92%	33%	5年/56%	25	14	56%	1,006	77	76	5.42	238,300〜30,000,000	51,626,000	3,856,541		
平成13年度	24	23	96%	52%	5年/31%	24	10	42%	1,324	126	78	5.44	350,000〜40,000,000	43,150,000	4,315,000		
平成14年度	38	34	89%	61%	9年/37.5%	38	16	42%	1,760	80	89	5.7	200,100〜5,000,000	68,876,914	4,304,807		
平成15年度	19	14	74%	47%	5年/39%	19	12	63%	2,106	81	61	5.08		43,814,167	3,130,169		
平成16年度	33	33	100%	46%	13年/47%	33	18	54%	4,300	81	106	5.8	400,000〜3,000,000	12,044,892	1,814,167		
平成17年度	40	33	83%	65%	7年/21%	29	13	39%	1,779	76	51	3.89	250,000〜74,000,000	252,938,340	12,646,917		
平成18年度	27	22	81%	52%	14年/52%	29	15	52%	2,414	42	76	5.87	330,000〜41,160,000	25,125,887	1,880,654		
平成19年	23	19	83%	74%	17年/23%	20	9	35%	567	65	81	3.14	500,000〜10,000,000	10,039,196	6,135,946		平成19年10月末まで
計	260	227	87%	53%	103年	249	130	52%	18,845	143	616	4.74	170,000〜74,000,000	521,519,583	4,780,920		
平均	23.64	20.64					12		1,808		59						

注 解決件数＝和解件数＋仲裁件数
注 専門家仲裁人（建築家）制度は平成11年発足
注 この一覧表は名古屋本部事件であり、西三河支部事件は対象にしていない。

図表21 あっせん仲裁センター医療事故事件一覧表

(平成19年9月9日作成)

	申立件数	応諾率	弁護士選任率（申立人）	応諾事件弁護士選任率（相手方）	終了件数	和解件数	解決率／終了件数	日数（解決／事件）	回数（解決／事件）	解決額	解決額平均	注
平成9年度	4	75%	100%	100%	4	2	50%	147	5.00	500,000〜12,500,000	6,500,000	
平成10年度	4	100%	75%	100%	4	2	50%	98	2.00	300,000〜3,721,500	2,010,750	
平成11年度	3	100%	33%	100%	3	3	100%	85	2.67	461,135〜20,000,000	8,820,378	
平成12年度	16	88%	31%	73.33%	16	10	63%	140	4.10	50,000〜28,000,000	5,134,900	
平成13年度	14	79%	43%	72.72%	14	5	36%	129	5.00	279,300〜9,500,000	1,395,860	
平成14年度	9	89%	89%	75%	9	7	78%	179	4.57	200,000〜9,500,000	2,685,714	
平成15年度	9	67%	78%	100%	9	5	56%	308	6.40	900,000〜3,200,000	1,640,000	
平成16年度	30	77%	47%	84%	30	11	37%	236	4.18	250,000〜11,500,000	3,023,033	
平成17年度	30	93%	60%	92.86%	29	10	34%	166	3.50	450,000〜15,000,000	3,780,690	係属中1件
平成18年度	25	96%	56%	95.83%	22	7	32%	153	4.00	300,000〜68,500,000	12,712,347	係属中3件
計	144				140	62				50,000〜68,500,000		
平均	14.4	86%	56%	89%	14	6	44%	164	4.14		4,658,847	

Ⅱ 愛知県弁護士会のあっせん仲裁センターの現状

くれ」と申し立ててくるのがほぼ50％ずつです。相手方の弁護士選任率が少し低いのは、本人だけで対処できると思っている人が多いからだと思います。

　医療事件は、医療機関側から債務不存在的な申立ても理論的に考えられますが、今のところそういった例はほとんどなくて、ほぼすべてが患者側の申立てです。しかも患者側で、専門的に医療事件を扱われている弁護士の方が申し立てる率が非常に高くなっています。それから、医療事件の場合、たとえば愛知県でいいますと、相手方となる医療機関が委任されるのは4つの法律事務所にほぼ決まっています。原則としては、あっせん仲裁が申し立てられたら、全く論外というケース以外は全部応じ、出て行って話をして解決しようというふうになっております。そういうわけで、医療事故については弁護士の申立ても高くなっており、相手方にほとんどのケースで弁護士が付く。こういう点が、医療事件のADRがうまく循環している原因だと思います。しかし、建築事件もほかの事件に比べて高い利用率ではあると思います。

4　費用

　費用についてですが、申立手数料は、全国のセンターで1万円ないしは1万500円というのがほとんどです。これは、あまり難しく考えずに気軽に利用してもらおうという趣旨だと思います。それから、成立手数料は残念ながら民事調停に比べると非常に高く、1つのネックになっています。

　民事調停の場合「専門委員および調停委員に要する費用は国が負担します」とあります。これは真にありがたい話です。弁護士会のADRの場合はそういうわけにはいきません。決してもうけているわけではないのですが、やはり国の援助はない。少なくとも、あっせん人あるいは専門家にやってもらうための費用は、当事者に負担していただかなければいけません。

　多くの弁護士会では、たとえば解決額が1000万円ぐらいですと、成立手数料は25万円から35万円ぐらいが多いと思います。これを高いと考えるか、安いと考えるか。たとえば解決額1000万円で成立手数料が25万円かかったとします。双方折半で12万5000円、解決額の1.25％です。それならリーズナブルといえないでしょうか。代理人の弁護士も少し楽をした分、弁護士報酬を減ら

すから、その分出していただくというふうに考えていただけないかなと思っております。

5　弁護士会 ADR の全国的な状況

それから、全国的な状況についてお話いたします。図表17の一番上の欄にあるのが、平成18年現在、弁護士会ADRセンターが設立されている弁護士会です。なお住宅紛争審査会は全単位会にできておりますが、取扱い紛争が限られてしまうので、一般的に建築事件を扱うのは弁護士会ADRということになります。これで見ますと、現在29センターあります（平成23年6月現在30センター）。毎年3、4センターずつ設立されていて、ほとんどの地方で活用できるようになると思いますが、やはり日本全国くまなくというわけにいきません。

私は、建築紛争の場合は、専門家に何らかの形で入ってもらうことが絶対に必要だと思っております。第二東京弁護士会は、最初に建築家の専門家を入れられました。岡山もそうです。それを愛知がまねをしたわけですが、必ずしもそういう体制がとられていないところもある。建築紛争を適確に解決するためには専門家の活用は絶対に必要なので、その点はぜひ全国のセンターにお願いしたいのです。

私は、民事調停は国道であると思っています。日本中どんな田舎へ行っても普及しています。これに対して、弁護士会ADRは有料道路です。特殊なサービスを受けられます。たとえば、どうしても間に合わないから、弁護士の事務所で夜にやりましょうとか、現地を見に来週の日曜日に行きましょうということができます。調停委員の先生の中には多少スタンスが消極的で受け身な方もいらっしゃいますが、あっせん仲裁センター、弁護士会ADRのあっせん人は長年の弁護士としての紛争解決の経験を生かして、非常に積極的に紛争解決をなさっていると思います。そういう点もございますので、ぜひ弁護士会ADRを活用していただきたい。こんなところで終わります。

加藤（俊）　ありがとうございました。引き続きまして、住宅紛争審査会の立ち

上げにあたりまして、住宅紛争処理の参考となるべき技術的な基準づくりや技術関連資料の作成に中心となって携わってこられました伊藤さん、お願いいたします。

Ⅲ 住宅紛争審査会の現状

1 指定住宅紛争処理機関と住宅紛争処理支援センターの成立ち

伊藤 独立行政法人建築研究所の伊藤でございます。「住宅の品質確保の促進等に関する法律」は住宅品確法とか品確法と呼ばれ、平成 12 年 4 月 1 日から施行されています。私は、この法律制定以前から、技術的なことに関してどうしたらいいかということをいろいろお手伝いしてまいりました。今日は、技術的な内容に関してある程度説明するということを想定していますが、法令上の仕組みだけ、最初にかいつまんで説明したいと思います。

この法律の中では、指定住宅紛争処理機関という言葉と、住宅紛争処理支援センターという 2 つの言葉が出て来ます。指定住宅紛争処理機関というのは、この住宅品確法に定められた住宅性能評価に基づく建設住宅性能評価書——新築住宅対象と既存住宅対象のいずれかを交付された住宅の請負契約・売買契約に関する紛争を、基本的に対象としています。具体的に指定住宅紛争処理機関とはどこかというと、現在、全国 52 の単位弁護士会すべてが指定されており、この中にある住宅紛争審査会がこれにあたります（http://www.chord.or.jp/seino/3_5.html を参照）。

住宅紛争処理支援センターは全国で 1 つだけです。法律では「住宅紛争処理支援センター」という言葉を使っており、財団法人住宅リフォーム・紛争処理支援センターというところがこれに指定されています。住宅紛争処理支援センターでは、建設住宅性能評価書の有無にかかわらず、一般の住宅の相談を電話で受け付けています。弁護士の方が相談に乗ってくれるかどうかはよく知りませんが、当事者であればいいかと思います。

これに対して、平成 19 年 5 月末には「特定住宅瑕疵担保責任の履行の確保

等に関する法律」が公布されました。耐震偽装問題を受けて、先ほどの住宅品確法では、構造耐力上主要な部分と雨水浸入防止に有効な部位については 10 年間の瑕疵担保責任が義務付けられましたが、請負工事を請け負った建設会社が倒産してしまったりすると、瑕疵担保責任を 10 年間義務付けした意味が失われるため、施行日以降、保証金の供託または住宅瑕疵担保責任保険への加入のいずれかが義務付けられるといったことを定めた法律です。具体的には、平成 21 年 10 月 1 日以降に引き渡される住宅について、保証金の供託または住宅瑕疵担保責任保険への加入が義務付けられます。この住宅瑕疵担保責任履行法における住宅瑕疵担保責任保険を付された住宅についても、住宅品確法に基づく指定住宅紛争処理機関で紛争処理を受け付けます。

2　各機関の紛争処理の体系

そもそも紛争処理の体系というのはどうなっているか、今まで申し上げたことを簡単に説明します。

まず、紛争当事者が指定住宅紛争処理機関、具体的には全国で 52 の単位弁護士会に申請をしますと、そこであっせん、調停、仲裁という紛争処理を行います。住宅紛争審査会は申請手数料が 1 万円必要ですが、その後原則として費用は要らなかったと思います。そういう意味では、今日ご紹介のあった ADR の中では申請者から見ると最もリーズナブルですが、ただ条件として、建設住宅性能評価を受けていること、あるいは住宅瑕疵担保責任保険に入ることが、この先必要になると思います。

住宅紛争処理支援センターは、情報提供、研修活動を定常業務として行っています。国土交通省からは、指定住宅紛争処理機関に対しては、指定・監督、技術的基準——昔は 70 条だったんですが、今は住宅品確法 74 条の技術的基準というものが参考として提示されています。

建設住宅性能評価を受けた住宅の場合、性能評価書等を発行・保管している登録住宅性能評価機関に、どういう性能評価をしたのか、性能評価にあたってどのような設計図書等のやりとりをしたのか、性能評価の際に用いた書類はどのようなものがどうなっているかについて説明・資料請求をすると、住宅紛争

処理支援センターを通じて回答がなされるという仕組みになっています。

3 技術的基準の意義

次に技術的基準ですが、住宅品確法の74条に、「国土交通大臣は、指定住宅紛争処理機関による住宅に係る紛争の迅速かつ適正な解決に資するため、住宅紛争処理の参考となるべき技術的基準を定めることができる」とあり、参考となるべき技術的基準になっています。これは具体的には、「平成12年建設省告示第1653号」に定められています（資料9〔144頁〕参照）。制定後に2回ほど改正されています。これは一番新しいものですが、この第1のところを見ていただきますと、「法律第74条に規定する指定住宅紛争処理機関による住宅紛争処理の参考となるべき技術的基準として」とあり、ここからが重要ですが、「不具合事象の発生と構造耐力上主要な部分に瑕疵が存する可能性との相関関係について定めるものとする」とあります。ここでは、不具合事象の発生と構造耐力上主要な部分の瑕疵を、対等な別々なものであるかのように扱っているわけです。構造耐力上主要な部分とは、建築基準法でいう構造耐力上主要な部分、いわゆる構造体にあたるものです。具体的内容は、資料9に全部書いてありますが、かいつまんで説明します。

これによりますと、排水等の目的で勾配が付けられているものを除いて、傾斜に関して、たとえば3/1000未満の勾配、大体1mで3mm未満の勾配であれば、構造耐力上主要な部分に瑕疵が存する可能性が低く、6/1000以上の勾配であれば瑕疵が存する可能性が高いとされています。つまり、6/1000以上床が傾いているような状況ですと「ちょっと普通じゃないですよね」といえるんですが、だからといって絶対瑕疵が存するとも言い切れない。このことが最もわかりやすい表現は何かというと、参考となるべき技術的基準の「第4 留意事項」の3として「この基準における『構造耐力上主要な部分における瑕疵』は、大規模な修補が必要となる比較的重要なものから局部的な修補のみが必要となる比較的軽微なものまで含む」とあり、いろいろな種類のものが想定されている。それから、同じく5として「この基準は、構造耐力上主要な部分における瑕疵の有無を特定するためのものではない」、「レベル1に該当しても構造

耐力上主要な部分に瑕疵が存する場合があり、また、レベル3に該当しても構造耐力上主要な部分に瑕疵が存しない場合もある」とされていて、はなはだ頼りない表現になっています。

　もともと法制定の過程で、瑕疵推定基準を念頭に置いていろいろ検討されました。瑕疵推定——「推定」という言葉は建築分野と法律分野ではちょっと意味が違うことを私は最近知ったのですが、そういうことではなく、参考となるべき技術的基準の内容に、紛争処理委員はいちいち拘束されないことになっています。

　皆さんが非常に気になさるひび割れにしても、0.3㎜とか0.5㎜というところで線を決めている。私自身、法律の世界だと物事が白黒簡単に決まるだろうなと思うことも多々ありますが、いろいろ話を聞いているとそう簡単には決まりません。建築技術の世界も同じです。たとえば、ひび割れというのは不具合であることは間違いないと思いますが、全く健全に設計・施工してもひび割れが出る場合があります。ひび割れがあるからといって、不具合の根本原因となる瑕疵があるということには必ずしもつながらないわけです。

　では、この技術的基準とは一体何なんだということですが、大体こう考えていただきたいのです。レベル3だと、ちょっと普通じゃない症状。言い方を換えれば、紛争処理委員、特に建築の専門家を含めた紛争処理委員がまず実際に現地を見に行き、瑕疵が存する可能性が高いとか低いとかということはしばし忘れて、まずは、こういう不具合が発生した根本原因が一体何であるかをじっくり考えていただきたいというレベルです。

　紛争解決するだけだったら、どうして根本原因を調べなければいけないのかということを気になさる方がいます。実は、瑕疵か瑕疵でないか、欠陥か欠陥でないかという議論は技術的にはさほど難しくないのです。金銭的には難しいかもしれませんが、問題はどういう直し方をするのが適切かということです。たとえば、「直してください」という要求であれば、直して駄目だったら、何度も手を入れればいいんですが、「直してください」といって直してくれるようだったら、そもそも住宅紛争審査会の厄介になる必要はなくて、当事者同士がきちんと交渉し合っているはずです。問題は、どこをどうやって直すか。ひ

び割れが入ったといったら、そこをパテ塗りすれば表向きは直ります。しかし、根本原因を手当てしていないとすると、また同じことになるかもしれないし、もっと危険な徴候を見逃す可能性もあるわけです。ただ、目の前の紛争解決にはどう役に立つかといわれても、その問題と技術の問題は必ずしも一致しませんが、基本的には隠れた根本原因が何であるかを考えておく必要があると思います。

たとえば耐震偽装の問題は、構造計算書あるいは設計図書を現在の建築基準法にあてはめてチェックしていくと、建築基準法で想定した地震が来たら、建築基準法で想定するような安全が確保できていないことがわかったのであって、実際不具合が現象として表れたわけではないのです。にもかかわらず、欠陥・瑕疵とされたということです。どうしても目の前に表れた不具合に引っ張られて、議論が延々と続くことがあるのですが、そもそもの根本原因を考える必要があります。これについては、少なくとも建築の専門家であれば、ある程度わかっていると思います。

たとえば、コンクリートに 20 mm 以上の欠けがあるとか、あるいは鉄筋が露出しているという欠けがあると、瑕疵が存在する可能性が高く、レベル 3 になるわけです。しかし、コンクリートの欠損もなく鉄筋が露出していると、これは実はどれにもあたらない。あるいはレベル 1 にもならないんですね。欠けていないから。

ところが、落ち着いて考えてみると、鉄筋がコンクリートの柱で露出しているというのは、これは瑕疵そのもの、欠陥そのものなんです。この技術的基準は瑕疵そのものが基本的に書いてあると思わないでください。悪徳業者だったら、「レベル 3 にも 2 にも 1 にも、そんなのは該当しない。どこも欠損していないですよ」というでしょう。これは正しいですよね。別に欠陥がないなんて一言もいっていなくて、これに該当しないといっているだけです。こういう悪い使い方をしようと思ったら、できるわけですね。

4　専門分野の細分化の問題

最後になりますが、これまでは、発注者、設計・監理者、施工者、専門工事

会社は、お互いに相重なる領域を持って仕事をずっとやってきたはずです。これは個々の施工者の中でも、設計者の中でもそうです。設備と意匠と構造、みんなそうでした。ところが最近、どんどん専門分野が特化して、分かれて仕事をするようになってきて、誰も見ない、誰もチェックしないという部分が非常に増えてきてしまった。役割分担に隙間が出てきてしまっているのです。これは建築工事のみならず、いろいろな分野で起きているのではないかと思います。こういう状況を頭に置きながら、一体紛争解決をどう考えたらいいのか、誰の責任だったのかということが1つ。

　それから、建築の専門家を紛争処理委員の中に加えていろいろお願いする場合に問題になってくるのですが、建築の専門家も実は専門分野が特化し、細分化されてきているということです。ちょっと自分の守備範囲を越えると全くわからなくなってしまうことが往々にしてあります。ですから大変注意が必要で、なるべく早く問題とされる分野の専門家の話を聞いたほうがいいと思います。

5　技術関連資料について

　最初にちょっと戻りますと、技術関連資料集というのを住宅紛争処理支援センターでずっと作ってきております。先ほどの「参考となるべき技術的基準」というのは国土交通省が告示というかたちで用意したものですが、技術関連資料というのは、住宅紛争処理支援センターが通常建築の住宅の瑕疵問題に関して紛争解決する際に、たいてい参照しなければならない諸資料——たとえば住宅金融公庫（2007年4月から「住宅金融支援機構」に移行）の仕様書、国土交通省官庁営繕部監修の建築工事標準仕様書、建築学会の建築工事標準仕様書などを要約したものです。欠陥箇所を調べるための調査方法篇、調査時の機器使用法に関する資料、補修方法に関する資料、補修費用の見積り方の資料、これが木造住宅の在来工法用・ツーバイフォー用・鉄骨住宅用・RC構造の住宅用とそれぞれ用意されておりまして、A4サイズで大変なボリュームになります。これが毎年改訂され、各指定住宅紛争処理機関に送られています。最近はCD-ROMでもお送りしています。ぜひ紛争解決にあたってご利用いただけれ

ばと思います。

　こうしたものを見てもよく分からない場合には、住宅紛争処理支援センターにお問い合わせください。割合素性がはっきりしているような場合はお役に立つと思います。

　最後になりましたが、裁判所でも、菅野判事のように建物の上に登ったり床下に入ったりして、一生懸命紛争解決にあたっておられる話を聞き、また、屋根瓦やタイルなど建材産業が非常に盛んな愛知県においてADRの活用が非常に活発であるという話を聞きまして、本当に元気づけられました。以上で私の話を終わりたいと思います。

加藤(俊)　ありがとうございました。先ほど裁判所の立場からは、菅野判事にかなり詳しくご説明いただきましたが、まずADRあるいは調停を利用するに際しては、裁判との切り分けや、それぞれのADR機関を選ぶ場合に、一体どういう事件が申立てに適しているのかという点が、代理人となる方の一番の悩み所だと思います。講演の内容と重複するかとは思いますが、菅野判事からご説明いただければと思います。

Ⅳ　ADRの上手な利用方法

1　裁判所の調停

菅野　簡単にお話しますが、広い意味での調停といいますと、たとえば弁論準備並行型で行う場合を含めれば、ほとんどの訴訟と重なってしまいますので、どんな事件でも調停になじむという言い方もできると思います。ただ、一般的にいえば、やはり説得の余地のある事件というのが調停に適しているでしょう。それと、調停申立ての場合、1つにはリスクが大きい事件、たとえば金額がものすごく大きいとか、あるいは論点がまだ成熟していないがとりあえず裁判所がどう考えるかちょっと聞いてみたいというときなどにも利用されています。

また、裁判所で調停を行うメリットというのは、1つには専門家の数が非常に多いということです。ほとんどの細かいことについて専門家調停委員がいて、大概の種類のものに対応することができます。

　あとは、さきほどの説得型と逆になるかもしれませんが、成立率がかなり高いということから推測できますように、ある程度、説得もするわけです。したがって、相当争訟性が強い、あるいは難しい事件、人格的訴訟になっている事件であっても、調停でかなり対応することができます。もし駄目でしたら、裁判所の場合は訴訟にまた引き取ることもできます。

加藤（俊）　弁護士会 ADR のほうはいかがでしょうか。裁判所と比較していただいても結構ですけれども、渡邉先生にお願いいたします。

2　弁護士会のあっせん仲裁センター

渡邉　愛知県弁護士会の柘植直也弁護士は、欠陥住宅被害救済というような、消費者問題を消費者（施主）のサイドから取り扱っていらっしゃる方ですが、この方が弁護士会会報の座談会の中で、こうおっしゃっています。「本当に助かっていて、この制度がないと私の仕事は回らないくらいです」、「申立ては考えて選んでいます。金額でなく第三者の専門家が入ることにより解決可能な事件」と。結局交渉がデッドロックに乗り上げてしまったけれども、適切な仲裁人あるいは建築専門家が入って説得すれば、双方聞く耳を持っている事件について、弁護士会のあっせん・仲裁を申し立てていることがわかります。

　それから、「ぐしゃぐしゃで裁判の土俵に乗せにくい事件、たとえば瑕疵の争点が100くらいある、裁判をやると大変という事件」、「裁判所も付調停や専門委員を付けていますが、争点整理が大変でその作業に時間と体力を使う」ような事件も同様です。

　すでに菅野判事からお話があったように、建築訴訟では、瑕疵一覧表が必要になります。これは裁判所が判決を書くためにも必要です。しかし、瑕疵一覧表というものは作るのが大変なんですね。医療過誤でも、裁判所から医療事件の患者側あるいは医療側が診療経過一覧表を作ってくれといわれます。瑕疵一

覧表は判決を書くためには必要ですが、正直いって、もし現場へ行って専門家と弁護士が適切にアドバイスしてぱっと解決する件だったら、一覧表を作る前にそれをやってほしい。要するに、そのほうが楽であるし、早い。ただしオールマイティーではないと、そういうことだろうと思います。

　また、柘植弁護士は、「あっせん・仲裁はすぐ現場へ行って早く修補の話に入るのが魅力」とおっしゃっています。私は平成18年・19年の建築事件を調べてみましたが、半分ぐらいは建築の専門家が入っていて、さらにその半分ぐらいは2回目か3回目の期日に現場へ行っています。

　ここで、私が担当した事件についてお話しましょう。この事例は、平成16年9月30日に中日新聞で報道されています。

　飛島村という愛知県名古屋市のすぐ隣にある、極めて財政が豊かな村には、平成7年11月に完成した、村営の立派な木造の温水プールがありました。しかし、竣工して7〜8年目（平成15年夏ころ）に、天井部の集成材の梁部分が腐っているのがわかり、大幅な改修が必要になりました。これは大事件です。危険なのでプールも閉めてしまって。皆さん、すぐぴんと来ると思います。5年以内ならもっと簡単だったでしょうが、7年目、8年目ですから、やはり除斥期間あるいは時効の問題とか、義務がどうあるか、法律的にどう構成するか、非常にややこしい難しい事件です。

　村は平成16年1月に、名古屋弁護士会あっせん仲裁センターにあっせんの申立てをしました。結果的には、同センターの和解勧告を受け入れ、短期間で解決しました。プールも再開され、住民が再び利用できるようになったわけです。

　これは私がたまたま担当して、最初から建築の専門家、設計士の先生とチームを組んでやったのですが、2月に申立てをして、3月に第1回期日があって、10月1日に全面解決。その間10回期日を入れて、間の打ち合わせ等を入れますと20回ぐらいやったと思います。2回目には現地へ行きました。先ほど菅野判事の話にもありましたが、30mぐらいの高さのところに登って、見てすぐ原因がわかった。だから、あとはどうやってどういう修理方法にするのかということの調整と負担率について8回ぐらいやりました。新聞報道によれば、

村が4割、建築業者が3割、設計者が3割の負担率となっています。法的な負担割合が適切だったかは、また別の議論があるでしょうが、非常にいい解決だったと思います。

　ちなみに、こういうかたちで新聞に載ったから事例として取り上げさせていただくので、本当はもちろん守秘義務があります。先ほど守秘義務あるいは非公開性も非常に大きなポイントだという指摘がなされましたが、全くそのとおりだと思います。

3　建設工事紛争審査会

加藤（俊）　建設工事紛争審査会は、先ほどのご説明によると、申立てができる対象とできない対象があるということですが、そのあたりも踏まえ、どういったものに適しているかなどについてご説明いただけますか。

加藤（秀）　紛争審査会は今年で51年目になります。先ほども申し上げましたが、請負契約が中核にないと、やはり建設業法の中の世界ですので、受け付けることはちょっと難しいということになります。受け付けてもいいのですが、抗弁が出ればお金が無駄になるというようなことになります。主体は問いません。個人の施主の方でも結構ですし、元請け・下請けでもどなたでも結構です。請負契約に関する紛争であれば大丈夫です。

　応諾率の話が先ほどありました。中央の場合は国土交通省の組織が大きいので人数も多いですが、私の所属する事務局では、事務局員は私を含めて3人しかおりません。この事務局と許可監督部局。国土交通大臣許可業者の場合、国土交通省の許可監督部局はその本社所在地によって担当が分かれておりまして、本社の所在地が関東であれば埼玉県にある関東地方整備局が、その業者の監督をしています。ただ、都道府県の場合は、東京都あたりになるとちょっと違ってくるかもしれませんが、必ずしも人間が多くないので、事務局職員と建設業の監督職員を兼任しているようなケースも少なからずあります。そうすると、建設業者が訴えられたときに出て来ないということはあまりありません。私は事務局に来て2年ちょっと経ちますが、被申請人が来られなかったことは

一度もありません。それが1つ。過去の事例を見ると、1回きりで来なくなった方はいらっしゃるようですが、一度も来ない例は割合としては非常に低いような気がします。

　それから、特に中央の場合、どちらかというと向いているかもしれないのは土木の紛争です。国土交通省は一番の公共事業発注官庁ですから、土木については日常業務の多くの部分を占めています。私は事務屋ですが、前職が公共工事の契約指導をするポジションでしたから、積算については若干知っているところもありますが、土木の元請・下請紛争あたりにはわりと合っているのかなという気はいたします。

　あと、去年（平成19年）の4月から姉歯問題を機にして建設業法を改正して、ちょうどADR法と軌を一にしていますが、あっせん・調停にも時効中断効を付けています。昔、時効中断効がないので非常に使いづらいというご指摘を弁護士の方からいただいたことがありますが、これは去年の4月から、仲裁については仲裁法で措置しています。

　先ほど、中央は国土交通大臣許可業者の紛争を管轄すると申し上げましたが、中央審査会は東京にしかありません。そこが私どもの弱みです。実際、建設工事というのは非常に地元に密着した産業・事柄です。ですから、私どもは、遠方からご相談をいただきますと、弁護士の方が付いている場合は別ですが、特に会社の方から直接ご相談がある場合は、申請書のかたちにしてから相手方にお話をして、管轄合意を結んだ地域の審査会で審理していただけるよう、カバーをしております。

　あと、向いている紛争はやはり証拠がないもの。「ない」というと語弊がありますけれども、もともと書面化もされていないようなところを何とかしようということで、国土交通省建設業課も努力をしているのですが、こういう施策はなかなか浸透しない。人証を取るぐらいしか証拠の固め方がないような場合に、特に追加工事の発注などでは多々あると思いますが、最終的には人証まで行かなければならないとしても、話し合いで何とか収まらないかというような事件には向いているのかもしれません。

　他方、あまり向かないと思うのは、やはり白黒つけたい事件ですね。特に請

求が債務不履行の枠なのか、不法行為の枠なのか、よくわからないような請求のかたちになってくると、最初から調停やあっせんはどうですかという話をさせていただくこともあります。大体そんなところだと思います。

遠山 ありがとうございました。先ほどお話いただいた建設工事紛争審査会の資料の中で、中紛審の当事者類型が挙げられていますが（図表13〔71頁〕）、意外なことに、元請と下請の関係が多くなっています。平成18年では、全体の約半数がこのケースです。これはいわゆる B to B（Business to Business）だと思います。さらに個人の発注者・請負人という関係も出て来ます。会員の皆さんの立場からすると、自分の相談者・依頼者は、個人の場合も、法人の場合もあるということになるでしょうが、中紛審としてはこの元請け・下請け関係が非常に多いということなので、その原因と、あと人格的な色彩を持った訴訟として、個人の住宅消費者の問題への取組みについて、ちょっとお話しいただけますか。

加藤（秀） 実は、あまり明確にそこを意識したことはないのです。というのは、私どもは、建設業者の紛争を解決するという立場なので、その相手方が誰かは実はあまり関係がないのです。しかし、住宅についてはずいぶん制度が整ってきましたし、単位弁護士会でも住宅の紛争処理機関がだいぶ動き出してきたことも影響しているのかなと思います。件数的にはそれほどの数ではないようですが、それが１つ効いているのかなという点があります。

　もう１つは図表12（71頁）の表で見ていただくと、建築が減って土木が増えているというのは最近の顕著な傾向ですが、特に公共事業関係の紛争が増えています。これは多分、公共事業費が絞られていることと関係があると思います。かつては、「次の仕事で面倒見るから」とか、「悪いようにはしないから」というような言葉で片付いてきた事案が片付かなくなっている。「悪いようにはしないから」というのは審理で非常によく聞く言葉ですが、私のところに来ますと大概悪いようになっているわけでありまして、その次の仕事は全然ないというような状況になっております。

さらに最近では、公正取引委員会が検察と協力をして談合を非常に厳しく摘発していることから、一時期強烈なダンピングが起こりました。これが元請け・下請けのほうへ徐々にしわ寄せされて、最後は職人の口でありますから、最後のところを払わないというわけにはいかないので、その上のところですね。下請けの末端の1つ上ぐらいで、非常に紛争が起こりやすくなっています。上の蛇口のほうは公共事業費が絞られているので、昔であれば出せた金が出せない、もっと工夫が利いたところが利かない。それで、こういう結果が生み出されてきているのかなと思っています。われわれのスタンスというよりも、世の中が変わってきて、このように変化していると理解しております。

遠山　個人の住宅消費者のほうの案件というのも、結構取り組まれているんですね？

加藤（秀）　相手が建設業者であって、それが請負契約であれば個人住宅の瑕疵紛争も受け付けることはもちろん可能ですし、都道府県審査会を含んだ全体で見ますと、まだまだそれが一番主力の紛争です。

遠山　そのあたりの苦労話はありますか？

加藤（秀）　苦労は事務局の私ではなくて、遠山先生や加藤先生を始めとする委員の先生方がされているので、特段はありませんが、やはり一番困るパターンは、本人申請であり、仲裁であり、また代理人を次々と解任されるような方の場合ですね。このようなケースが一番困ります。

4　一部調停の成立の是非

遠山　質問票が1つ来ております。「瑕疵修補請求の調停と慰謝料請求を併合して申立てをしている。瑕疵修補については合意ができたが、慰謝料問題については調停を続行しなくてはならない。この場合、瑕疵修補のほうだけ調停調書を一部調停という形で取りまとめて調停を成立させ、その後慰謝料の調停事

件をそのまま継続するという取り扱いで、問題はないか」というご質問なのですが、菅野判事、いかがでしょうか？

菅野 実際に個人の発注者対請負人という一番単純なパターンの建築調停の場合には、現地を見に行って直せるかどうかをまずチェックします。直せるものは施工した会社に直させる。そのほうが圧倒的にコストが安くなります。外部に修補の見積もりをさせれば、トラブル案件ですから当然普通以上に高い見積もりになりますが、施工会社側はむしろ値引きしたレベルでの見積もりをします。実際に手続の流れとして、修補先行型とよくいうのですけれど、まず先に修補していくことがよくあるわけです。

　その上で、たとえば使用上の諸問題について検討していきます。あるいは雨漏りでいろいろ傷んだ。あるいは新築で買ったのに、次々と修理する人が入ってくること自体で、近所の人に対してわれわれは恥をかいた。あるいは補修をしている間も居住せざるをえないという面から、修理工事中などのために居住に非常に支障があった。やはり慰謝料を認めてほしいと。したがって、手続としてまず修補を先行し、直し終わったところで、何がしかのペナルティーというか解決金というか、それを付けましょうというのはよくあるのです。

　ただ、そのときに普通は、途中一部分だけ調停を成立させて、残りをどうこうするというふうに分断することは少ないと思います。最後まで引っ張っていってやるほうが多い。ただし、その場合、施工会社側にリスクもあります。補修した部分は全部終わっているはずだが、調停調書ができていないから、最後に慰謝料問題でこじれたときに、最初の補修部分まで含めてまた全部蒸し返されると困る、ということがあります。そのために、普通は瑕疵一覧表の段階で修補済みということで載せておいて、そこでいったん弁論準備期日を開いて期日調書を添付しておく。こちらのほうが無難な進め方です。

　ただし、先ほどの弁論準備並行型で調停をしているときには、調書でもって、これこれについては修補する、これこれの修補によってこの項目何番何番については解決済みであるということを確認する、いわば私的な合意まで行って、これを裁判所の調書に載せておいて証明力を付けるという処理をすること

もあります。ただし、それは和解調書ではありません。調停調書でもないのです。

回答になっていないかもしれませんが、いろいろなパターン、やり方がありまして、どれを選択するかにもよりますが、部分和解とか部分調停型というのは、どちらかというと一般的な方式ではないということになると思います。

遠山 菅野判事、この場合、適法性という問題では一部調停は可能と解釈してよろしいんですよね？

菅野 可能だと思います。

5　専門知識の入手方法

遠山 では次に、弁護士は、個人つまり住宅消費者の相談を受けたときに、準備の段階で専門知識をどうやって入手したらいいか、どこにアクセスしたらいいかと悩むと思うのです。そのあたり、伊藤先生、ヒントをいただきたいのですが。

伊藤 先ほど、住宅紛争審査会の例を申し上げましたけれども、技術関連資料集というのが各弁護士会に用意してあるはずです。CD-ROMもあると思いますので、まずはそれを見てください。対処の糸口としては極めて役に立つのではないかと思います。大変苦労して作っておりますので、ぜひご活用ください。

遠山 わかりました。渡邉先生、今いった建築消費者の切り口で、紛争解決のために弁護士会の仲裁センターはどんな取組みをしているかということだけ簡単にお話しいただけますか。

渡邉 消費者を個人の施主とイコールと考えてお答えしますと、やはり弁護士と専門家、建築家が入ることによって、公平は公平ですけれども、少なくとも

知識不足ということでは不利にならないような配慮はしていると思います。

　それから、個人の施主で、建築会社あるいは設計士の知り合いがいない方が相談に来られた場合にどうするかということがあります。弁護士の立場からいいますと、建築事件はよほど簡単な事件でなければ、やはり建築家に一緒に相談に乗ってもらったほうがよいでしょう。自分の思い込みだけでいろんなことをやってしまうと、非常に大きな問題が起きると思います。そういう点では、とりあえず弁護士会のあっせん仲裁センターに相談するとか、調停をやっておいて組み直すのもいいですが、申立書と訴状があまり違っていてもいけません。弁護士の方は、自分で建築家の知り合いを何人かは作っていただいて、相談を受けた段階で、その方を紹介できるようにするのが義務ではないかと思います。

6　ADRを利用する際の留意点

加藤（俊）　今後ADRを利用しようというわれわれ弁護士に対してのアドバイス、あるいは留意点なども含めまして、最後に一言ずつお願いいたします。それでは、菅野判事から順番にお願いできますでしょうか。

菅野　訴訟の場合でも調停の場合でも、やはり何を立証できるのか、あるいは本人の思いはわかるとしても、それを知らない第三者にどうプレゼンテーションできるのかという点を、申し立てる前に代理人はよく考えてほしいと思います。そうしないと、いかに本人の思いを一生懸命書いたとしても、かえってそのためにならないことに結局はなってしまう可能性があります。

　業者対業者の場合も、完全に業者任せにしてはいけないのは同様です。すべての見積書や請求書が、実はよく見ると、紛争より後日付になっていることがあります。そのようなものを全部ただ加算して、億を超える金額で訴訟を出してよいのか、それを考えなければいけません。個人の場合でも、たとえば4000万円の建売り住宅に居住している場合、修補代金を計算して、さらに法的な理屈付けで各種損害を加算した上で、8000万円の請求をする訴状を書いたとき、はたしてこれを一般の人が見たらどう思うか。本人の思いとしてみれ

ば、それでも償えないぐらい苦痛があるかもしれませんが、どう見えるか。やはりそれを考えてあげるのが紛争処理の専門家の仕事であって、合理的解決が得られるように誘導しなければいけないと考えます。それを最初の申立てのとき、あるいは準備のときによくやってほしいと思います。

　専門家の知恵を借りる場合も、やはりある種のお願いをして建築士に頼めば、針小棒大にすべてチェックすることになってしまう。そのままボンとぶつけずに、できるだけ準備をしてきちんとやれば、訴額も大きい事件が多いので、円滑に進むメリットのある紛争処理になると思います。

加藤（俊）　それでは、加藤さんお願いいたします。

加藤（秀）　お願いはたくさんありますが、やはりまず準備をお願いしたいです。調停とか特にあっせんとか、また仲裁も、間に入る仲裁人や調停委員との信頼関係の下に進行していくと思いますので、基本的によくわかるように説明をしていただきたいのですね。当事者とやり合うというようなスタンスで臨まれて、間に立っている人の話を聞いてないのではないかと思われるような代理人の方が時々いらっしゃる。それは見ていて非常に残念です。あと、言葉の問題なんですが、建築なり土木なりの専門家を交えた話し合いの場であるにもかかわらず（われわれは調停・仲裁の場合、必ず1人はお付けします）、法律用語をメインに押し立ててお話になる代理人の方がしばしばいらっしゃいます。会社同士の紛争ですと、お互いの担当者同士の言葉──先ほど「推定」の意味が法律と建築でちょっと違うというお話が伊藤先生からありましたが、ああいうふうに言葉の意味が違うので、担当者同士で話すと実はよくわかっているのに、この紛争解決手段のために弁護士の先生が加わった瞬間に、話がかえって迂遠になってしまう場面が時々あります。期日のときにそれでずっとお話をされると正直時間がもったいないですし、ADRの売り物としている迅速な手続の阻害につながることがあります。これを含めて、準備をお願いしたいです。

　あと、もう1つ。これは今日の本題とは関係ないかもしれませんが、建設の仕事というのは、今でも道路の問題で盛んにやっていますが、その地域の雇用

や産業を支えているという側面があることは、否定できないと思います。そういうことからすると、建築紛争というのは極めて地域に密着した問題ですから、全国の弁護士会に設けられた紛争審査会というツールを、ぜひとも活用していただきたい。これは、積極的に審査会の地元の委員になっていただくということを含めて、そう思っております。以上です。

加藤（俊）　それでは伊藤先生、今の用語の違いのお話などもありましたが、そういった観点からも弁護士に一言お願いしたいと思います。

伊藤　私もこういうことに関わってもう6〜7年になりますが、それまでは建築技術だけの世界で仕事をしてきたんです。そこでは、たとえば技術者はかくあるべしと、あるいは事にあたってはかくあるべしというような、いろいろな基準類の解説を書いてきました。ところが、たとえば設計に際してかくかくしかじかのことを考えるべきであると書くと、それを見た一般消費者は、当然技術者はこういうことはやってくれるはずだと思い込んでしまうケースが出て来るわけです。そこには捉え方の違いがある。執筆にあたった建築技術者は、同業の技術者に対してちゃんとやってもらいたいという思いでいろいろ説明や解説を書いています。しかし、瑕疵問題を訴える側に、こういうことをやるべしと書いてあるのだからやらないのはおかしいという使い方をされてしまうと、一体われわれはどういうふうに技術者に対して物事を発信したらいいのか。多くの建築技術者は良かれと思っていっているのですが、それを逆手に取られる感があるんですね。そんなことを考えますと、今まで多くの技術者が良かれと信じてやってきたことがひっくり返って、全部瑕疵の理由になってしまう。これと同じことが建築基準法などの世界で起きると、法令違反だとか、違法建築だとか、何とか偽装だとかという話になってくる。

　また建築学会から出ているいろいろな出版物を、全体として統一的な見解をなしているということで「これはいい」といってお使いになる例があるようです。たとえば国土交通省のようなところは、建て前上、統一見解を出すことになっていますが、実は建築学会は必ずしもそうはなっていない。ですから、都

合の良いところだけつまみ食いして、権威ある建築学会がこういっているからという形式論を用いることが、紛争をよりこじらせている部分があると思います。同じように、いろいろな基準類を金科玉条のように振りかざすような議論が往々にしてあります。何百と欠陥があるなどと訴えている事例は、多分そういうことがあるのではなかろうかと想像いたします。

　もう1つ、建築の専門家にまずは頼りなさいと私は申し上げましたが、頼りすぎてはいけません。専門家でも、バランス感覚のいい先生もいれば、非常に細かい重箱の隅を突っつくようなことばかりおっしゃる先生もいる。攻める側の人だったら、かなり過激な意見の方でも全然構わないと思いますが、ジャッジする側の参考意見にしたいのであれば、やはりある程度選ばなければいけない。選び方自体も難しいということです。以上です。

加藤（俊）　最後に、渡邉先生お願いいたします。

渡邉　私が弁護士会のADRが裁判所よりいいなと、あるいはほかの機関よりいいなというのには、1つは管轄の問題があります。弁護士会のADRは管轄規定を設けているところはありません。管轄合意書も何もなくても、相手が名古屋でも九州でも、東京で申し立てていただいたらいいというのが普通です。相手が嫌で出て来なければそれまでですから、そういうことをやっております。結構遠い地域の相手で、本来訴訟だったら管轄がないという申立てが結構あります。

　それからもう1つは、代理人・弁護士が活用する場合は、事件のスクリーニングあるいは争点整理のための申立てがかなりあります。たとえば、不具合はあるけれども根本原因はわからないというような話ですね。それを申し立てて、向こうからいろいろな資料が出て来る中である程度問題が解決し、場合によっては説明義務を履行してもらって氷解することもあります。それから、裁判あるいは本格的に責任追及をやっていく。何といっても申立手数料が1万500円ですから、駄目なら3回ぐらいで終わってしまいますので、3カ月3回を予備の期間にすればいい。そうすると非常にいい解決手段だといえると思い

ます。不調になっているから無駄なのではない。

　私は、弁護士会のあっせん仲裁センターと裁判所の調停を比べたら、弁護士会のあっせん仲裁センターのほうがいいと思っています。裁判所の調停の解決率がどうして高いかというと、東京地裁は菅野判事のような方がいらっしゃって、非常に適確に運営されるので、やはり別格ではないかなと思うのです。判決になったらどういうふうになるなということも視野に入れて、いろいろと解決しておられるので、解決率が高い。むしろ弁護士会のあっせん仲裁センターは、そのもう1つ前の段階だと思います。最終解決にも行くし、場合によっては裁判——調停にも行く、そういうプレ手続的な役割が大きいのではないかなと思います。

　もう1つ申し上げたいのは、愛知県のシェアーはだいたい司法の世界は何でも5％で、民事通常事件も全国の5％です。そうすると、愛知県でだいたい20件から30件ということは、東京でしたらその1桁上の件数でないといけない。これはそんなに難しい目標ではない。紛争の解決に熟達した弁護士も、設計の専門家も非常にたくさんおられる。やはり人的な資源でいったら、圧倒的に東京はパワーがあるはずですから。

　建築家というのは弁護士と非常に似ていて、仕事柄、監理がある。非常に批判的に見る。建築業者とべったりで、建築業者に有利なことをいうなんていう建築家はいないです。ほとんどのケースは、医療事故の紛争とはかなり構造的に違います。ぜひとも、弁護士会ADRはすべて建築家との協力体制を敷くべきです。また弁護士は、もっと弁護士会ADRのいろいろな利用法を知り、活用してほしい。ある程度弁護士会で片を付けて、裁判所にあまりご負担をおかけしないようにしなければいけないと、私はそう思っています。

加藤（俊）　それでは、第2部のパネルディスカッションをこれで閉会させていただきます。ご清聴ありがとうございました。

資料目次

- 資料 1-① 時系列表…104
- 資料 1-② 時系列表…105
- 資料 2 出来高一覧表…106
- 資料 3 追加変更工事一覧表…107
- 資料 4 瑕疵一覧表…108
- 資料 5 中央建設工事紛争審査会における建設工事紛争処理手続の手引…109
- 資料 6 住宅紛争処理に関する制度について…129
- 資料 7 住宅の品質確保の促進等に関する法律における登録住宅性能評価機関一覧表…140
- 資料 8 建設住宅性能評価書交付実績の推移…143
- 資料 9 平成 12 年建設省告示第 1653 号…144
- 資料 10 住宅瑕疵担保責任保険法人業務規程の認可基準…155
- 資料 11 住宅瑕疵担保責任保険 設計施工基準…164
- 資料 12 住宅紛争審査会の紛争処理実施状況…176
- 資料 13 住宅紛争審査会の紛争処理事例の統計…179
- 資料 14 建設業法(抄)…198

資料 1-① 時系列表

平成23年○月○日原告作成
同　年○月○日被告記入

時 系 列 表（平成23年（ワ）第○○号）

年月日	場所	参加者	原告				被告	
			内容	関係図面	証拠	認否	内容	証拠

資料 1-①　時系列表

資料 1-② **時系列表**

時 系 列 表（平成23年（ワ）第〇〇号）　　平成23年〇月〇日原告作成
　　　　　　　　　　　　　　　　　　　　　　同　年〇月〇日被告記入

日付	原告の主張	証拠	被告の主張	証拠

資料2 出来高一覧表

出来高一覧表（平成23年(ワ)第〇〇号）

平成23年〇月〇日原告作成
同　年〇月〇日被告記入

番号	枝番	工事名	見積書（証拠番号●●）					原告主張出来高							被告主張出来高							裁判所			
			単位	数量	単価	金額	数量	単価	出来高割合	証拠	補足主張	金額	数量	単価	出来高割合	証拠	補足主張	金額	数量	単価	出来高割合	証拠	金額
1																							
2																							
3																							
4																							
		合計																					

* 1　基礎、外壁、1階玄関、洋室1、和室1、…、2階、屋根というように、検分順序を想定し、主張する出来高の部位ごとの順番で記載するようお願いします。
* 2　証拠は、号証、具体的な頁、必要に応じて該当箇所のラインマーカーによる特定をお願いします。

資料3 追加変更工事一覧表

追加変更工事一覧表（平成23年(ワ)第〇〇号）

平成23年〇月〇日原告作成
同　年〇月〇日被告記入

番号	項目	施工者側(原告)							施主側(被告)		
		本工事の内容	証拠	追加変更工事の内容	追加変更理由	証拠	A 本工事金額	B 変更後金額	差引(B−A)	本工事の認否	追加変更工事の認否	主張金額	証拠
1					(例) 平成23年〇月〇日 施主からのファックスによる指示						(例) 工事内容は認めるが、変更工事は否認する。指示していない。		
2											(例) 変更工事は認めるが、金額は否認する。金額の合意はない。		
3											(例) 工事内容は認めるが、追加変更であることは否認する。本工事の範囲内である。		

資料4　瑕疵一覧表

瑕疵一覧表（平成23年（ワ）第○○号）

平成23年○月○日原告作成
同　年○月○日被告記入
同　年○月○日原告訂正

番号	項目	現状					あるべき状態とその根拠					補修費用等				
		施主側（原告）		施工者側（被告）			施主側（原告）		施工者側（被告）			施主側（原告）			施工者側（被告）	
		主張	証拠	主張	証拠		主張	証拠	主張	証拠		主張	金額	証拠	主張	金額	証拠
1			(例)甲の○頁の○番、甲○の写真○番		(例)乙の○頁の○番、乙○の写真○番			(例)甲の○頁のアンダーライン部分							(例)補修方法につき、甲の○の頁、補修費用につき、甲の○の頁○番		
2																	
3																	

*1　基礎、外壁、1階玄関、洋室1、和室1、…、2階、屋根というように、検分順序を想定し、主張する瑕疵の部位ごとの順番で記載するようお願いします。
*2　証拠は、号証、具体的な頁、必要に応じて該当箇所のラインマーカーによる特定をお願いします。
*3　あるべき状態とその根拠には、履行を求める状態とその根拠（契約、建築基準法等の法令、住宅金融公庫基準、技術水準等）を具体的に記載してください。

資料5　中央建設工事紛争審査会における建設工事紛争処理手続の手引

```
目　　　次

Ⅰ．建設工事紛争審査会のあらまし

Ⅱ．紛争処理手続の流れ

Ⅲ．紛争処理に要する費用

Ⅳ．紛争処理の申請方法

Ⅴ．申請書記載例

Ⅵ．答弁書記載例

Ⅶ．委任状書式例

Ⅷ．都道府県建設工事紛争審査会事務局の住所・
　　電話番号一覧（略）

Ⅸ．中央建設工事紛争審査会案内図（略）
```

平成19年4月中央建設工事紛争審査会事務局

Ⅰ．建設工事紛争審査会のあらまし

1．審査会の目的

　建設工事の請負契約をめぐる紛争の解決には、建設工事に関する技術、行政、商慣行などの専門的知識が必要になることが少なくありません。
　建設工事紛争審査会は、こうした建設工事の請負契約をめぐる紛争につき、専門家による迅速かつ簡便な解決を図ることを目的として、建設業法に基づき、国土交通省（中央建設工事紛争審査会）及び各都道府県（都道府県建設工事紛争審査会）に設置されております。
　審査会は、原則として当事者双方の主張・証拠に基づき、**民事紛争の解決を行う準司法的機関であって、建設業者を指導監督する機関や技術的鑑定を行う機関ではありません。**

2．審査会の委員

　審査会の委員は、**弁護士を中心にした法律委員と、建築・土木・電気・設備などの各技術分野の学識経験者や建設行政の経験者などの専門委員から構成**されており、専門的、かつ、公正・中立の立場で紛争の解決に当たります。

3．審査会の取り扱う事件

　審査会は、当事者の一方又は双方が建設業者である場合の紛争のうち**工事の瑕疵（不具合）、請負代金の未払いなどのような「工事請負契約」の解釈又は実施をめぐる紛争の処理**を行います。
　したがって、**不動産の売買に関する紛争、専ら設計に関する紛争、工事に伴う近隣者との紛争、直接契約関係にない元請・孫請間の紛争**などは取り扱うことができません。

4．紛争処理の方法

　審査会は、**「あっせん」、「調停」又は「仲裁」**のいずれかの手続によって紛争の解決を図ります。
　申請人は、事件の性質、解決の難易、緊急性などを判断して、そのいずれかを選択して申請することとなります。（ただし、**「仲裁」の申請をするには、当事者間に「仲裁合意」があることが必要です。**）［Ⅰの7参照］
　審査会の行う紛争処理の手続は、原則として非公開です。

5．審査会の管轄

(1) 中央審査会
　① 当事者の一方又は双方が国土交通大臣の許可を受けた建設業者である場合
　② 当事者の双方が建設業者で、許可をした都道府県知事が異なる場合

(2) 都道府県審査会
　① 当事者の一方のみが建設業者で、当該都道府県の知事の許可を受けたものである場合
　② 当事者の双方が当該都道府県知事の許可を受けた建設業者である場合
　③ 以上のほか、当事者の双方が許可を受けた建設業者でなく、その紛争に係る建設工事の現場が当該都道府県の区域内にある場合

(3) 管轄合意
　　上記(1)(2)にかかわらず、**当事者双方の合意により、いずれの審査会にも紛争処理を申請することができます。**

〔例〕A県知事の許可を受けた業者とB県知事の許可を受けた業者との間の紛争については、管轄合意がなければ、建設業法の規定により中央審査会が管轄することになりますが、当事者双方が合意すれば、A県審査会やB県審査会などに紛争処理を申請することができます。

（様式例）

```
                    管轄合意書

  工事名
  工事場所
  注文者
  請負者

    上記工事の請負契約に関する紛争について、〇〇建設工事紛争審査会を建
  設業法による紛争処理の管轄審査会とすることを合意します。

    平成    年    月    日
                          注文者                    印

                          請負者                    印
```

6．あっせん、調停、仲裁の違い

種類	内　　　容	特　　　色
あっせん	審理内容 …当事者双方の主張を聴き、当事者間の歩み寄りを勧め、解決を図る。 あっせん委員…原則として1名 審理回数…1～2回程度	調停の手続を簡略にしたもの。 技術的・法律的な争点が少ない場合に適している。 あっせんが成立したときは和解書を作成する。これは民法上の和解（第695条、第696条）としての効力をもつ。 別途公正証書を作成したり、確定判決を得たりしないと強制執行ができない。
調停	審理内容 …当事者双方の主張を聴き、争点を整理し、場合によっては調停案を勧告して解決を図る。 調停委員…3名 審理回数…5～6回程度	当事者の互譲により、建設工事の実情に即した解決を図るもの。 技術的・法律的な争点が多く、あっせんでは解決が見込めない場合に適している。 調停が成立したときは調停書を作成する。これは民法上の和解（第695条、第696条）としての効力をもつ。 別途公正証書を作成したり、確定判決を得たりしないと強制執行ができない。
仲裁	審理内容 …当事者双方の主張を聴き、必要に応じ証拠調べや立入検査をして、仲裁委員が仲裁判断を行う。 仲裁委員…3名 審理回数…必要な回数	仲裁委員が、建設業法及び仲裁法の規定に基づき仲裁判断を行うもので、民事訴訟に代わるもの。仲裁手続には、裁判のような上訴の制度はない。 仲裁を申請するには、当事者間の「仲裁合意」が必要。 仲裁判断は、確定判決と同一の効力を有する（仲裁法第45条第1項）ものであり、仲裁判断の内容については裁判所で争うことはできない。

※　審査会への仲裁の申請には、仲裁法第29条第2項により時効中断効があります。あっせん及び調停については、建設業法第25条の16により、打切通知到達後1ヶ月以内に訴えを提起（仲裁申請を含む）した場合、あっせん又は調停の申請の時に時効が中断したものとみなされます。
※　仲裁判断の実例等については「中央建設工事紛争審査会仲裁判断集（CD-ROM版）」（大成出版社、平成14年刊）を参照して下さい。

7．仲裁合意

　仲裁合意とは、紛争の解決を第三者の仲裁に委ね、**裁判所への訴訟提起はしないことを約する当事者間の契約**です。
　したがって、審査会に仲裁を申請するには、当事者間に審査会の仲裁に付する旨の仲裁合意があることが必要ですので、それを証するため、次のいずれかの書類を提出して下さい。

① 請負契約締結の際に仲裁合意書又は工事請負契約約款により仲裁合意をした場合
　……………………………………………… 当該仲裁合意書又は工事請負契約約款
　　※ 仲裁法の施行（平成16年3月1日）後に消費者と事業者の間で締結されたものについては、**消費者に解除権が認められており**（仲裁法附則第3条）、**仲裁合意が解除された場合には、仲裁判断が行われないまま手続が終了します。**

② 紛争が生じた後に当事者双方が仲裁を申請することに合意した場合
　……………………………………………… 次の記載例のような仲裁合意書

（仲裁合意書の例）

　　　　　　　　　　　仲　裁　合　意　書

　　工事名　　　　○○工事
　　工事場所　　　○○県○○市○○町○○丁目○○番地○○号
　　　　　　　　　住　所　○○○○○
　　注文者　　　　○○　○○
　　　　　　　　　住　所　○○○○○○○
　　請負人　　　　○○建設株式会社
　　　　　　　　　代表取締役　○○　○○

　平成○年○○月○○日付けで締結した上記工事の請負契約に関する紛争を、建設業法による○○建設工事紛争審査会の仲裁に付し、その仲裁判断に服します。

　平成　　年　　月　　日

　　　注　文　者　　○○　○○　　　　　　　　　　　印

　　　請　負　人　　○○建設株式会社
　　　　　　　　　代表取締役　○○　○○　　　　　印

Ⅱ．紛争処理手続の流れ

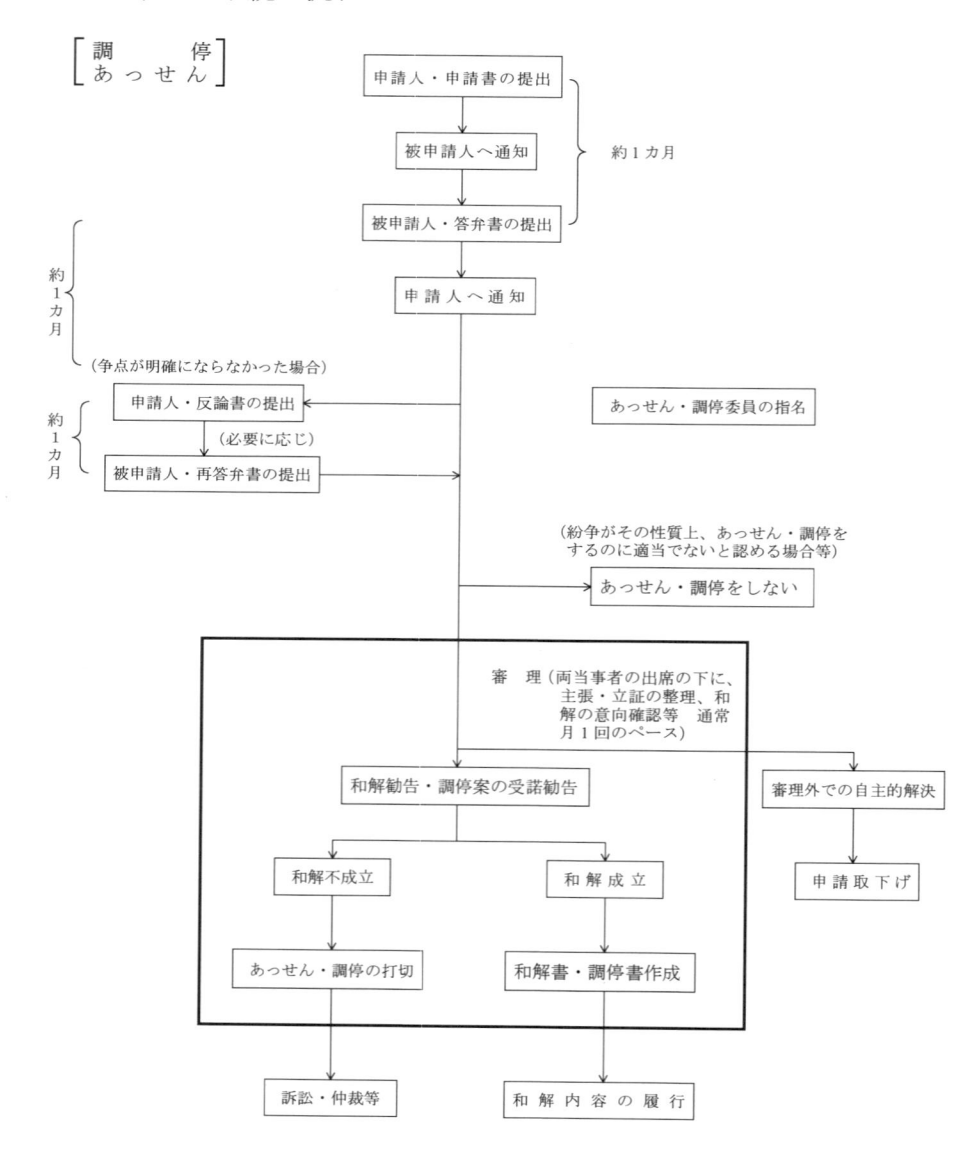

［調　停］
［あっせん］

```
申請人・申請書の提出
        ↓
被申請人へ通知           ┐
        ↓               ├ 約1カ月
被申請人・答弁書の提出    ┘
        ↓
申請人へ通知
        ↓
（争点が明確にならなかった場合）        あっせん・調停委員の指名
申請人・反論書の提出
        ↓（必要に応じ）
被申請人・再答弁書の提出
```

約1カ月（申請人へ通知まで）
約1カ月（再答弁書提出まで）

（紛争がその性質上、あっせん・調停をするのに適当でないと認める場合等）
→ あっせん・調停をしない

審　理（両当事者の出席の下に、主張・立証の整理、和解の意向確認等　通常月1回のペース）

和解勧告・調停案の受諾勧告

- 和解不成立 → あっせん・調停の打切 → 訴訟・仲裁等
- 和解成立 → 和解書・調停書作成 → 和解内容の履行
- 審理外での自主的解決 → 申請取下げ

[仲　　裁]

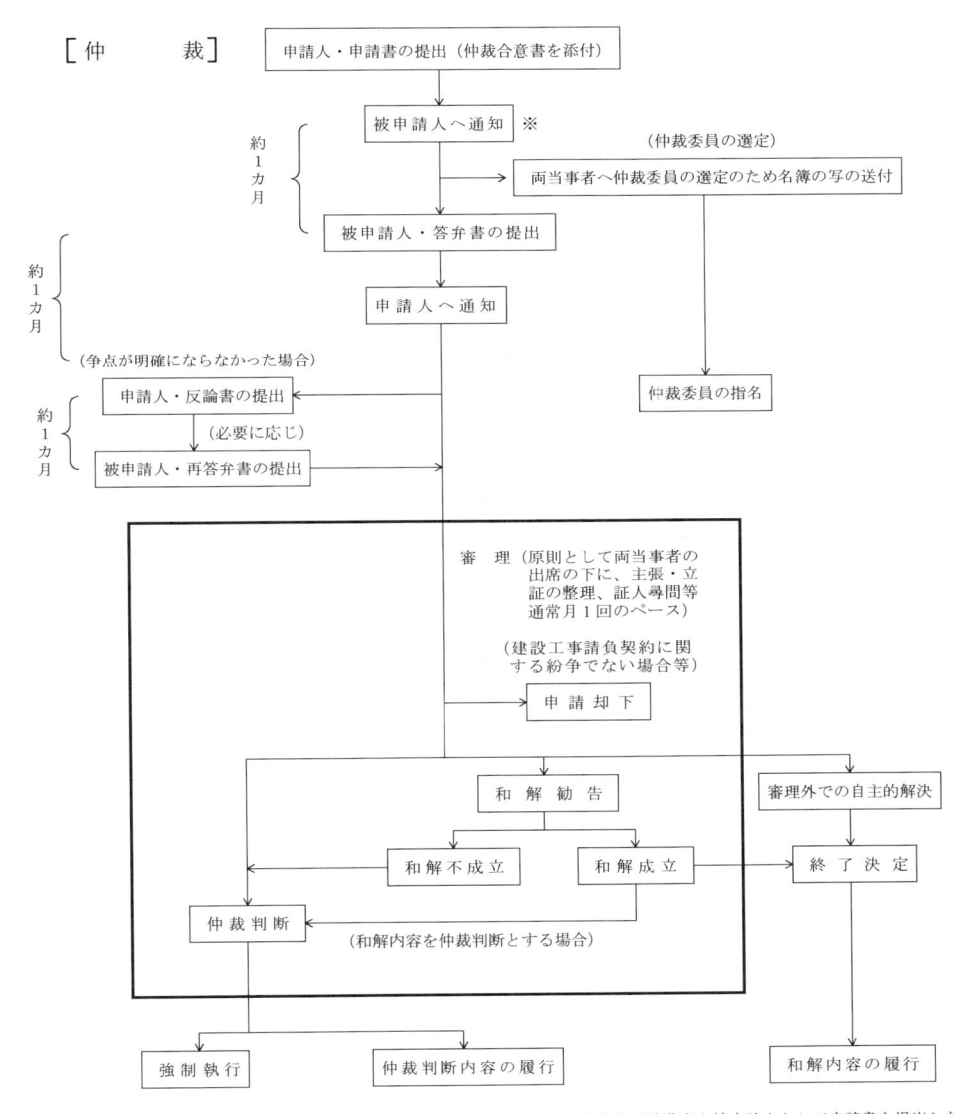

```
                  申請人・申請書の提出（仲裁合意書を添付）
                              │
        ┌─────────────────────┤
        │                     ▼
      約          被申請人へ通知 ※
      1                       │              （仲裁委員の選定）
      カ                      ├─────────► 両当事者へ仲裁委員の選定のため名簿の写の送付
      月                      ▼                         │
        └         被申請人・答弁書の提出                 │
                              │                         │
      約                      ▼                         │
      1                 申請人へ通知                    │
      カ                      │                         │
      月     （争点が明確にならなかった場合）            │
        └    申請人・反論書の提出 ◄─────┤               │
      約                │                                ▼
      1           （必要に応じ）                   仲裁委員の指名
      カ                ▼
      月    被申請人・再答弁書の提出 ──┤
        └                              │
┌──────────────────────────────────────┼──────────────────────────────┐
│                                      ▼                              │
│            審　理（原則として両当事者の                             │
│                  出席の下に、主張・立                               │
│                  証の整理、証人尋問等                               │
│                  通常月1回のペース）                                │
│                                                                     │
│              （建設工事請負契約に関                                 │
│               する紛争でない場合等）                                │
│                          │                                          │
│                          ▼                                          │
│                      申請却下                                       │
│                                                                     │
│                      和解勧告                  審理外での自主的解決 │
│                     ／     ＼                         │             │
│               和解不成立   和解成立               終了決定          │
│                  │                                                  │
│              仲裁判断 ◄──（和解内容を仲裁判断とする場合）           │
└──────────────────────────────────────────────────────────────────────┘
        │              │                                  │
        ▼              ▼                                  ▼
    強制執行      仲裁判断内容の履行                 和解内容の履行
```

※　仲裁法の施行（平成16年3月1日）後に締結された仲裁合意に基づいて事業者が消費者を被申請人として申請書を提出した場合には、消費者に仲裁合意の解除権が認められており、その旨が併せて被申請人に通知されます。また、第1回口頭審理では、まず被申請人に対して解除権を放棄する意思があるかどうかの確認が行われます（仲裁法附則第3条）。

Ⅲ. 紛争処理に要する費用

紛争処理の手続を行うには、以下のような費用が必要になりますが、原則として、両当事者はそれぞれ各自の出費分を負担することになっています。

1. 申請手数料

(1) 紛争処理を申請するときは、申請人は、申請手数料を納めることが必要です。申請手数料の額は、「請求する事項の価額」（あっせん、調停又は仲裁を求める事項の価額）に応じて定められています。

(2) あっせん又は調停の打切りの通知を受けた日から2週間以内に当該あっせん又は調停の目的となった事項について仲裁の申請をする場合には、当該あっせん又は調停について納めた申請手数料の額を控除した残額を納めます。

(3) 申請後に請求内容を変更し、「請求する事項の価額」が増額になるときは、申請人は、増額後の「請求する事項の価額」に応じた手数料額と既に納付した手数料額との差額を追加納付することが必要です。

2. 通信運搬費

(1) 審査会事務局が書類などを送付する費用として、申請人は、申請時に次の金額を予納します。

申請の種類	あっせん	調停	仲裁
予納額	10,000円	30,000円	50,000円

(2) 通信運搬費については、後日不足が生じそうになったときは、別途事務局から追加予納を請求します。また、紛争処理の終了後、精算を行い、剰余金があれば予納者に返還します。

3. 書類、証拠の作成費用

審査会に提出する準備書面、見積書、鑑定書その他の書類や証拠の作成に要する費用は、それぞれの当事者が負担します。

4. 立入検査、証人尋問等の費用

立入検査に要する旅費などの審査会経費、証人尋問の録音・反訳の費用などは、両当事者の合意により双方が折半で負担するのが通例となっています。

5．申請手数料の算出表

あっせん

請求する事項の価額	申請手数料の額
100万円まで	10,000円
500万円まで	価額（1万円単位）×20円＋8,000円
2,500万円まで	価額（1万円単位）×15円＋10,500円
2,500万円を超えるとき	価額（1万円単位）×10円＋23,000円

調停

請求する事項の価額	申請手数料の額
100万円まで	20,000円
500万円まで	価額（1万円単位）×40円＋16,000円
1億円まで	価額（1万円単位）×25円＋23,500円
1億円を超えるとき	価額（1万円単位）×15円＋123,500円

仲裁

請求する事項の価額	申請手数料の額
100万円まで	50,000円
500万円まで	価額（1万円単位）×100円＋40,000円
1億円まで	価額（1万円単位）×60円＋60,000円
1億円を超えるとき	価額（1万円単位）×20円＋460,000円

※　1万円未満は切り上げて計算する。
　　〔計算例〕　750万5,000円の請求をする場合
　　　　　　あっせん――751×15＋10,500＝21,765円
　　　　　　調　　停――751×25＋23,500＝42,275円
　　　　　　仲　　裁――751×60＋60,000＝105,060円
※　請求する事項の価額を算定できないときは、その価額を500万円として申請手数料を計算する。

Ⅳ．紛争処理の申請方法

1．申請に必要な書類

(1) 申請書

　　申請書は、申請書記載例〔Ⅴ参照〕の要領で作成し、申請人（又は代理人）が記名押印して提出して下さい。記載例の各項目は、建設業法で決められたものですので、必ずこれに従って作成して下さい。

(2) 添付書類

　　次の場合は、それぞれの書類を必ず申請書（正本）に添付して下さい。

① 商業登記簿謄本又は資格証明書……………………………………………当事者が法人のとき
　（申請人と被申請人の双方が法人のときは、双方の分が必要です。）
　（被申請人のものについても、最寄りの登記所等で手続できます。）
　（申請人が個人で、被申請人が法人のときも、被申請人のものが必要です。）
② 本人からの委任状………………………………………代理人を選任したとき〔Ⅶ参照〕
③ 仲裁合意書………………………………………仲裁の申請をするとき〔Ⅰの7参照〕
④ 管轄合意書………………………………………合意によって管轄審査会を定めたとき

(3) 証拠書類

　　契約書、注文書、請書、契約約款、設計図、建築確認通知書、現場写真などの証拠書類があるときは、その「写し」を提出して下さい。
　　特に**工事請負契約書**は、最も基本的な証拠であり、請負契約に関する紛争であることを証明するためにも必要ですので、**必ず提出**して下さい。

(4) 提出部数

申　請　書	正本1部、副本4部（あっせんは2部）
添付書類	正本1部
証拠書類	正本1部、副本4部（あっせんは2部）

　（注）申請に多額の費用がかかる証拠書類（設計図など）は、審査会事務局と相談の上、提出部数を減らすことができます。

2．申請手数料の納付
　(1) 紛争処理を申請するときは、申請手数料を納付します。申請手数料の額は、あっせん、調停、仲裁ごとに、「請求する事項の価額」に応じて定められています。Ⅲの5の算出表により計算して下さい。
　(2)　あっせん又は調停の打切りの通知を受けた日から2週間以内に当該あっせん又は調停の目的となった事項について仲裁の申請をする場合には、当該あっせん又は調停について納めた申請手数料の額を控除した残額を納めます。
　(3) 申請手数料は、申請書（正本）に申請手数料相当の**収入印紙**を貼って納付して下さい。
　　（消印はしないで下さい。）

3．申請手数料の還付
　　次の場合に限り、納付された申請手数料の額（上記2（2）の場合には、あっせん又は調停について納めた申請手数料の額を控除した残額）の2分の1を還付します。
　(1) 最初の期日の終了前に申請を取り下げた場合
　(2) 口頭審理が開催されることなく仲裁手続の終了決定があった場合
　これ以外の場合には、申請を取り下げたり、紛争処理をしないこととなったり、不調に終わったとしても、申請手数料は返還されません。

4．通信運搬費の予納
　(1)　審査会事務局が書類を送付する費用として、Ⅲの2の表に定める額の通信運搬費を現金で事務局に納入します。
　(2)　予納された通信運搬費は、紛争処理の終了後、精算を行います。

5．申請書等の提出
　　申請書などに不備があると申請を受理しないことがありますので、できるだけ郵便でなく、事前に申請の日時を連絡して印鑑を持参の上、審査会事務局に直接提出して下さい。
　　※　中央建設工事紛争審査会事務局
　　　　TEL　03－5253－8111（内線24-764）

　　申請するときに必要なもの

①	申請書・添付書類・証拠書類
②	申請手数料（収入印紙に限る）
③	通信運搬費（現金に限る）
④	銀行の口座番号（剰余金の返還先）
⑤	印鑑（申請書正本に押印したもの）
	注）③の納入者と④及び⑤の名義人は同一人として下さい。

Ⅴ．申請書記載例

調　停　申　請　書【注1】

【注2】
平成　　年　　月　　日申請

【注3】
中央建設工事紛争審査会　御中

【注4】
申　請　人　　　　　印

1．当事者及びその代理人の住所氏名【注5】
　〒　○○県○○市○○町○丁目○番○号　　TEL（000）00－0000
　　　申請人（注文者）　　○○　○○

　〒　○○県○○市○○町○丁目○番○号　　TEL（000）00－0000
　　　被申請人（請負人）　○○建設株式会社
　　　同代表者代表取締役　○○　○○

2．許可行政庁の名称及び許可番号【注6】
　　被申請人　○○建設株式会社
　　　　　　　○○○○許可（○－○○）第○○○○号

3．調停を求める事項【注7】

【注8】
　被申請人は、申請人に対し、本件工事請負契約に係る建築物の瑕疵に関し、瑕疵補修代金として金○○万円を支払え、との調停を求める。

4．紛争の問題点及び交渉経過の概要【注9】
（1）申請人と被申請人とは、平成○○年○月○○日甲第1号証のとおり本件工事請負契約を締結した。
　本件工事については、平成○○年○月○○日に建築確認を受け（甲第2号証）、平成○年○月上旬に工事が完成し、申請人は同年○月○日本件建物の引渡しを受けた。
　本件工事の請負代金については、申請人は平成○○年○月○日に○○○万円、同年○月○日に○○○万円、そして引渡し後の平成○○年○月○日に残金の○○○万円を被申請人に支払い、代金の支払いは完了している。
（2）ところが、本件建物には、次のような不具合が発生している。

① 外装タイルのはがれ
　　引渡し直後から建物北側の外装タイルがはがれ始め、雨水が浸水してくるために2階〇〇室の壁面を汚損するに至っている。(甲第3号証の1ないし10)
　　このため、申請人は、被申請人に対し、この瑕疵について補修するよう申し入れたところ、平成〇〇年〇月〇〇日両者間でこの外装タイル補修方法について合意した。(甲第4号証)
　　しかし、被申請人は誠意をもって対応せず、一向に補修を行わないので、上記合意どおりの補修方法により別業者に補修工事を行わせた。
　　この補修工事に要した費用は金〇〇万円 (甲第5号証) であった。
　　② 設計と異なる電気器具の取付け
　　設計では、非常用の蛍光灯はバッテリー内蔵のものを取り付けることになっていたが、実際は普通の蛍光灯を取り付けており、その差額は〇〇万円であった。
　　③ ……………………………………………………………………………
(3) よって、申請人は、被申請人に対し、上記 (2) の①〜③の合計金額〇〇万円の支払いを求めるものである。

5．その他紛争処理を行うに際し参考となる事項【注10】
　　工事現場　　　〇〇県〇〇市〇〇町〇丁目〇番〇号
　　工事名　　　　〇〇マンション新築工事
　　工事概要　　　RC3階建陸屋根共同住宅　延床面積〇〇㎡
　　請負金額　　　〇〇〇〇万円
　　工　　期　　　平成〇〇年　〇月　〇日〜　〇月　〇日

6．申請手数料の額　　　金〇〇〇〇〇円【注11】

　　　　　　　　　　添　付　書　類

登記事項証明書　　　　　【注12】
委　任　状　　　　　　　【注13】
仲裁合意書　　　　　　　【注14】
管轄合意書　　　　　　　【注15】

　　　　　　　　　　証　拠　書　類【注16】

甲第1号証　工事請負契約書 (写し)　　(←必ず提出する)【注17】
甲第2号証　建築確認通知書 (写し)
甲第3号証の1ないし10　雨漏り、蛍光灯等の状況写真
甲第4号証　外装タイル補修方法に合意したことを証明する書面
甲第5号証　外装タイル補修工事費の領収書

甲第6号証 【注18】	印 紙	印 紙	印 紙	印 紙

　申請書は、A4版、横書、左とじ
　提出部数は、Ⅳの1の(4)参照

【申請書作成上の注意】

【注1】　あっせん又は仲裁の場合は、それぞれ「あっせん申請書」、「仲裁申請書」と記載します。

【注2】　申請書を実際に提出する年月日を記載します。

【注3】　事査会の表示
　① 審査会の管轄については、Ⅰの5を参照して下さい。
　② 都道府県事査会に申請するときは、「〇〇県（都道府）建設工事紛争審査会」と記載します。

【注4】　申請人の表示
　① 原則として、請負契約の名義人が申請人となります。
　② 申請人が個人の場合は、個人名を記載し、押印します。
　　　申請人が法人の場合は、法人名及び代表者の役職及び氏名を記載し、押印します。（契約名義が営業所長等であっても、申請人は原則として法人及びその代表者となります。）
　③ 代理人が申請する場合は、その氏名を記載し、代理人が押印します。
　④ 申請人の親族の名義や、支店長など代表権のない人の名義で申請するときは、代理人として記載します。
　　　（ただし、審査会は、弁護士でない者が代理人となることを認めないことがあります。）

【注5】　住所及び電話番号を必ず記載して下さい。

【注6】　許可行政庁の名称及び許可番号
　① 管轄審査会を確認する必要がありますので、申請人、被申請人の別を問わず、許可を受けている場合は必ず記載して下さい。
　② 許可番号等は、建設業者から直接聞くか、次に問い合わせて下さい。
　　国土交通大臣許可の業者である場合……………………………………………次々ページのとおり
　　都道府県知事許可の業者である場合…………………………都道府県の建設業許可担当部局

【注7】　調停を求める事項
　① 訴状の「請求の趣旨」に相当する部分です。
　　　何を請求するかの結論を書く部分ですので、その内容を極力簡潔に、説明抜きで数行程度にまとめて記載します。
　② あっせんの場合は「あっせんを求める事項」、仲裁の場合は「仲裁を求める事項」と記載します。また、「調停を求める。」の部分は、あっせんの場合は「あっせんを求める。」、仲裁の場合は「仲裁を求める。」と記載します。

【注8】　「瑕疵」（かし）とは、建築物等が通常備えなければならない性質を欠いていることを言います。
【注9】　紛争の問題点及び交渉経過の概要
　①　訴状の「請求の原因」に相当する部分です。
　　　請求の内容を具体的に説明する部分ですので、争点ごとに申請人の主張及び従来からの交渉の経過について必要な範囲で記載します。
　②　被申請人のみならず、第三者である審査会の委員が十分理解できるように、分かり易く、できる限り証拠を示して記載して下さい。
【注10】　工事請負契約書、建築確認通知書等に記載の事項を転記します。
【注11】　申請手数料の額は、Ⅲの算出表で計算して下さい。
　　　あっせん又は調停の打切りの通知を受けた日から２週間以内に当該あっせん又は調停の目的となった事項について仲裁の申請をする場合には、次のとおり、当該あっせん又は調停の事件番号及び当該事件について納めた申請手数料の額を括弧書きで付記してください。

```
6　申請手数料の額　金○○○○○円
　　（うち平成１６年（調）第○○号について納めた額　金○○○○○円）
```

【注12】　登記事項証明書
　①　当事者が法人である場合は、代表者の代表権を証明するために提出します。法務局（登記所）で交付を受けて下さい。
　②　申請人と被申請人の双方又は一方が法人のときは、法人の分全てが必要です。
【注13】　紛争処理権限を代理人に委任する場合に提出します。
【注14】　仲裁を申請する場合に提出します。……………………………〔Ⅰの７参照〕
【注15】　管轄合意に基づいて申請する場合に提出します。………………〔Ⅰの５参照〕
【注16】　証拠書類
　①　申請人が提出する証拠書類は「甲」号証とします。なお、被申請人が提出する証拠書類は「乙」号証とします。
　②　申請人が提出する証拠書類には、赤書で「甲第○○号証」と一連番号をふって下さい。
　　　写真集のように数枚で一組になっているものについては、甲第○○号証の１，２，………のように枝番号をふって下さい。
　③　証拠書類には、号証ごとにページをふって下さい。
【注17】　工事請負契約書（写し）
　①　最も基本的な証拠であり、請負契約に関する紛争であることを証明するためにも必要ですので、必ず提出して下さい。
　②　契約書添付の図面等は、請求内容に関係のある部分のみで結構です。
【注18】　収入印紙
　①　申請手数料分の収入印紙を正本の末尾に貼ります。（割印をしないこと）
　②　収入印紙は、郵便局などで購入して下さい。

Ⅴ．【注6】　建設業許可事務地方整備局等担当課一覧

地方整備局等名	担　当　課	電話番号	所　管　区　域
北海道開発局	事業振興部建設産業課	011－709－2311	北海道
東北地方整備局	建政部計画・建設産業課	022－225－2171	青森・岩手・宮城・秋田 山形・福島
関東地方整備局	建政部建設産業課	048－601－3151	茨城・栃木・群馬・埼玉 千葉・東京・神奈川 山梨・長野
北陸地方整備局	建政部計画・建設産業課	025－266－1171	新潟・富山・石川
中部地方整備局	建政部建設産業課	052－211－6501	岐阜・静岡・愛知・三重
近畿地方整備局	建政部建設産業課	06－6942－1141	福井・滋賀・京都・大阪 兵庫・奈良・和歌山
中国地方整備局	建政部計画・建設産業課	082－221－9231	鳥取・島根・岡山 広島・山口
四国地方整備局	建政部計画・建設産業課	087－851－8061	徳島・香川・愛媛・高知
九州地方整備局	建政部計画・建設産業課	092－471－6331	福岡・佐賀・長崎・熊本 大分・宮崎・鹿児島
沖縄総合事務局	開発建設部建設行政課	098－866－0031	沖縄

Ⅵ．答弁書記載例

【注1】
平成　年（調）第　号事件

答　弁　書

【注2】
平成　年　月　日

中央建設工事紛争審査会　御中

【注3】【注4】
〒○　○○県○○市○○町○丁目○番○号　TEL（000）00－0000
　　　被　申　請　人　　　　○○建設株式会社
　　　　同代表者代表取締役　　　○○　○○
〒○　○○県○○市○○町○丁目○番○号　TEL（000）00－0000
　　　被申請人代理人（弁護士）　○○　○○　　印

1．請求を求める事項に対する答弁【注5】
　申請の趣旨を争う。
　（申請のうち、○○については認め、その余は争う。）

2．紛争の問題点及び交渉経過の概要に対する答弁【注6】
(1) 紛争の問題点及び交渉経過の概要(1)中「代金の支払は完了している。」の部分については否認し、その余は認める。
(2) 同(2)①外装タイルのはがれ中「引渡し直後から……………………合意した。」の部分については認めるが、「しかし、……………………補修工事を行わせた」の部分は争う。「この補修工事に要した費用は金○○万円であった」の部分は不知。
(3) 同(2)②の設計と異なる電気器具の取付けについては、認める。
(4) ……………………………………………………………………………………
(5) 同(3)については争う。

3．被申請人の主張【注7】
(1) 本件工事に関しては、平成○○年○月○○日に申請人と被申請人との間で○○○の追

加工事を行うことを合意し、同年〇月〇〇日に当該追加工事は完了しているが、この追加工事の代金〇〇万円が未だに支払われていない。(乙第1号証・乙第2号証)
(2) 外装タイルのはがれの補修については、両者間に合意が成立したのは申請人の主張のとおりであるが、当該補修工事については、申請人の連絡をまって始めることとされていた。被申請人は、いつでも工事に取りかかれるよう準備をしていたが、申請人は、被申請人に何等連絡することなく、別の業者に補修工事を行わせたのであるから、被申請人がその費用を負担する理由はない。
(3) 電気器具が設計と異なっていたこと、その差額は〇〇万円であることは、申請人の主張のとおりであるが、その差額については、既に工事代金から減額しており、被申請人がこの差額分を支払う理由はない。(乙第3号証)
(4) ………………………………………………………………………………………………
(5) よって、被申請人は、申請人に対して追加工事代金を請求する権利を有してはいるが、申請人に対して瑕疵補修代金を支払う義務はない。【注8】

添　付　書　類

委　任　状【注9】

証　拠　書　類【注10】

乙第1号証　　追加工事の打ち合わせメモ
乙第2号証　　追加工事代金の請求書
乙第3号証　　工事代金請求書
乙第4号証　　………………………………………………………………………

答弁書は、A4版、横書、左とじ
提出部数は、Ⅳの1の(4)参照

【答弁書作成上の注意】

【注1】　事件番号を明記して下さい。
【注2】　答弁書を実際に提出する年月日を記載します。
【注3】　被申請人の表示
　　① 被申請人が個人の場合は、個人名を記載し、押印します。
　　② 被申請人が法人の場合は、法人名及び代表者の役職及び氏名を記載し、押印します。
　　③ 代理人が答弁する場合は、その氏名を記載し、代理人が押印します。
　　④ 申請人の親族の名義や、支店長など代表権のない人の名義で答弁するときは、代理人として記載します。
　　　（ただし、審査会は、弁護士でない者が代理人となることを認めないことがあります。）
【注4】　被申請人及び代理人の住所及び電話番号を必ず記載して下さい。
【注5】　申請書に記載された調停（あっせん・仲裁）を求める事項について、争うか認めるかを簡潔に記載します。
【注6】　申請書に記載された争点ごとに、争うか認めるかを簡潔に記載します。
【注7】　被申請人の主張
　　① 争点ごとに、被申請人の主張を必要な範囲で記載します。
　　② 申請人のみならず、第三者である審査会の委員が十分理解できるように、分かり易く、できる限り証拠を示して記載して下さい。
【注8】　被申請人が申請人に反対請求をする場合には、別途申請料を納付して調停（あっせん・仲裁）の申請をしていただく必要があります。
　　　この場合二つの事件は原則として併合され、同一の手続の下に審理を進めていくこととなります。
【注9】　紛争処理権限を代理人に委任する場合に提出します。
【注10】　証拠書類
　　① 被申請人が提出する証拠書類は「乙」号証とします。なお、申請人が提出する証拠書類は「甲」号証とします。
　　② 被申請人が提出する証拠書類には、赤書で「乙第〇〇号証」と一連番号をふって下さい。
　　　写真のように数枚で一組になっているものについては、乙第〇〇号証の1, 2, ‥のように枝番号をふって下さい。
　　③ 証拠書類には、号証ごとにページをふって下さい。

VII. 委任状書式例

```
                    委　任　状

私は、次の者を代理人と定め、下記の事項を委任します。【注1】

   ○○県○○市○○町○丁目○番○号
   ○○○法律事務所　　電話　○○-○○○○-○○○○
                     FAX　○○-○○○○-○○○○
   弁護士　○○　○○

                          記

1．○○○○を被申請人として、中央建設工事紛争審査会に調停申請をなす
件及びこれに関する一切の権限【注2】

1．弁済の受領に関する一切の権限【注3】

1．申請の取下の件


上記代理委任状に署名捺印してこれを証します。


     平成　　年　　月　　日

                        ○○県○○市○○町○丁目○番○号
                        ○○会社
                          代表取締役　　○○○○　印
```

【注1】　親族、会社副社長等、弁護士でない者を代理人とする場合には、その委任理由を付記して下さい。
【注2】　被申請人が紛争処理権限を代理人に委任する場合は、「中央建設工事紛争審査会平成○○年（調）第○○号事件に関する一切の権限」と記載します。
【注3】　紛争処理の結果、相手方から金銭等の弁済がなされたときに、その受領権限を委任する場合に記入します。

資料6 住宅紛争処理に関する制度について

[国土交通省
住宅局住宅生産課]

住宅の品質確保の促進等に関する法律の概要

◆ 住宅性能表示制度の創設：国が定めた共通ルールに基づく第三者機関による評価
◆ 紛争処理体制の整備：性能評価を受けた住宅を対象にした裁判外紛争処理
◆ 瑕疵担保責任の特例：全ての新築住宅の基本構造部分を対象に強制的に１０年間保証

1．背景

① 住宅の性能に関する共通の基準の欠如→トラブルの多発
② 欠陥住宅問題の社会問題化（秋田県木造住宅問題等）
③ 住宅紛争の長期化

2．住宅性能表示制度

　国が定めた共通ルールに従い、国土交通大臣の登録を受けた第三者機関が評価時点の性能を評価・表示。（当該性能を保証するものでも、欠陥の原因を特定するものでもない。）
(1) 日本住宅性能表示基準、評価方法基準＝建築基準法の上乗せ・横出し基準
　① 日本住宅性能表示基準
　　　住宅の性能（構造の安定、室内空気環境、高齢者等への配慮 等）に関して表示すべき事項及び表示の方法を内容とする基準。平成14年8月付けで既存住宅を対象に追加。
　② 評価方法基準
　　　日本住宅性能表示基準に定める住宅の性能に関する設計図書の評価方法や検査の方法を内容とする基準。平成14年8月付けで既存住宅を対象に追加。

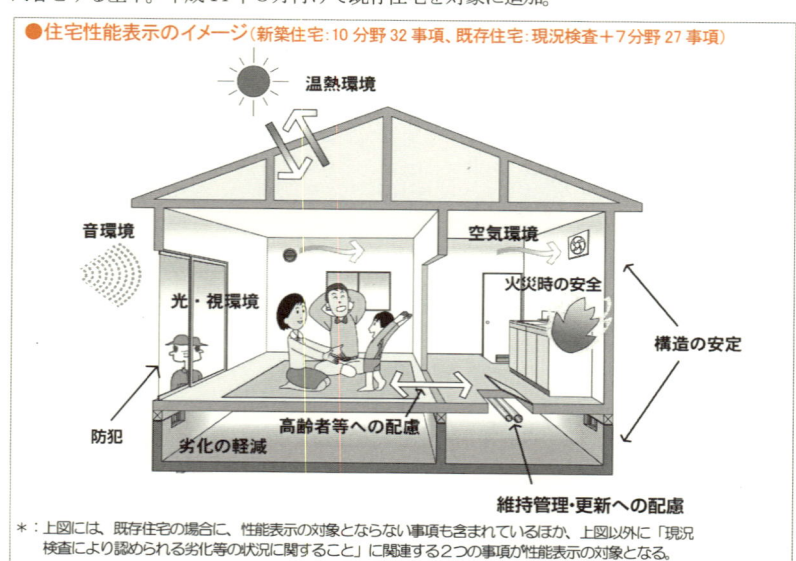

●住宅性能表示のイメージ(新築住宅:10分野32事項、既存住宅:現況検査＋7分野27事項)

温熱環境
音環境
空気環境
光・視環境
火災時の安全
防犯
劣化の軽減
高齢者等への配慮
維持管理・更新への配慮
構造の安定

＊：上図には、既存住宅の場合に、性能表示の対象とならない事項も含まれているほか、上図以外に「現況検査により認められる劣化等の状況に関すること」に関連する2つの事項が性能表示の対象となる。

(2) 登録住宅性能評価機関による住宅性能評価
① 登録住宅性能評価機関（国土交通大臣が登録した者）は、申請者の求めに応じ、日本住宅性能表示基準等に従って住宅性能評価を行い、住宅性能評価書（標章を付した評価書）を交付する。

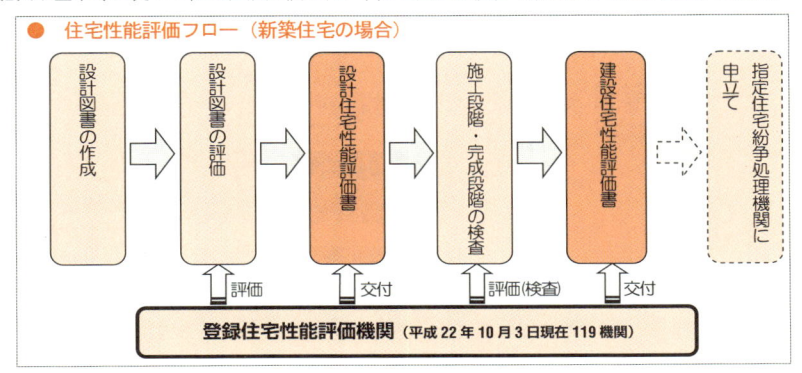

● **住宅性能評価フロー（新築住宅の場合）**

設計図書の作成 → 設計図書の評価 → 設計住宅性能評価書 → 施工段階・完成段階の検査 → 建設住宅性能評価書 ⇢ 指定住宅紛争処理機関に申立

↑評価　↑交付　↑評価（検査）　↑交付

登録住宅性能評価機関（平成22年10月3日現在 119機関）

② 何人も、①の場合を除き、住宅の性能に関する評価書、住宅の建設工事の請負契約若しくは売買契約に係る契約書又はこれらに添付する書類に、この標章又はこれと紛らわしい標章を付してはならない。

● **住宅性能評価書に付する標章**

設計住宅性能評価（新築住宅）の場合　　建設住宅性能評価（新築住宅）の場合　　建設住宅性能評価（既存住宅）の場合

設計性能評価　　建設性能評価　　既存住宅 性能評価

③ 新築住宅については、住宅の建設工事の請負人が、請負契約書に住宅性能評価書若しくはその写しを添付し、又は注文者に対しこれらを交付した場合においては、当該契約書に反対の意思を表示しない限り、これらに表示された性能を有する住宅の建設工事を行うことを契約したものとみなす。（新築住宅の売主についても、同様に、住宅性能評価書又はその写しに表示された性能を有する新築住宅を引き渡すことを契約したものとみなす。）

(3) 住宅性能評価の特例
住宅性能評価を効率的に実施するため、次のような措置を講ずる。
① 新築住宅を対象とする住宅性能評価について、標準設計書等に関する住宅性能評価の簡略化（住宅型式性能認定）及び工業化住宅等に関する住宅性能評価の簡略化（型式住宅部分等製造者認証）
② 新技術開発等に対応した特別な評価方法の適用（特別評価方法認定）

3. 紛争処理体制の整備

建設住宅性能評価を受けた住宅にかかわるトラブルに対しては、裁判外の紛争処理体制を整備し、万一のトラブルの場合にも紛争処理の円滑化、迅速化を図る。

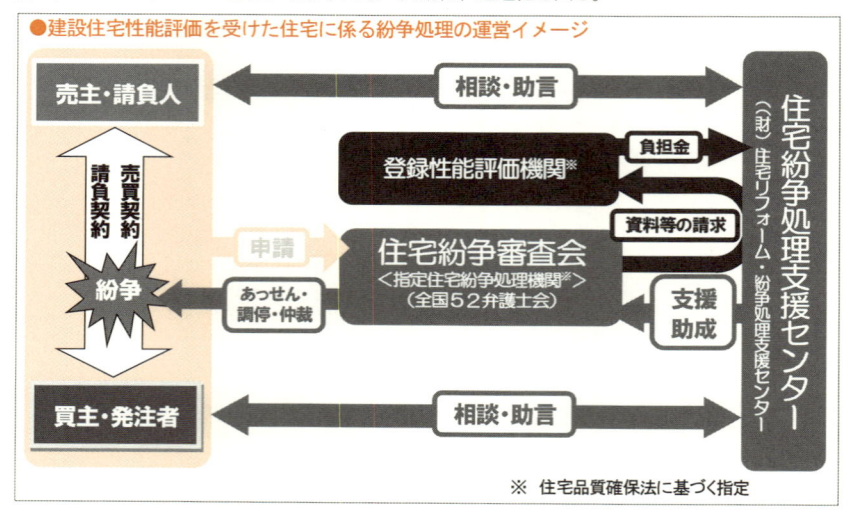

●建設住宅性能評価を受けた住宅に係る紛争処理の運営イメージ

※ 住宅品質確保法に基づく指定

4. 新築住宅に係る瑕疵担保責任の特例

(1) 新築住宅の以下の部分が対象

① 構造耐力上主要な部分

住宅の基礎、基礎ぐい、壁、柱、小屋組、土台、斜材、床版、屋根版、横架材のうち、当該住宅の自重若しくは積載荷重、積雪、風圧、土圧若しくは水圧又は地震その他の震動若しくは衝撃を支える部分（建築基準法施行令第1条第1項第3号と同様の内容）

② 雨水の浸入を防止する部分

- 住宅の屋根又は外壁
- 住宅の屋根又は外壁の開口部に設ける戸、わくその他の建具
- 雨水を排除するため住宅に設ける排水管のうち、当該住宅の屋根若しくは外壁の内部又は屋内にある部分

(2) 請求できる内容

- 修補請求（民法上売買契約には明文なし）
- 損害賠償請求
- 解除（解除は売買契約のみで、修補不能な場合に限る。）

(3) 瑕疵担保期間

完成引渡しから10年間義務化（契約により20年間まで伸長可）

(4) 片面的強行規定

上記に反し住宅取得者に不利な特約は無効

● 新築住宅の瑕疵担保責任を10年間義務づける部分のイメージ

○ 木造（在来軸組工法）の戸建住宅の例
2階建ての場合の骨組（小屋組、軸組、床組）等の構成

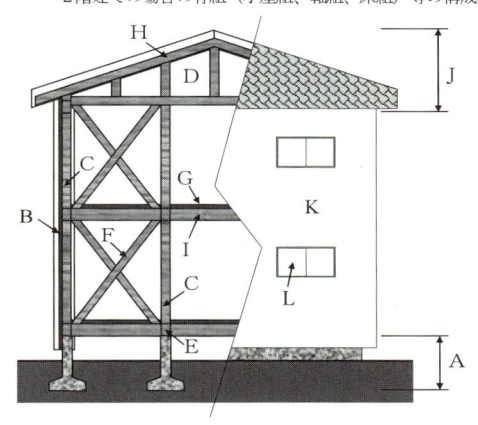

【構造耐力上主要な部分】

基礎	A
壁	B
柱	C
小屋組	D
土台	E
斜材	F
床版	G
屋根版	H
横架材	I

【雨水の浸入を防止する部分】

屋根	J
外壁	K
開口部	L

○ 鉄筋コンクリート造（壁式工法）の共同住宅の例
2階建ての場合の骨組（壁、床版）等の構成

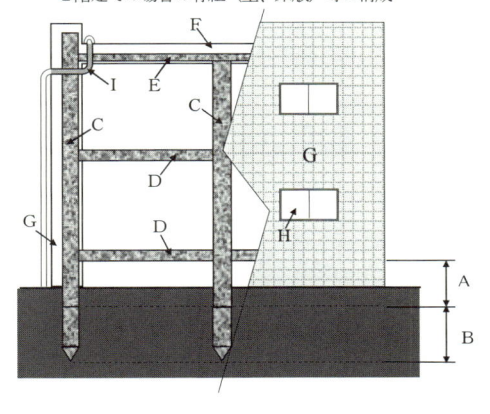

【構造耐力上主要な部分】

基礎	A
基礎ぐい	B
壁	C
床版	D
屋根版	E

【雨水の浸入を防止する部分】

屋根	F
外壁	G
開口部	H
排水管	I

5. 施行期日等

「瑕疵担保責任の特例」は、平成12年4月1日の施行とともに実施され、同日以降に締結された新築住宅の取得契約について適用。

また、「住宅性能表示制度」は、平成12年10月3日から新築住宅を対象に実施されており、平成14年8月20日には、既存住宅を制度の対象に追加する旨の日本住宅性能表示基準等の改正が行われ、平成14年12月17日から実施。

住宅品質確保法から住宅瑕疵担保履行法へ

構造計算書偽装問題の発生

住宅品質確保法により新築住宅の売り主等に10年の瑕疵担保責任が義務付けられたが、業者の倒産時など売り主等に十分な資力がなく瑕疵担保責任を履行出来ない場合、瑕疵の修補がなされず、住宅の所有者が極めて不安定な状態に置かれることが明らかになった。

2000（平成12年4月1日施行）

住宅品質確保法
新築住宅の売り主や請負人に対し構造耐力上主要な部分と雨水の浸入を防止する部分について10年間の瑕疵担保責任を義務づけ

2005（平成17年）　構造計算書偽装問題発覚
売り主倒産時等の場合、履行されず住宅所有者が不安定な状態におかれた

売主や請負人が責任を果たすべくきちんと補修を行うためには資力が必要であることが審議される

2007（平成20年4月1日一部施行）（平成21年10月1日本格施行）

特定住宅瑕疵担保責任の履行の確保等に関する法律

【瑕疵担保責任履行のための資力確保の方法】
① 「住宅建設瑕疵担保保証金等の供託」または
② 「住宅瑕疵担保責任保険契約の締結」

買主または発注者 ← 新築住宅 10年間の瑕疵担保責任 / 瑕疵担保責任の履行の確保 → **売主または請負人**

②売主等が瑕疵担保責任を履行します
万が一、売主または請負人が倒産等により瑕疵の補修等ができなくなった場合でも、保証金の還付または保険金により必要な費用が支払われます。

①資力確保が義務付けに！
平成21年10月から、新築住宅の売主または請負人には、保証金の供託または保険への加入が義務付けられます。

特定住宅瑕疵担保責任の履行の確保等に関する法律の概要

◆瑕疵担保責任履行のための資力確保措置の義務付け
◆住宅瑕疵担保責任保険法人の指定
◆保険契約に係る住宅の紛争処理体制の整備

1. 資力確保措置の義務付け

(1) 対象となる住宅＝「新築」の「住宅」（住宅品質確保法における定義）
　①「住宅」とは…人の居住の用に供する家屋又は家屋の部分、これらの共用部分
　　　　　　　　○ 公営住宅、別荘、寄宿舎、グループホーム
　　　　　　　　× ホテル、旅館、特別養護老人ホーム、有料老人ホーム
　②「新築」とは…建設工事完了日から起算して１年以内、かつ
　　　　　　　　人の居住の用に供したことのない住宅

(2) 対象者
　① 新築住宅の請負人：建設業法の許可を受けた建設業者
　② 新築住宅の売主：宅地建物取引業法の免許を受けた宅建業者
　※引き渡す相手が宅建業者である場合には、新築住宅であっても建設業者は資力確保が義務づけられない。

●資力確保義務付けの対象

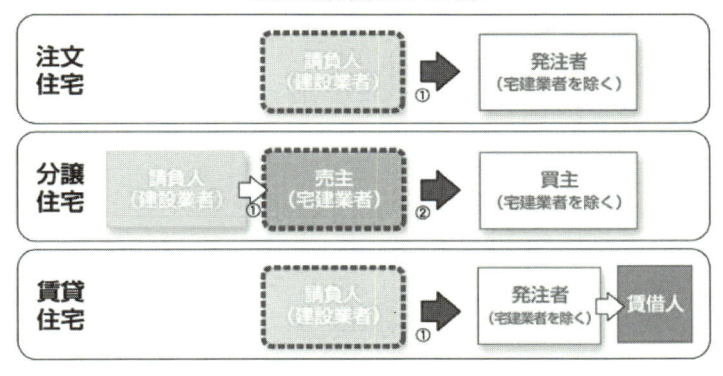

注文住宅	請負人（建設業者）① → 発注者（宅建業者を除く）
分譲住宅	請負人（建設業者）→ 売主（宅建業者）② → 買主（宅建業者を除く）
賃貸住宅	請負人（建設業者）① → 発注者（宅建業者を除く）／賃借人

┊┈┊ 資力確保措置が義務付けられる事業者
➡ 資力確保措置の義務付け

①住宅の新築工事の請負人の瑕疵担保責任（住宅品質確保法第94条）
②新築住宅の売主の瑕疵担保責任（住宅品質確保法第95条）

〈対象外の例〉
× 分譲マンションのデベロッパーから建設工事を請け負った建設業者
× 宅建業者が、別の宅建業者に新築住宅を売却した場合

(3) 資力確保の２つの方法：供託と保険
　① 供託
　　過去１０年間に引き渡した新築住宅の戸数に応じて法令で定められた算定式により計算した額の保証金を供託所に預けおくもの。

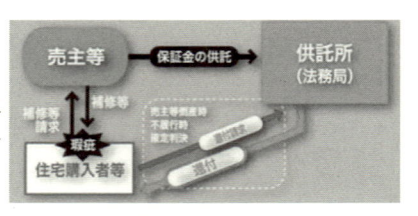

〈算定式〉　供給戸数の合計 × 乗する金額 ＋ 加える金額 ＝ 供託金

〈算定例〉
①30戸の場合： 30戸 × 80万円 ＋ 3,000万円 ＝ 5,400万円
②500戸の場合： 500戸 × 10万円 ＋ 9,000万円 ＝ 1億4,000万円
③1000戸の場合： 1000戸 × 8万円 ＋ 1億円 ＝ 1億8,000万円
④1500戸の場合： 1500戸 × 4万円 ＋ 1億4,000万円 ＝ 2億円
⑤2000戸の場合： 2000戸 × 4万円 ＋ 1億4,000万円 ＝ 2億2,000万円

〈算定式の注意〉
・算定式にもとづき、算定した額が120億円を超える場合は120億円とする。
・床面積55m²以下の住宅は、2戸をもって1戸と数える。
・共同賃貸や共用部分の場合にも特例がある。

　② 保険
　　国土交通大臣が指定する住宅瑕疵担保責任保険法人に保険料を支払い保険契約を締結するもの（詳細は２．へ）

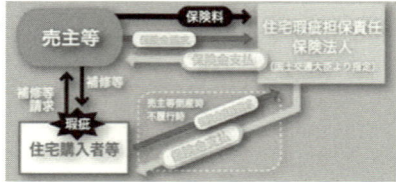

2. 住宅瑕疵担保責任保険

(1) 保険の概要
　①申込先：国土交通大臣が指定した「住宅瑕疵担保責任保険法人」
　②保険料：個々の指定保険法人が設定（戸建て住宅で7,8万円程度）
　③保険金上限額：2,000万円（オプションで2,000万円超あり）
　④てん補率：売主等へは80％
　　　　　　　売主倒産時に買主等へは100％
　⑤対象となる費用：修補に要する直接費用、調査費用、仮住居・移転費用

(2) 保険法人
　○財団法人　住宅保証機構（平成２０年５月１２日指定）
　【住所】東京都港区芝五丁目２９番１４号
　【業務開始日】平成20年6月2日

　○株式会社　住宅あんしん保証（平成２０年５月１２日指定）
　【住所】東京都中央区八重洲一丁目6番6号
　【業務開始日】平成20年7月1日

　○ハウスプラス住宅保証株式会社（平成２０年７月１４日指定）
　【住所】東京都港区浜松町芝五丁目３３番７号
　【業務開始日】平成20年8月1日

○株式会社日本住宅保証検査機構（平成２０年７月１４日指定）
【住所】東京都千代田区神田須田町二丁目６番地
【業務開始日】平成 20 年 8 月 4 日

○株式会社ハウスジーメン（平成２０年１０月１５日指定）
【住所】東京都港区西新橋三丁目７番１号
【業務開始日】平成 20 年 11 月 1 日

○たてもの株式会社（平成２１年９月１７日指定）
【住所】東京都港区虎ノ門一丁目２２番１２号
【業務開始日】平成 21 年 10 月 3 日

(3) 加入手続きの流れ
○保険に加入するには着工前に事業者が申し込むことが必要。
○工事中に現場検査を行う（事業者のモラルハザード防止、保険制度の安定運営）。
※設計施工基準の内容が事業者等に十分理解されるよう、全保険法人で設計施工基準を統一

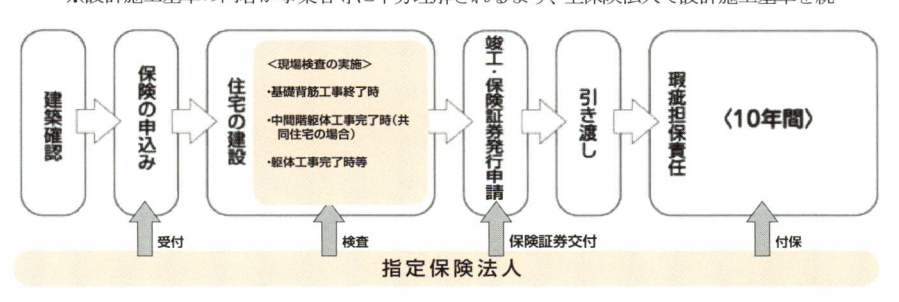

建築確認 → 保険の申込み → 住宅の建設 → 竣工・保険証券発行申請 → 引き渡し → 瑕疵担保責任〈10年間〉

＜現場検査の実施＞
・基礎配筋工事終了時
・中間階躯体工事完了時(共同住宅の場合)
・躯体工事完了時等

受付　検査　保険証券交付　付保
指定保険法人

3. 紛争処理体制の整備

　　住宅瑕疵担保責任保険を利用した住宅は、住宅品質確保法に基づき指定された住宅紛争審査会において裁判外の紛争処理を利用することができる。

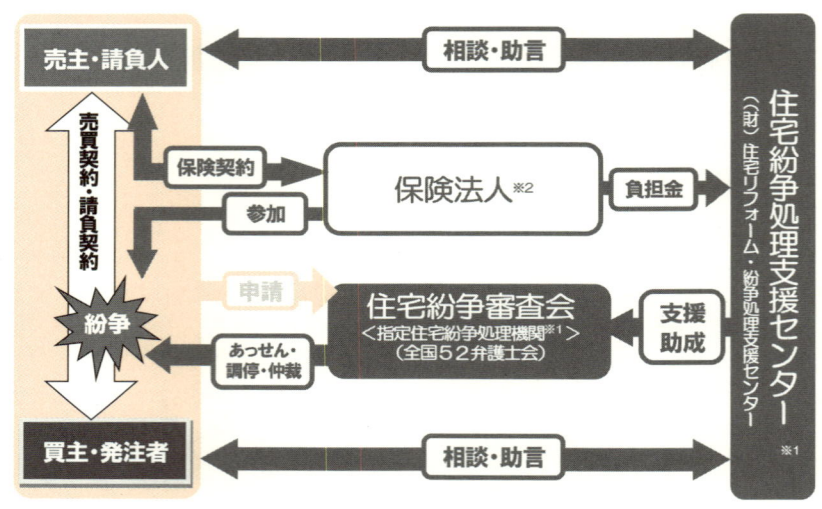

```
売主・請負人 ←―――相談・助言―――→ 住宅紛争処理支援センター
     ↕                            （財）住宅リフォーム・紛争処理支援センター※1
  売買契約・          保険契約 → 保険法人※2 → 負担金 →
  請負契約            参加 →
     ↕                           申請 →
   紛争             あっせん・   住宅紛争審査会         ← 支援
                   調停・仲裁  ＜指定住宅紛争処理機関※1＞   助成
     ↕                        （全国52弁護士会）
買主・発注者 ←―――相談・助言―――→
```

※1　住宅品質確保法に基づく指定
※2　住宅瑕疵担保履行法に基づく指定

4. 施行期日等

　　引渡しが平成21年10月1日以降の新築住宅が資力確保の義務づけの対象。

※無料専門科相談
　建設住宅性能評価書が交付された住宅の取得者又は供給者、住宅瑕疵担保責任保険が付された住宅の取得者または供給者は、全国各地の弁護士会で無料専門家相談を利用することができる。住宅紛争審査会の紛争処理委員である弁護士と建築士が対面で相談に応じている。
　（住宅リフォーム工事の発注者又は発注予定者も利用可能

◎評価住宅の紛争処理実施件数（2011年4月30日現在）

(件)

年度	あっせん					調停					仲裁				
	申請	成立	打切り	取下げ	係属中	申請	成立	打切り	取下げ	係属中	申請	成立	打切り	取下げ	係属中
2000	0	0	0	0	0	0	0	0	0	0	0	0	0	0	0
2001	0	0	0	0	0	1	1	0	0	0	0	0	0	0	0
2002	0	0	0	0	0	6	4	1	1	0	0	0	0	0	0
2003	1	1	0	0	0	16	7	7	2	0	0	0	0	0	0
2004	0	0	0	0	0	17	10	5	2	0	0	0	0	0	0
2005	0	0	0	0	0	32	23	6	3	0	0	0	0	0	0
2006	0	0	0	0	0	22	11	11	0	0	1	0	0	1	0
2007	0	0	0	0	0	28	11	17	0	0	0	0	0	0	0
2008	3	2	1	0	0	30	20	9	1	0	0	0	0	0	0
2009	1	0	1	0	0	26	11	11	3	1	0	0	0	0	0
2010	1	1	0	0	0	21	4	8	0	9	1	0	0	0	1
2011	0	0	0	0	0	1	0	0	0	1	0	0	0	0	0
累計	6	4	2	0	0	200	102	75	12	11	2	0	0	1	1

◎保険付き住宅の紛争処理実施件数（2011年4月30日現在）

(件)

年度	あっせん					調停					仲裁				
	申請	成立	打切り	取下げ	係属中	申請	成立	打切り	取下げ	係属中	申請	成立	打切り	取下げ	係属中
2008	0	0	0	0	0	0	0	0	0	0	0	0	0	0	0
2009	2 (1)	1 (1)	1 (0)	0	0	5 (2)	4 (2)	0	1 (0)	0	0	0	0	0	0
2010	2* (0)	0	0	0	1* (0)	46 (3)	12 (1)	8 (0)	2 (0)	25* (2)	1 (0)	0	0	0	1 (0)
2011	1 (0)	0	0	0	1 (0)	0	0	0	0	0	0	0	0	0	0
累計	5 (1)	1 (1)	1 (0)	0	2 (0)	51 (5)	16 (3)	8 (0)	3 (0)	25 (2)	1 (0)	0	0	0	1 (0)

（注）
1．評価住宅とは、住宅の品質確保の促進等に関する法律（2000年4月1日施行）に基づく建設住宅性能評価書が交付された住宅のことをいう。
2．保険付き住宅とは、特定住宅瑕疵担保責任の履行の確保等に関する法律（2008年4月1日施行）に基づく住宅瑕疵担保責任保険が付された住宅のことをいう。
3．評価住宅であり、かつ、保険付き住宅でもある場合（保険付き評価住宅）は、保険付き住宅の紛争処理（特別住宅紛争処理）に含めて統計処理している（括弧内）。
4．*印の数字には、あっせん申請後調停に移行した案件を含んでいます。

資料7　住宅の品質確保の促進等に関する法律における登録住宅性能評価機関一覧表

平成23年6月1日現在

登録番号	機関名称	住所	Tel	Fax	業務区域
	国土交通大臣登録（2以上の地方機関の管轄区域にまたがり評価の業務を実施）				
1	（財）ベターリビング	東京都	03-5211-0599	03-5211-0596	日本全域
2	一般財団法人日本建築センター	東京都	03-5816-7518	03-5816-7543	日本全域
3	（財）日本建築設備・昇降機センター	東京都	03-3591-2004	03-3591-2656	福島県（福島市、郡山市、いわき市）、茨城県、栃木県、群馬県、埼玉県、千葉県、東京都（島嶼部除く）、神奈川県、山梨県、静岡県（静岡市、沼津市、三島市、富士市、熱海市）
4	ハウスプラス住宅保証（株）	東京都	03-5962-3800	03-5427-3190	日本全域
5	日本ERI（株）	東京都	03-3796-0223	03-5775-1841	日本全域
6	（株）住宅性能評価センター	東京都	03-5367-8730	03-5367-8825	日本全域
7	（株）日本住宅保証検査機構	東京都	03-3635-4143	03-3635-4156	日本全域
8	（株）東日本住宅評価センター	神奈川県	045-503-3801	045-503-3895	設計住宅性能評価（日本全域）、建設住宅性能評価（北海道、青森県、秋田県、岩手県、山形県、宮城県、福島県、新潟県、長野県、東京都、神奈川県、千葉県、埼玉県、茨城県、群馬県、栃木県、静岡県、山梨県）
9	（平成20年5月31日より欠番）	—	—	—	
10	（株）西日本住宅評価センター	大阪府	06-6539-5410	06-6539-5427	設計住宅性能評価（日本全域）、新築住宅に係る建設住宅性能評価（大阪府、兵庫県、奈良県、和歌山県、京都府、滋賀県、岡山県、広島県、鳥取県、島根県、山口県、徳島県、香川県、愛媛県、高知県、福岡県、佐賀県、長崎県、熊本県、大分県、宮崎県、鹿児島県、愛知県、三重県、岐阜県、富山県、石川県、福井県）、既存住宅に係る建設住宅性能評価（大阪府、兵庫県、奈良県、和歌山県、京都府、滋賀県、愛知県、三重県、岐阜県）
11	（財）日本建築総合試験所	大阪府	06-6966-7565	06-6966-7680	愛知県、岐阜県、福井県、三重県、滋賀県、京都府、大阪府、兵庫県、奈良県、和歌山県、岡山県、広島県、山口県、福岡県
12	（株）住宅検査保証協会	東京都	03-5625-8411	03-5625-8414	茨城県、栃木県、群馬県、埼玉県、千葉県、東京都（島嶼部除く。）、神奈川県、山梨県、静岡県、愛知県、滋賀県、京都府、大阪府、兵庫県、奈良県、和歌山県、鳥取県、岡山県、広島県、山口県、徳島県、香川県、愛媛県、高知県、福岡県、佐賀県、長崎県（島嶼部除く。）、熊本県、大分県、宮崎県、鹿児島県
13	（株）都市居住評価センター	東京都	03-3504-2384	03-3595-0900	日本全域
14	（平成21年8月12日より欠番）	—	—	—	
15	関西住宅品質保証（株）	大阪府	06-7506-9001	06-7506-9002	大阪府、京都府、兵庫県、奈良県、滋賀県、和歌山県、三重県の全域、福井県（敦賀市、小浜市、大飯郡、三方郡、三方上中郡）
16	（平成22年12月31日より欠番）	—	—	—	
17	富士建築センター（株）	神奈川県	044-959-6786	044-952-2849	茨城県、栃木県、群馬県、埼玉県、千葉県、東京都（島嶼部を除く。）、神奈川県、山梨県、長野県、静岡県（島嶼部を除く。）
18	（株）ハウスジーメン	東京都	03-3541-2069	03-3541-2003	日本全域
19	（平成22年9月1日より欠番）	—	—	—	
20	（平成18年6月1日より欠番）	—	—	—	
21	ビューローベリタスジャパン（株）	神奈川県	03-5325-7338	03-3342-8515	日本全域
22	（平成23年1月31日より欠番）	—	—	—	
23	（財）住宅金融普及協会	東京都	03-3260-7395	03-3260-3819	茨城県、栃木県、群馬県、埼玉県、千葉県、東京都、神奈川県、山梨県、静岡県
24	（株）ビルディングナビゲーション確認評価機構	東京都	03-5960-3410	03-5391-2730	日本全域
25	（株）国際確認検査センター	大阪府	06-6910-6910	06-6910-6920	日本全域
26	（株）ジェイ・イー・サポート	広島県	082-546-1378	082-249-7190	日本全域（東京都、新潟県、及び沖縄県の島嶼部除く。）
27	（平成20年11月5日より欠番）	—	—	—	
28	（平成19年10月1日より欠番）	—	—	—	
29	（平成20年11月1日より欠番）	—	—	—	
30	（平成21年7月15日より欠番）	—	—	—	
31	（株）東京建築検査機構	東京都	03-5825-7680	03-5825-7689	宮城県、山形県、福島県、茨城県、栃木県、群馬県、埼玉県、千葉県、東京都（島嶼部除く。）、神奈川県、新潟県、山梨県（島嶼部除く。）、山梨県、長野県、静岡県、愛知県、三重県
32	（株）グッド・アイズ建築検査機構	東京都	03-3362-0475	03-3362-0495	日本全域
33	SBIアーキクオリティ（株）	東京都	03-5226-2433	03-5212-3162	設計住宅性能評価（日本全域）、建設住宅性能評価（茨城県、栃木県、群馬県、埼玉県、千葉県、東京都（島嶼部は大島町、利島村、新島村、神津島村、三宅村、御蔵島村、八丈町、青ヶ島村に限る）、神奈川県、山梨県、長野県、静岡県、愛知県、山形県、宮城県、新潟県、福島県、岐阜県、三重県）
34	（平成23年1月1日より欠番）	—	—	—	
35	（平成22年3月31日より欠番）	—	—	—	
36	アウェイ建築評価ネット（株）	東京都	03-6457-5540	03-6457-5535	設計住宅性能評価（日本全域）、建設住宅性能評価（福島県、茨城県、栃木県、群馬県、埼玉県、千葉県、東京都（島嶼部を除く。）、神奈川県、山梨県、長野県、静岡県静岡市、静岡県浜松市、愛知県名古屋市、三重県、福井県、滋賀県、京都府、大阪府、兵庫県、奈良県、和歌山県）
37	（株）確認サービス	愛知県	052-238-7754	052-238-7746	東京都、千葉県、東京都（島しょ部を除く。）、神奈川県、岐阜県、静岡県、愛知県及び三重県の全域
38	（平成23年3月1日より欠番）	—	—	—	
39	（平成22年11月30日より欠番）	—	—	—	
40	SGSジャパン（株）	神奈川県	045-670-7244	045-330-5042	日本全域

平成23年6月1日現在

登録番号	機関名称	住所	Tel	Fax	業務区域
北海道開発局長登録					
1	(財)北海道建築指導センター	北海道	011-241-1897	011-232-2870	北海道全域
2	(株)札幌工業検査	北海道	011-887-6585	011-222-7855	北海道全域
3	(株)補償セミナリー	北海道	011-571-5688	011-572-1711	北海道全域
4	住宅アイアンドアイサービス(株)	北海道	011-272-7383	011-272-7384	北海道(札幌市、江別市、恵庭市、千歳市、北広島市、石狩市、小樽市、苫小牧市、岩見沢市、空知郡南幌町、夕張郡長沼町、石狩郡当別町)
5	(株)建築確認検査機構あさひかわ	北海道	0166-29-4416	0166-29-4417	北海道全域
東北地方整備局長登録					
1	(株)建築住宅センター	青森県	017-732-7732	017-732-7734	青森県全域
2	(財)岩手県建築住宅センター	岩手県	019-623-4420	019-623-2005	岩手県全域
3	(財)秋田県建築住宅センター	秋田県	018-836-7850	018-836-7852	秋田県全域
4	一般財団法人ふくしま建築住宅センター	福島県	024-573-0118	024-573-0125	福島県全域
5	(株)仙台都市整備センター	宮城県	022-212-2633	022-224-5120	宮城県全域
6	(株)東北建築セン ター	宮城県	022-772-7880	022-772-7881	宮城県全域
7	(平成20年4月1日より欠番)	—	—	—	—
8	(株)山形県建築サポートセンター	山形県	023-645-6600	023-645-6601	山形県全域
9	一般財団法人宮城県建築住宅センター	宮城県	022-262-0401	022-213-2789	宮城県全域
関東地方整備局長登録					
1	(財)茨城県建築センター	茨城県	029-305-7300	029-305-7310	茨城県全域
2	(財)栃木県建設総合技術センター	栃木県	028-626-3186	028-626-3160	栃木県全域
3	(財)群馬県建設技術センター	群馬県	027-251-6749	027-251-6761	群馬県全域
4	(平成20年12月18日より欠番)	—	—	—	—
5	一般財団法人さいたま住宅検査センター	埼玉県	048-621-5120	048-863-3320	埼玉県全域、東京都(千代田区、中央区、港区、新宿区、文京区、台東区、墨田区、江東区、品川区、目黒区、大田区、世田谷区、渋谷区、中野区、杉並区、豊島区、北区、荒川区、板橋区、練馬区、足立区、葛飾区、江戸川区、八王子市、立川市、武蔵野市、三鷹市、青梅市、府中市、昭島市、調布市、町田市、小金井市、小平市、日野市、東村山市、国分寺市、国立市、福生市、狛江市、東大和市、清瀬市、東久留米市、武蔵村山市、多摩市、稲城市、羽村市、あきる野市、西東京市、瑞穂町、日の出町)、千葉県(千葉市、市川市、船橋市、松戸市、野田市、習志野市、柏市、流山市、八千代市、我孫子市、鎌ケ谷市、浦安市、印西市、白井市)、茨城県(水戸市、土浦市、古河市、結城市、龍ケ崎市、下妻市、常総市、取手市、牛久市、つくば市、守谷市、筑西市、坂東市、つくばみらい市、八千代町、五霞町、境町)、栃木県(宇都宮市、足利市、栃木市、佐野市、鹿沼市、小山市、真岡市、下野市、上三川町、西方町、壬生町、野木町、大平町、藤岡町、岩舟町、岩舟町、那賀町)、群馬県(前橋市、高崎市、桐生市、伊勢崎市、太田市、館林市、渋川市、藤岡市、みどり市、富士見村、榛東村、吉岡町、吉井町、玉村町、板倉町、明和町、千代田町、大泉町、邑楽町)
6	(株)千葉県建築住宅センター	千葉県	043-222-0109	043-222-0542	千葉県全域
7	(財)住宅保証機構	東京都	03-3584-5748	03-3589-3603	山梨県全域
8	(財)東京都防災・建築まちづくりセンター	東京都	03-5466-2052	03-5466-2476	東京都全域
9	(財)神奈川県建築安全協会	神奈川県	045-212-3956	045-201-2281	神奈川県全域
10	一般財団法人 長野県建築住宅センター	長野県	026-290-5070	026-290-5080	長野県全域
11	(平成22年2月1日より欠番)	—	—	—	—
12	(平成18年10月1日より欠番)	—	—	—	—
13	ユーディーアイ確認検査(株)	千葉県	04-7168-3350	04-7168-3354	茨城県、埼玉県、千葉県、東京都(島しょ部を除く。)、神奈川県、群馬県(前橋市、高崎市、桐生市、伊勢崎市、太田市、館林市、藤岡市、富岡市、安中市、みどり市、多野郡、甘楽郡、佐波郡、邑楽郡)
14	一般社団法人日本住宅性能評価機構	東京都	03-5358-8580	03-5358-8508	東京都(島しょ部を除く。)、埼玉県、神奈川県、千葉県、山梨県
15	(株)神奈川県建築確認検査機関	神奈川県	042-701-3935	042-701-3651	埼玉県、千葉県、東京都(島しょ部を除く。)、神奈川県、茨城県(つくば市、土浦市、取手市、石岡市、かすみがうら市、つくばみらい市、守谷市、牛久市、龍ケ崎市、稲敷市、阿見町、利根町、河内町、美浦村)
16	(平成18年11月1日より欠番)	—	—	—	—
17	(株)高良GUT	東京都	03-5980-8473	03-5980-8475	埼玉県、千葉県、東京都(島しょ部を除く。)、神奈川県
18	(株)J建築検査センター	東京都	03-5464-7778	03-5464-7779	茨城県、栃木県、群馬県、埼玉県、千葉県、東京都(島しょ部を除く。)、神奈川県、山梨県、長野県
19	(社)山梨県建設技術センター	山梨県	055-232-0527	055-221-3376	山梨県全域
20	(平成21年2月6日より欠番)	—	—	—	—
21	(財)湘南建築センター	神奈川県	0463-22-0667	0463-22-0884	神奈川県全域
22	日本確認センター(株)	千葉県	047-410-1266	047-410-1267	茨城県、栃木県、群馬県、埼玉県、千葉県、東京都(島しょ部を除く。)、神奈川県、山梨県、長野県
23	安心確認検査機構	茨城県	029-224-8522	029-224-8666	茨城県
24	イーハウス建築センター(株)	東京都	03-5294-2621	03-5294-2624	茨城県、栃木県、群馬県、千葉県、埼玉県、東京都(島しょ部を除く。)、神奈川県、山梨県、長野県
25	日本建築検査協会(株)	東京都	03-6202-3317	03-6202-3318	東京都(島しょ部を除く。)、神奈川県、埼玉県、千葉県
北陸地方整備局長登録					
1	(財)新潟県建築住宅センター	新潟県	025-283-0851	025-283-1148	新潟県全域
2	(財)富山県建築住宅センター	富山県	076-439-0248	076-439-0256	富山県全域
3	(財)石川県住宅総合センター	石川県	076-262-6543	076-260-8475	石川県全域
4	(株)新潟建築確認検査機構	新潟県	025-283-2112	025-283-2115	新潟県全域

平成23年6月1日現在

登録番号	機関名称	住所	Tel	Fax	業務区域
中部地方整備局長登録					
1	(株)ぎふ建築住宅センター	岐阜県	058-275-9033	058-275-9055	岐阜県、愛知県（愛西市、津島市、稲沢市、一宮市、岩倉市、江南市、犬山市、小牧市、春日井市、丹羽郡)
2	一般財団法人静岡県建築住宅まちづくりセンター	静岡県	054-202-5573	054-202-5282	静岡県全域
3	(平成21年5月1日より欠番)	—	—	—	—
4	(財)愛知県建築住宅センター	愛知県	052-264-4032	052-264-4043	愛知県全域
5	公益財団法人三重県建設技術センター	三重県	059-229-5612	059-229-5616	三重県全域
6	(平成20年5月1日より欠番)	—	—	—	—
7	(平成21年2月1日より欠番)	—	—	—	—
8	(株)トータル建築確認評価センター	三重県	059-350-8610	059-350-8611	愛知県、岐阜県、三重県
9	(平成20年6月1日より欠番)	—	—	—	—
10	(株)CI東海	愛知県	052-321-2001	052-321-2002	愛知県、岐阜県、静岡県、三重県
11	(株)愛知建築センター	愛知県	0566-71-3567	0566-71-3537	愛知県全域
近畿地方整備局長登録					
1	(財)福井県建築住宅センター	福井県	0776-23-0457	0776-23-0665	福井県全域
2	(財)滋賀県建築住宅センター	滋賀県	077-569-6501	077-569-6561	滋賀県全域
3	(財)京都確認検査機構	京都府	075-256-8984	075-256-8984	滋賀県、京都府、大阪府、兵庫県、奈良県、和歌山県の全域
4	(財)大阪住宅センター	大阪府	06-6253-0238	06-6253-0145	大阪府全域
5	(財)兵庫県住宅建築総合センター	兵庫県	078-252-0256	078-252-0096	兵庫県全域
6	(平成23年3月31日より欠番)	—	—	—	—
7	(財)なら県住宅センター	奈良県	0742-27-6501	0742-27-6502	奈良県全域
8	(財)和歌山県建築住宅防災センター	和歌山県	073-431-9217	073-431-9020	和歌山県全域
9	(財)技研	大阪府	06-6356-3695	06-6356-3789	大阪府、京都府、兵庫県、滋賀県、奈良県、和歌山県
10	(平成19年6月1日より欠番)	—	—	—	—
11	近畿確認検査センター	兵庫県	0798-39-1271	0798-39-1272	大阪府、兵庫県、京都府、奈良県、滋賀県、和歌山県の全域
12	(株)確認検査機構アネックス	滋賀県	077-511-4170	077-511-4171	滋賀県、奈良県、京都府、大阪府
13	(株)日本確認検査センター	大阪府	06-6231-1950	06-6231-1951	大阪府、兵庫県、京都府、奈良県、滋賀県、和歌山県の全域
14	(株)兵庫確認検査機構	兵庫県	079-289-3002	079-289-3006	兵庫県全域
15	(株)ジェイネット	兵庫県	06-6482-3561	06-6482-3610	大阪府、兵庫県の全域
16	(株)近畿建築確認検査機構	大阪府	06-6942-7720	06-6942-7718	滋賀県、京都府、大阪府、兵庫県、奈良県、和歌山県の全域
17	建築検査機構(株)	大阪府	06-6231-8226	06-6231-8227	大阪府、京都府、兵庫県、奈良県、和歌山県、滋賀県の全域
18	(平成20年5月14日より欠番)	—	—	—	—
19	(株)I-PEC	京都府	075-254-8250	075-231-7220	京都府、滋賀県、大阪府の全域
20	(株)確認検査機構トラスト	大阪府	06-6266-0022	06-6210-1933	大阪府、京都府、兵庫県、奈良県、滋賀県、和歌山県の全域
21	アール・イー・ジャパン(株)	大阪府	06-4250-5271	06-4250-5272	滋賀県、京都府、大阪府、兵庫県、奈良県の全域
22	(株)オーネックス	大阪府	072-621-9280	072-621-9380	大阪府、京都府、兵庫県、滋賀県、奈良県、和歌山県の全域
23	確認検査機構プラン21	奈良県	0742-30-1201	0742-34-5525	大阪府、京都府、兵庫県、奈良県の全域
24	(株)総合確認検査機構	大阪府	06-6484-2251	06-6484-2252	大阪府、京都府、兵庫県、奈良県、和歌山県の全域
25	(NPO)都市づくり建築技術研究所	京都府	0773-75-8770	0773-75-8771	京都府全域
26	ハウスアンサー(株)	大阪府	06-6373-4000	06-6373-4005	滋賀県、京都府、大阪府、兵庫県、奈良県、和歌山県の全域
中国地方整備局長登録					
1	(財)鳥取県建築住宅検査センター	鳥取県	0857-21-6702	0857-21-6703	鳥取県全域
2	(財)島根県建築住宅センター	島根県	0852-26-4577	0852-25-9581	島根県全域
3	岡山県建築住宅センター(株)	岡山県	086-227-3266	086-227-3267	岡山県全域
4	(財)広島県建築住宅センター	広島県	082-228-2220	082-228-2231	広島県全域
5	ハウスプラス中国住宅保証(株)	広島県	082-545-5607	082-545-5608	鳥取県、島根県、岡山県、広島県、山口県
6	(財)山口県建築住宅センター	山口県	083-921-8722	083-921-8723	山口県全域
7	(有)広島東部建築確認センター	広島県	084-973-8178	084-926-4499	広島県福山市、府中市(上下町を除く)、尾道市、三原市(久井町及び大和町を除く)並びに岡山県笠岡市、井原市の各島嶼部を除く区域
四国地方整備局長登録					
1	(株)とくしま建築センター	徳島県	088-665-6577	088-665-6618	徳島県全域
2	(財)香川県建築住宅センター	香川県	087-832-5270	087-832-5271	香川県全域
3	(財)愛媛建築住宅センター	愛媛県	089-931-3336	089-931-3362	愛媛県全域
4	(財)高知県建設技術公社	高知県	088-850-4650	088-892-1495	高知県全域
九州地方整備局長登録					
1	(財)福岡県建築住宅センター	福岡県	092-713-1527	092-715-5230	福岡県全域
2	九州住宅保証(株)	福岡県	092-771-7744	092-771-7721	福岡県、佐賀県、長崎県、大分県、熊本県、宮崎県、鹿児島県
3	(財)長崎県住宅・建築総合センター	長崎県	095-825-6944	095-825-6947	長崎県全域
4	(財)熊本県建築住宅センター	熊本県	096-385-0771	096-385-9932	熊本県全域
5	(財)大分県建築住宅センター	大分県	097-537-0300	097-537-0395	大分県全域
6	(財)宮崎県建築住宅センター	宮崎県	0985-50-5586	0985-50-5621	宮崎県全域
7	(財)鹿児島住宅・建築総合センター	鹿児島県	099-224-4539	099-226-3970	鹿児島県全域
8	(平成19年5月1日より欠番)	—	—	—	—
9	(平成22年11月30日より欠番)	—	—	—	—
10	(財)佐賀県土木建築技術協会	佐賀県	0952-26-1666	0952-26-1669	佐賀県全域
沖縄総合事務局長登録					
1	(財)沖縄県建設技術センター	沖縄県	098-893-5611	098-892-2380	沖縄県全域
2	沖縄建築確認検査センター(株)	沖縄県	098-835-4700	098-832-2233	沖縄県全域

資料8 建設住宅性能評価書交付実績の推移

(単位：戸)

	一戸建ての住宅		共同住宅等		合　計			
	受付	交付	受付	交付	受付	(対前年比)	交付	(対前年比)
平成21年度計 (H21.4～H22.3)	64,892	59,765	56,722	100,943	121,614	(27.2%減)	160,708	(16.6%減)
平成22年3月	5,552	8,236	8,353	13,622	13,905	(15.0%増)	21,858	(34.1%減)
平成22年4月	5,869	5,482	6,566	2,658	12,435	(19.2%増)	8,140	(8.6%減)
平成22年5月	5,902	4,319	5,770	4,066	11,672	(71.3%増)	8,385	(14.2%減)
平成22年6月	6,913	4,120	6,681	3,194	13,594	(54.3%増)	7,314	(29.8%減)
平成22年7月	7,288	7,196	5,505	3,077	12,793	(23.1%増)	10,273	(7.2%減)
平成22年8月	6,581	5,426	6,212	5,777	12,793	(39.0%増)	11,203	(0.1%減)
平成22年9月	6,901	7,519	6,624	7,139	13,525	(56.6%増)	14,658	(17.4%増)
平成22年10月	7,178	6,081	7,415	3,656	14,593	(26.6%増)	9,737	(16.8%減)
平成22年11月	7,501	6,163	7,701	4,449	15,202	(30.6%増)	10,612	(12.0%減)
平成22年12月	6,502	7,467	8,552	7,653	15,054	(43.2%増)	15,120	(10.0%増)
平成23年1月	5,996	6,470	10,347	9,549	16,343	(75.1%増)	16,019	(9.9%増)
平成23年2月	5,569	6,469	6,705	11,968	12,274	(18.0%増)	18,437	(19.0%増)
平成23年3月	6,001	8,716	7,338	15,439	13,339	(4.1%減)	24,155	(10.5%増)
平成22年度計 (H22.4～H23.3)	78,201	75,428	85,416	78,625	163,617	(34.5%増)	154,053	(4.1%減)
制度実施後の累計	456,730	431,744	894,014	803,899	1,350,744	(—)	1,235,643	(—)

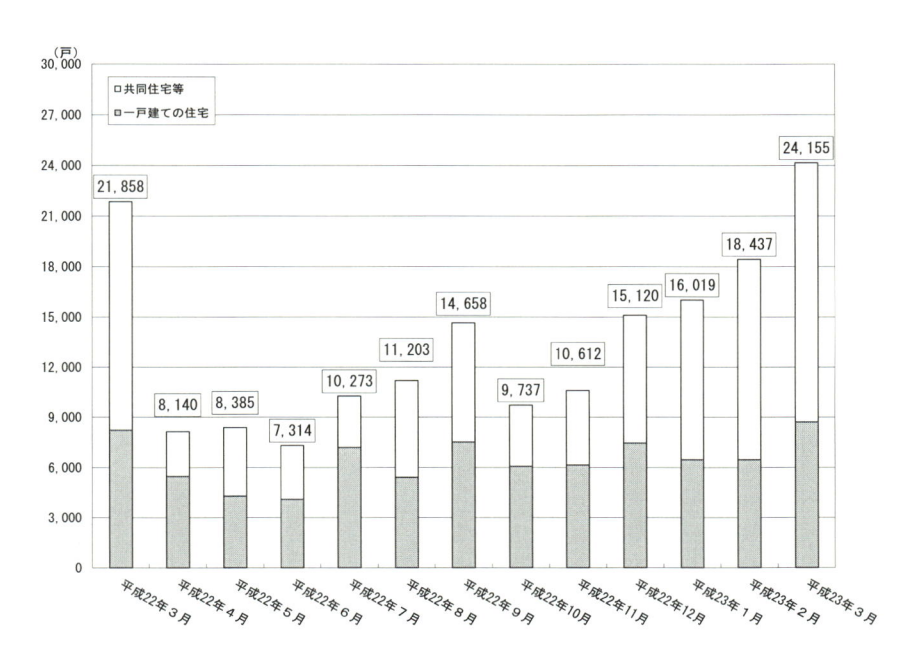

資料9　平成 12 年建設省告示第 1653 号

(最終改正：平成 18 年 2 月 23 日)

　住宅の品質確保の促進等に関する法律（平成 11 年法律第 81 号）第 70 条の規定に基づき、住宅紛争処理の参考となるべき技術的基準を次のように定める。
　平成 12 年 7 月 19 日

　　　　　　　　　　　　　　　　　　　　　　　　　　建設大臣　　林　　　寛子

　　　　　　　住宅紛争処理の参考となるべき技術的基準

第 1　趣旨
　　この基準は、住宅の品質確保の促進等に関する法律（平成 11 年法律第 81 号）第 74 条に規定する指定住宅紛争処理機関による住宅紛争処理の参考となるべき技術的基準として、不具合事象の発生と構造耐力上主要な部分に瑕疵が存する可能性との相関関係について定めるものとする。
第 2　適用範囲
　　この基準は、住宅に発生した不具合である事象で、次に掲げる要件に該当するもの（以下「不具合事象」という。）について適用する。
　　1　新築時に建設住宅性能評価書が交付された住宅で、指定住宅紛争処理機関に対してあっせん、調停又は仲裁の申請が行われた紛争に係るものにおいて発見された事象であること。
　　2　当該住宅を新築する建設工事の完了の日から起算して十年以内に発生した事象であること。
　　3　通常予測できない自然現象の発生、居住者の不適切な使用その他特別な事由の存しない通常の状態において発生した事象であること。
第 3　各不具合事象ごとの基準
　　1　傾斜
　　　　次に掲げる部位の区分に応じ、それぞれ次に掲げる表の(ろ)項の住宅の種類ごとに掲げる不具合事象が発生している場合における構造耐力上主要な部分に瑕疵が存する可能性は、同表の(は)項に掲げるとおりとする。
　　　(1) 壁又は柱

(い)	(ろ)	(は)
レベル	住宅の種類	構造耐力上主要な部分に瑕疵が存する可能性
	木造住宅、鉄骨造住宅、鉄筋コンクリート造住宅又は鉄骨鉄筋コンクリート造住宅	
1	3/1000 未満の勾配（凹凸の少ない仕上げによる壁又は柱の表面と、その面と垂直な鉛直面との交差する線（2 m 程度以上の長さのものに限る。）の鉛直線に対する角度をいう。以下この表において同じ。）の傾斜	低い。
2	3/1000 以上 6/1000 未満の勾配の傾斜	一定程度存する。
3	6/1000 以上の勾配の傾斜	高い。

　　　(2) 床（排水等の目的で勾配が付されているものを除く。）

(い)	(ろ)	(は)

レベル	住宅の種類	構造耐力上主要な部分に瑕疵が存する可能性
	木造住宅、鉄骨造住宅、鉄筋コンクリート造住宅又は鉄骨鉄筋コンクリート造住宅	
1	3/1000 未満の勾配(凹凸の少ない仕上げによる床の表面における2点(3m程度以上離れているものに限る。)の間を結ぶ直線の水平面に対する角度をいう。以下この表において同じ。)の傾斜	低い。
2	3/1000 以上 6/1000 未満の勾配の傾斜	一定程度存する。
3	6/1000 以上の勾配の傾斜	高い。

2 ひび割れ

次に掲げる部位及びその仕上げの区分に応じ、それぞれ次に掲げる表の(ろ)項の住宅の種類ごとに掲げる不具合事象が発生している場合における構造耐力上主要な部分に瑕疵が存する可能性は、同表の(は)項に掲げるとおりとする。

(1) 壁、柱、床、天井、はり又は屋根(パラペット及び庇の部分を除く。)

 イ 乾式の仕上材(布その他これに類する材料を除く。以下同じ。)による仕上げ

(い)	(ろ)			(は)
レベル	住宅の種類			構造耐力上主要な部分に瑕疵が存する可能性
	木造住宅	鉄骨造住宅	鉄筋コンクリート造住宅又は鉄骨鉄筋コンクリート造住宅	
1	レベル2及びレベル3に該当しないひび割れ	レベル2及びレベル3に該当しないひび割れ	レベル2及びレベル3に該当しないひび割れ	低い。
2	複数の仕上材にまたがったひび割れ(レベル3に該当するものを除く。)	複数の仕上材にまたがったひび割れ(レベル3に該当するものを除く。)	①複数の仕上材にまたがった幅 0.3mm 以上のひび割れ(レベル3に該当するものを除く。)②仕上材と構造材にまたがった幅 0.3mm 以上 0.5mm 未満のひび割れ(レベル3に該当するものを除く。)	一定程度存する。
3	①複数の仕上材(直下の部材が乾式であるものに限る。)にまたがったひび割れ②仕上材と乾式の下地材又は構造材にまたがったひび割れ	①複数の仕上材(直下の部材が乾式であるものに限る。)にまたがったひび割れ②仕上材と乾式の下地材又は構造材にまたがったひび割れ	①複数の仕上材(直下の部材が乾式であるものに限る。)にまたがったひび割れ②仕上材と乾式の下地材にまたがったひび割れ	高い。

| | | ③さび汁を伴うひび割れ（構造耐力上主要な部分でない壁、柱又ははりに発生したものを除く。） | ③仕上材と構造材にまたがった幅 0.5mm 以上のひび割れ
④さび汁を伴うひび割れ（構造耐力上主要な部分でない壁、柱又ははりに発生したものを除く。） | |

ロ　湿式の仕上材による仕上げ

(い)	(ろ)			(は)
レベル	住宅の種類			構造耐力上主要な部分に瑕疵が存する可能性
	木造住宅	鉄骨造住宅	鉄筋コンクリート造住宅又は鉄骨鉄筋コンクリート造住宅	
1	レベル2及びレベル3に該当しないひび割れ	レベル2及びレベル3に該当しないひび割れ	レベル2及びレベル3に該当しないひび割れ	低い。
2	乾式の下地材又は構造材の表面まで貫通したひび割れ（レベル3に該当するものを除く。）	乾式の下地材又は構造材の表面まで貫通したひび割れ（レベル3に該当するものを除く。）	仕上材と構造材にまたがった幅 0.3mm 以上 0.5mm 未満のひび割れ（レベル3に該当するものを除く。）	一定程度存する。
3	仕上材と乾式の下地材又は構造材にまたがったひび割れ	①仕上材と乾式の下地材又は構造材にまたがったひび割れ ②さび汁を伴うひび割れ（構造耐力上主要な部分でない壁、柱又ははりに発生したものを除く。）	①仕上材と下地材にまたがったひび割れ ②仕上材と構造材にまたがった幅 0.5mm 以上のひび割れ ③さび汁を伴うひび割れ（構造耐力上主要な部分でない壁、柱又ははりに発生したものを除く。）	高い。

ハ　構造材による仕上げ

(い)	(ろ)			(は)
レベル	住宅の種類			構造耐力上主要な部分に瑕疵が存する可能性
	木造住宅	鉄骨造住宅	鉄筋コンクリート造住宅又は鉄骨鉄筋コンクリート造住宅	

1				レベル2及びレベル3に該当しないひび割れ	低い。
2				幅 0.3mm 以上 0.5mm 未満のひび割れ（レベル3に該当するものを除く。）	一定程度存する。
3				①幅 0.5mm 以上のひび割れ ②さび汁を伴うひび割れ	高い。

(2) 基礎

　イ　乾式の仕上材による仕上げ

（い）	（ろ）	（は）
レベル	住宅の種類	構造耐力上主要な部分に瑕疵が存する可能性
	木造住宅、鉄骨造住宅、鉄筋コンクリート造住宅又は鉄骨鉄筋コンクリート造住宅	
1	レベル2及びレベル3に該当しないひび割れ	低い。
2	①複数の仕上材にまたがった幅 0.3mm 以上のひび割れ（レベル3に該当するものを除く。） ②仕上材と構造材にまたがった幅 0.3mm 以上 0.5mm 未満のひび割れ（レベル3に該当するものを除く。）	一定程度存する。
3	①複数の仕上材（直下の部材が乾式であるものに限る。）にまたがったひび割れ ②仕上材と乾式の下地材にまたがったひび割れ ③仕上材と構造材にまたがった幅 0.5mm 以上のひび割れ ④さび汁を伴うひび割れ	高い。

　ロ　湿式の仕上材による仕上げ

（い）	（ろ）	（は）
レベル	住宅の種類	構造耐力上主要な部分に瑕疵が存する可能性
	木造住宅、鉄骨造住宅、鉄筋コンクリート造住宅又は鉄骨鉄筋コンクリート造住宅	
1	レベル2及びレベル3に該当しないひび割れ	低い。
2	仕上材と構造材にまたがった幅 0.3mm 以上 0.5mm 未満のひび割れ（レベル3に該当するものを除く。）	一定程度存する。
3	①仕上材と乾式の下地材にまたがったひび割れ ②仕上材と構造材にまたがった幅 0.5mm 以上のひび割れ ③さび汁を伴うひび割れ	高い。

ハ　構造材による仕上げ

(い)レベル	(ろ)住宅の種類	(は)構造耐力上主要な部分に瑕疵が存する可能性
	木造住宅、鉄骨造住宅、鉄筋コンクリート造住宅又は鉄骨鉄筋コンクリート造住宅	
1	レベル2及びレベル3に該当しないひび割れ	低い。
2	幅0.3mm以上0.5mm未満のひび割れ（レベル3に該当するものを除く。）	一定程度存する。
3	①幅0.5mm以上のひび割れ ②さび汁を伴うひび割れ	高い。

3　欠損

　次に掲げる部位及びその仕上げの区分に応じ、それぞれ次に掲げる表の(ろ)項の住宅の種類ごとに掲げる不具合事象が発生している場合における構造耐力上主要な部分に瑕疵が存する可能性は、同表の(は)項に掲げるとおりとする。

(1)　壁、柱、床、天井、はり又は屋根（パラペット及び庇の部分を除く。）

　　イ　乾式の仕上材による仕上げ

(い)レベル	(ろ)住宅の種類			(は)構造耐力上主要な部分に瑕疵が存する可能性
	木造住宅	鉄骨造住宅	鉄筋コンクリート造住宅又は鉄骨鉄筋コンクリート造住宅	
1	レベル2及びレベル3に該当しない欠損	レベル2及びレベル3に該当しない欠損	レベル2及びレベル3に該当しない欠損	低い。
2	複数の仕上材にまたがった欠損（レベル3に該当するものを除く。）	複数の仕上材にまたがった欠損（レベル3に該当するものを除く。）	①複数の仕上材にまたがった欠損（レベル3に該当するものを除く。） ②構造材における深さ5mm以上20mm未満の欠損（レベル3に該当するものを除く。）	一定程度存する。
3	①複数の仕上材（直下の部材が乾式であるものに限る。）にまたがった欠損 ②仕上材と乾式の下地材又は構造材にまたがった欠損	①複数の仕上材（直下の部材が乾式であるものに限る。）にまたがった欠損 ②仕上材と乾式の下地材にまたがった欠損 ③さび汁を伴う欠損（構造耐力上主要な部	①複数の仕上材（直下の部材が乾式であるものに限る。）にまたがった欠損 ②仕上材と乾式の下地材にまたがった欠損 ③構造材における深さ20mm以上の欠損	高い。

| | 分でない壁、柱又ははりに発生したものを除く。) | ④さび汁を伴う欠損（構造耐力上主要な部分でない壁、柱又ははりに発生したものを除く。)
⑤鉄筋又は鉄骨が露出する欠損（構造耐力上主要な部分でない壁、柱又ははりに発生したものを除く。) | |

ロ　湿式の仕上材による仕上げ

(い)	(ろ)			(は)
レベル	住宅の種類			構造耐力上主要な部分に瑕疵が存する可能性
	木造住宅	鉄骨造住宅	鉄筋コンクリート造住宅又は鉄骨鉄筋コンクリート造住宅	
1	レベル2及びレベル3に該当しない欠損	レベル2及びレベル3に該当しない欠損	レベル2及びレベル3に該当しない欠損	低い。
2	乾式の下地材又は構造材の表面まで貫通した欠損（レベル3に該当するものを除く。)	乾式の下地材又は構造材の表面まで貫通した欠損（レベル3に該当するものを除く。)	構造材における深さ5mm以上20mm未満の欠損（レベル3に該当するものを除く。)	一定程度存する。
3	仕上材と乾式の下地材又は構造材にまたがった欠損	①仕上材と乾式の下地材にまたがった欠損 ②さび汁を伴う欠損（構造耐力上主要な部分でない壁、柱又ははりに発生したものを除く。)	①仕上材と乾式の下地材にまたがった欠損 ②構造材における深さ20mm以上の欠損 ③さび汁を伴う欠損（構造耐力上主要な部分でない壁、柱又ははりに発生したものを除く。) ④鉄筋又は鉄骨が露出する欠損（構造耐力上主要な部分でない壁、柱又ははりに発生したものを除く。)	高い。

ハ　構造材による仕上げ

(い) レベル	(ろ) 住宅の種類			(は) 構造耐力上主要な部分に瑕疵が存する可能性
	木造住宅	鉄骨造住宅	鉄筋コンクリート造住宅又は鉄骨鉄筋コンクリート造住宅	
1			レベル2及びレベル3に該当しない欠損	低い。
2			深さ5㎜以上20㎜未満の欠損（レベル3に該当するものを除く。）	一定程度存する。
3			①深さ20㎜以上の欠損 ②さび汁を伴う欠損 ③鉄筋又は鉄骨が露出する欠損	高い。

(2) 基礎

　　イ　乾式の仕上材による仕上げ

(い) レベル	(ろ) 住宅の種類		(は) 構造耐力上主要な部分に瑕疵が存する可能性
	木造住宅	鉄骨造住宅、鉄筋コンクリート造住宅又は鉄骨鉄筋コンクリート造住宅	
1	レベル2及びレベル3に該当しない欠損	レベル2及びレベル3に該当しない欠損	低い。
2	①複数の仕上材にまたがった欠損（レベル3に該当するものを除く。） ②構造材における深さ5㎜以上20㎜未満の欠損（レベル3に該当するものを除く。）	①複数の仕上材にまたがった欠損（レベル3に該当するものを除く。） ②構造材における深さ5㎜以上20㎜未満の欠損（レベル3に該当するものを除く。）	一定程度存する。

(い)レベル	(ろ)		(は)構造耐力上主要な部分に瑕疵が存する可能性
3	①複数の仕上材（直下の部材が乾式であるものに限る。）にまたがった欠損 ②仕上材と乾式の下地材にまたがった欠損 ③構造材における深さ20mm以上の欠損 ④さび汁を伴う欠損 ⑤鉄筋が露出する欠損	①複数の仕上材（直下の部材が乾式であるものに限る。）にまたがった欠損 ②仕上材と乾式の下地材にまたがった欠損 ③構造材における深さ20mm以上の欠損 ④さび汁を伴う欠損 ⑤鉄筋又は鉄骨が露出する欠損	高い。

ロ　湿式の仕上材による仕上げ

(い)レベル	(ろ) 住宅の種類		(は)構造耐力上主要な部分に瑕疵が存する可能性
	木造住宅	鉄骨造住宅、鉄筋コンクリート造住宅又は鉄骨鉄筋コンクリート造住宅	
1	レベル2及びレベル3に該当しない欠損	レベル2及びレベル3に該当しない欠損	低い。
2	構造材における深さ5mm以上20mm未満の欠損（レベル3に該当するものを除く。）	構造材における深さ5mm以上20mm未満の欠損（レベル3に該当するものを除く。）	一定程度存する。
3	①仕上材と乾式の下地材にまたがった欠損 ②構造材における深さ20mm以上の欠損 ③さび汁を伴う欠損 ④鉄筋が露出する欠損	①仕上材と乾式の下地材にまたがった欠損 ②構造材における深さ20mm以上の欠損 ③さび汁を伴う欠損 ④鉄筋又は鉄骨が露出する欠損	高い。

ハ　構造材による仕上げ

(い)レベル	(ろ) 住宅の種類		(は)構造耐力上主要な部分に瑕疵が存する可能性
	木造住宅	鉄骨造住宅、鉄筋コンクリート造住宅又は鉄骨鉄筋コンクリート造住宅	

1	レベル2及びレベル3に該当しない欠損	レベル2及びレベル3に該当しない欠損	低い。
2	深さ5mm以上20mm未満の欠損（レベル3に該当するものを除く。）	深さ5mm以上20mm未満の欠損（レベル3に該当するものを除く。）	一定程度存する。
3	①深さ20mm以上の欠損 ②さび汁を伴う欠損 ③鉄筋が露出する欠損	①深さ20mm以上の欠損 ②さび汁を伴う欠損 ③鉄筋又は鉄骨が露出する欠損	高い。

4 破断又は変形

　布その他これに類する材料により仕上げられた、壁、柱、床、天井、はり又は屋根（パラペット及び庇の部分を除く。）において、次に掲げる表の(ろ)項の住宅の種類ごとに掲げる不具合事象が発生している場合における構造耐力上主要な部分に瑕疵が存する可能性は、同表の(は)項に掲げるとおりとする。

(い)	(ろ)			(は)
レベル	住宅の種類			構造耐力上主要な部分に瑕疵が存する可能性
	木造住宅	鉄骨造住宅	鉄筋コンクリート造住宅又は鉄骨鉄筋コンクリート造住宅	
1	レベル3に該当しない破断又は変形	レベル3に該当しない破断又は変形	レベル2及びレベル3に該当しない破断又は変形	低い。
2			①構造材における幅0.3mm以上0.5mm未満のひび割れと連続した破断又は変形（レベル3に該当するものを除く。） ②構造材における深さ5mm以上20mm未満の欠損と連続した破断又は変形（レベル3に該当するものを除く。）	一定程度存する。
3	①乾式の下地材又は構造材のひび割れと連続した破断又は変形 ②乾式の下地材又は構	①乾式の下地材又は構造材のひび割れと連続した破断又は変形 ②乾式の下地材の欠損	①乾式の下地材のひび割れと連続した破断又は変形 ②構造材における幅	高い。

造材の欠損と連続した破断又は変形	と連続した破断又は変形 ③さび汁を伴う破断又は変形（構造耐力上主要な部分でない壁、柱又ははりに発生したものを除く。）	0.5mm 以上のひび割れと連続した破断又は変形 ③乾式の下地材の欠損と連続した破断又は変形 ④構造材における深さ20mm 以上の欠損と連続した破断又は変形 ⑤鉄筋又は鉄骨が露出する欠損と連続した破断又は変形（構造耐力上主要な部分でない壁、柱又ははりに発生したものを除く。） ⑥さび汁を伴う破断又は変形（構造耐力上主要な部分でない壁、柱又ははりに発生したものを除く。）	

第4 留意事項

　この基準を住宅紛争処理の参考とするに当たっては、次に掲げる事項に留意するものとする。
1　次の(1) 又は(2) に掲げる不具合事象については、この基準を参考としないこと。
　(1) 材料特性の異なる下地材及び構造材又は下地材同士若しくは構造材同士が接合された部分に発生したひび割れ又は欠損
　(2) 鉄筋コンクリート造又は鉄骨鉄筋コンクリート造の住宅における次に掲げる事象
　　イ　乾式の仕上材による仕上げが施された屋根に発生した複数の乾式の仕上材にまたがったひび割れ又は欠損（構造材との間にまたがった幅 0.3mm 以上のひび割れ、構造材における深さ 5mm 以上の欠損及び鉄筋又は鉄骨が露出する欠損を除く。）
　　ロ　ひび割れ誘発目地に発生したひび割れ若しくは欠損又はひび割れ誘発目地から連続したひび割れ若しくは欠損
　　ハ　土に接する壁、柱、床、天井又ははりに発生したさび汁が伴うひび割れ、欠損又は破断若しくは変形
　　ニ　はね出し縁（バルコニー、片廊下その他これに類するものをいう。）の床の先端部分に発生したひび割れ又は欠損
2　特殊な建築材料又は構造方法を用いた住宅については、その建築材料又は構造方法の特性に配慮した上で、この基準を参考とすること。
3　この基準における「構造耐力上主要な部分における瑕疵」は、大規模な修補が必要となる比較的重要なものから局部的な修補のみが必要となる比較的軽微なものまでを含むものであること。

4　紛争処理委員は、この基準を参考とする場合であっても、個別の住宅における不具合事象の発生状況その他の状況を総合的に勘案して、住宅紛争処理を迅速かつ適正に進めること。
5　この基準は、構造耐力上主要な部分における瑕疵の有無を特定するためのものではないため、レベル1に該当しても構造耐力上主要な部分に瑕疵が存する場合があり、また、レベル3に該当しても構造耐力上主要な部分に瑕疵が存しない場合もあること。

資料 10　住宅瑕疵担保責任保険法人業務規程の認可基準

〔平成 20 年 3 月 28 日　国住生第 378 号〕
〔平成 20 年 6 月 11 日　一部改正〕

　特定住宅瑕疵担保責任の履行の確保等に関する法律（平成１９年法律第６６号。以下「法」という。）第２１条第１項に規定する保険等の業務に関する規程の認可は、当該認可の申請に係る保険等の業務に関する規程が、この基準に定める要件に適合するものでなければ、してはならないものとする。

１．保険等の業務を行う時間及び休日に関する事項
(1) 休日を定める場合はその休日が明確に定められていること。
(2) 保険等の業務を実施する時間が明確に定められていること。
(3) 保険等の業務を実施する日及び時間が保険契約の申込みをしようとする者及び保険金を請求しようとする者等にとって著しく利便性を欠くものでないこと。

２．保険等の業務を行う事務所の所在地
(1) 全ての事務所の所在地が定められていること。
(2) 全ての事務所について業務を行う区域が明確に定められていること。

３．保険契約の締結の手続に関する事項
(1) 被保険者又は保険の目的の範囲及び保険の種類が定められていること。
(2) 被保険者又は保険の目的の選択及び保険契約の締結の手続に関する事項が定められていること。
(3) 保険金及び払い戻される保険料等に関する事項が定められていること。
(4) 保険証券、保険契約の申込書及びこれらに添付すべき書類に記載する事項が定められていること。
(5) 保険金額、保険の種類又は保険期間を変更する場合の取扱いに関する事項が定められていること。
(6) 保険証券について適切に分類可能な番号を付すことが定められていること。

４．保険契約の内容に関する事項
(1) 普通保険約款とし、以下に掲げる事項が定められていること。
　イ　保険金の支払事由
　ロ　保険契約の無効原因
　ハ　保険者としての保険契約に基づく義務を免れるべき事由
　ニ　保険契約者又は被保険者が保険約款に基づく義務の不履行のために受けるべき不利益
　ホ　保険契約の全部又は一部の解除の原因及び当該解除の場合における当事者の有する権利及び義務

(2) 前項の普通保険約款が以下に掲げることを満たすものであること。
  イ 保険契約の内容が、保険契約者、被保険者、保険金額を受け取るべき者その他の関係者（以下「保険契約者等」という。）の保護に欠けるおそれのないものであること。
  ロ 保険契約の内容に関し、特定の者に対して不当な差別的取扱いをするものでないこと。
  ハ 保険契約の内容が、公の秩序又は善良の風俗を害する行為を助長し、又は誘発するおそれのないものであること。
  ニ 保険契約者等の権利義務その他保険契約の内容が、保険契約者等にとって明確かつ平易に定められたものであること。
(3) 特約を定める場合は特約を添付するものとし、適切に定められていること。
(4) 保険金額及び保険期間が適正に定められていること。

5．保険料、検査手数料その他保険等の業務に関する料金（以下「保険料等」という。）の収納の方法に関する事項

(1) 保険料等の収納方法が定められていること。
(2) 保険料等の納付に要する費用を負担する者が定められていること。
(3) 特定の者に対して不当な差別的取扱いをするものでないこと。
(4) 保険契約の締結の申請を取り下げた場合の保険料等の取扱いが定められていること。

6．保険契約の締結の媒介、取次ぎ又は代理に関する事項

(1) 保険契約の締結の媒介、取次ぎ又は代理（以下「保険募集」という。）の方法について、別紙1の基準に従い、適切に定められていること。
(2) 保険募集を委託する場合、手数料がその役割に見合った適切な水準に定められていること。

7．保険引受に当たっての検査に関する事項

(1) 設計基準、施工基準、検査マニュアル等を適正に定めることとしていること。
(2) 検査業務に関し専任管理者を任命し、適正な業務の管理を行うこととしていること。
(3) 検査の内容が別紙2の基準に従い適切に定められていること。
(4) 検査業務を委託する場合、手数料がその役割に見合った適切な水準に定められていること。

8．保険金の支払に関する事項

(1) 保険金支払請求の手続に関する事項が定められていること。
(2) 保険金の支払に当たっての損害の調査及び査定に関することが適切に定められていること。
(3) 損害の調査及び査定を行う者の能力の向上を図るための措置について適正に定められていること。
(4) 損害の調査を委託する場合、手数料がその役割に見合った適切な水準に定められて

いること。

9. 保険料等及び責任準備金の算出方法に関する事項
 (1) 以下の事項が記載されたものであること。
   イ 保険料等の計算の方法（その計算の基礎となる係数を要する場合においては、その係数を含む。）に関する事項
   ロ 責任準備金の計算の方法（その計算の基礎となる係数を要する場合においては、その係数を含む。）に関する事項
   ハ 純保険料に関する事項
 (2) 保険料及び責任準備金の算出方法が保険数理に基づき、合理的かつ妥当なものであること。
 (3) 保険料及び責任準備金の算出方法が、保険数理に関して必要な知識及び経験を有する者が関与し、適正に定められたものであること。
 (4) 再保険に付す場合、再保険金の回収を確実にする措置が講じられている再保険者の引受によるものである等、適切に安全の確保された再保険であること。
 (5) 保険料等に関し、特定の者に対して不当な差別的取扱いをするものでないこと。
 (6) 検査手数料その他保険等の業務に関する料金について、合理的な根拠に基づき、適正に算出されたものであること。
 (7) 保険料等の割増引を定める場合、合理的なものであるとともに、他の割増引制度との均衡、保険契約者間の公平性確保等に照らし適切なものであること。

10. 保険等の業務の実施体制に関する事項
 (1) 保険等の業務の基本的な実施方法について定められていること。
 (2) 保険等の業務を行う体制について定められていること。
 (3) 保険等の業務を行う際に携帯する身分証及びその携帯について定められていること。
 (4) 全国で業務を行うこととされていること。
 (5) 原則として、全ての規模・工法・構造を対象とすること。ただし、大規模物件については、他の保険法人との共同引受によることができるものとする。
 (6) 法第19条第1号に規定する住宅瑕疵担保責任保険契約の申請が行われたときは、正当な理由がある場合を除き、遅滞なく、申請を受け付けることとされていること。
 (7) 法第17条第1項の規定に基づく国土交通大臣による住宅瑕疵担保責任保険法人の指定の方針（平成20年国土交通省告示第383号）に基づく現場検査員及び技術管理員の、事業計画に応じた確保及び適正な配置について定められていること。
 (8) 保険等の業務の運営、責任、権限及びこれらの維持の方法が定められていること。
 (9) 事務を委託する場合の委託内容、手数料を適正に定めることとされていること。

11. 法第25条の帳簿（以下単に「帳簿」という。）その他の保険等の業務に関する書類の管理及び保存に関する事項
 (1) 法第25条に定める帳簿について、適切に備え付け、保存することとされていること。

(2) 過去20事業年度に保険証券を発行した住宅に関する書類・図面及び保険事故に関する資料・データを保存することとされていること。
(3) 保険等の業務に関する書類等の保存に関し、災害等に備えた適切な危機管理体制が整備されていること。

12. 保険等の業務に係る秘密の保持に関する事項
(1) 業務の実施における秘密の保持に関する事項が定められていること。
(2) 文書の保存における秘密の保持に関する事項が定められていること。
(3) 業務を委託する場合における秘密の保持に関する事項が定められていること。

13. 保険契約に関する苦情及び紛争の処理に関する事項
(1) 保険契約に関する苦情及び紛争に対する基本的な対応方針が定められていること。
(2) 保険契約に関する苦情及び紛争に対する対応窓口が設けられ、保険契約者その他の関係者が利用しやすいものとなっていること。
(3) 法第33条において読み替えて適用する住宅の品質確保の促進等に関する法律（平成11年法律第81号）第71条の規定により紛争処理機関から説明又は資料の提出を求められた場合の対応が定められていること。
(4) 法第33条の規定に基づく住宅瑕疵担保責任保険契約にかかる新築住宅の建設工事の請負契約又は売買契約に関する紛争について、紛争処理機関からの通知により和解案又は調停案について意見の照会を受けた場合は、これに応じて意見を提出することとされていること。
(5) 前項に基づき紛争処理機関から照会を受けた紛争について和解が成立した場合、その結果を尊重することとされていること。また、当該和解に係る保険給付に関し、売主等から紛争処理の申請がなされた場合、これに応じることとされていること。
(6) 住宅瑕疵担保責任保険契約に係る新築住宅の建設工事の請負契約又は売買契約に関する紛争について、紛争処理機関から利害関係人としての参加を求められた場合、これに応じることとされていること。
(7) 法第2条第5項第2号ロ及び同条第6項第2号ロの規定に基づく発注者又は買主（以下「発注者等」という。）からの請求に関する紛争について、発注者等から紛争処理機関に対して、保険法人を被申請人とする紛争処理の申請がなされた場合で、建設業者等が相当の期間を経過してもなお特定住宅瑕疵担保責任を履行していない場合には、紛争処理に応じることとされていること。
(8) 前2項の規定に基づき紛争処理に利害関係人又は紛争当事者として参加した場合、特段の理由がない限り紛争処理機関から提示された和解案又は調停案を受け入れることとされていること。

14. 区分経理の方法その他の経理に関する事項
(1) 支払備金の算出方法について、保険数理に関して必要な知識及び経験を有する者が関与し、適正に定められていること。
(2) 区分経理の考え方について適切に定められていること。

(3) 保険料として収納した金銭その他の資産の運用方法について、適切に定められていること。

１５．施行規則第３５条第２項の規定による支払備金の積立てを行う場合にあっては、その計算方法に関する事項
(1) 特定住宅瑕疵担保責任の履行の確保等に関する法律施行規則（平成２０年国土交通省令第１０号）第３５条第２項の規定による支払備金を積み立てる場合、その算出方法について、保険数理に関して必要な知識及び経験を有する者が関与し、適正に定められていること。

１６．保険等の業務の公正かつ的確な実施を確保するための措置に関する事項
(1) 法令等を遵守し業務を行うことが定められていること。
(2) 保険等の業務の実施に関する記録の作成と保存を適正に行うことが定められていること。
(3) 次に掲げる者が建築主である住宅又は設計、工事監理、施工、販売、販売代理及び媒介を行う住宅について、当該役職員（業務を委託している場合は委託先の役職員を含む。以下この項において同じ。）をその現場検査及び損害調査に関与させないこととされていること。
　　イ　保険法人の役職員
　　ロ　保険法人の役職員の所属する企業（過去２年間に所属していた企業を含む。）
(4) 原則として年１回以上の内部監査を実施することが定められていること。
(5) 保険契約者に対して、保険募集人による適切な説明が行われたことを事後的に確認するための措置が講じられていること。
(6) 保険法人の役職員及びその委託先等における不祥事件に関し、国土交通大臣への報告など的確な対応を行うことが定められていること。
(7) 保険契約者等に対し、保険法人の概況及び組織に係る情報の開示が図られていること。
(8) 前項の開示の場所及び方法が保険契約者等が容易に閲覧可能なものであること。

１７．その他保険等の業務の実施に関し必要な事項
(1) 発注者等に対する法第２条第５項第２号ロ及び同条第６項第２号ロの規定に基づく損害のてん補に関する事項の説明について適正に定められていること。
(2) 保険契約者及び発注者等に対する紛争処理に関する事項の説明について適正に定められていること。
(3) 法第１９条第４号及び第５号の業務の内容について定められていること。
(4) 保険契約者に対して、法第４条第１項及び法第１２条第１項に規定する届出に関し、保険契約の締結を証する書面を交付することが定められていること。
(5) 保険等の業務と関連する保険等の業務以外の業務を行う場合は、その業務の内容が定められていること。
(6) その他保険等の業務を公正かつ的確に実施するために必要な事項が定められていること。

(別紙1)

住宅瑕疵担保責任保険法人による保険募集に関する基準

第1　用語の定義
一　この基準において、「保険募集人」とは、保険法人の役員若しくは使用人、保険取次店又はその役員若しくは使用人をいう。
二　この基準において、「保険取次店」とは、保険法人の委託を受けて、その保険法人のために保険契約の締結の媒介又は取次ぎを行う者で、その保険法人の役員又は使用人でないものをいう。

第2　保険募集の制限
保険法人の保険募集は、次に掲げる基準に適合するものでなければならない。
一　保険募集に関して、次に掲げる行為を行ってはならない。
　イ　保険契約者又は被保険者に対して、虚偽のことを告げ、又は保険契約の契約条項のうち重要な事項を告げない行為
　ロ　保険契約者又は被保険者に対して、保険料の割引、割戻しその他特別の利益の提供を約し、又は提供する行為
　ハ　保険契約者若しくは被保険者又は不特定の者に対して、一の保険契約の契約内容につき他の保険契約の内容と比較した事項であって誤解させるおそれのあるものを告げ、又は表示する行為
　ニ　保険契約者又は被保険者に対して、当該保険契約者又は被保険者に当該保険法人の特定関係者（当該保険法人の子法人、当該保険法人の議決権の100分の20以上を有する者、当該保険法人の親法人又は当該親法人の子法人（当該保険法人を除く。）その他の当該保険法人と特別な関係を有する者をいう。）が特別の利益の供与を約し、又は提供していることを知りながら、当該保険契約の申込みをさせる行為
　ホ　何らの名義によってするかを問わず、ロに規定する行為についてその禁止を免れる行為
　ヘ　保険契約者若しくは被保険者又は不特定の者に対して、保険契約等に関する事項であってその判断に影響を及ぼすこととなる重要なものにつき、誤解させるおそれのあることを告げ、又は表示する行為
　ト　保険契約者に対して、保険契約に係る保険の種類又は保険法人の商号若しくは名称を他のものと誤解させるおそれのあることを告げる行為
二　次のイ及びロに掲げる者がそれぞれイ及びロに定める保険募集を行う場合を除くほか、何人も保険募集を行ってはならない。
　イ　保険法人の役員若しくは使用人　その保険法人のために行う保険募集
　ロ　保険取次店又はその役員若しくは使用人　その保険契約の保険者となるべき保険法人のために行う保険契約の締結の媒介又は取次ぎ

第3　保険取次店の役員又は使用人の名簿の備え付け
　保険法人は、保険取次店の役員又は使用人のうち、保険募集を行う者の氏名、生年月日及び所属する保険取次店の名称を記載した名簿を備え付けなければならない。

第4　保険取次店の名簿の備え付け
　保険法人は、保険取次店の名称、所在地、代表者を記載した名簿を備え付けなければならない。

第5　保険法人による募集に関する措置
　保険法人は、保険募集人の公正な保険募集を行う能力の向上を図るための措置を講じなければならない。

(別紙2)

住宅瑕疵担保責任保険法人による保険引受に当たっての検査に関する基準

第1　保険法人の検査の考え方
　　保険契約者によるモラルハザードを防止し、保険制度の安定運営を図るため、保険契約を締結しようとする住宅に係る工事中の検査（以下単に、「検査」という。）を適正に行うための基準について定めるものである。

第2　用語の定義
　一　この基準において、「現場検査」とは、検査マニュアル等に基づき、保険契約に係る住宅の検査を行うことをいう。
　二　この基準において、「現場検査員」とは、保険法人の役員若しくは職員、検査機関の役員若しくは職員で、現場検査の業務に従事する者をいう。
　三　この基準において、「検査機関」とは、保険法人の委託を受けて、その保険法人のために現場検査を行う者で、その保険法人の役員又は職員でないものをいう。

第3　検査を行うべき時期
　　原則として、構造耐力上主要な部分と雨水の浸入を防止する部分に関する以下の時期に行うものとする。
　一　階数が3以下の建築物である住宅
　　・基礎配筋工事の完了時（プレキャストコンクリート造の基礎にあってはその設置時）
　　・躯体工事の完了時又は下地張りの直前の工事の完了時
　二　階数が4以上（地階を含む）の建築物である住宅
　　・基礎配筋工事の完了時
　　・最下階から数えて2階及び3に7の自然数倍を加えた階の床の躯体工事の完了時
　　・屋根工事の完了時又は下地張りの直前の工事の完了時
　　ただし、建築基準法第7条の3第1項又は第7条の4第1項の規定により同法第7条の3第1項各号に規定する特定工程（以下単に、「特定工程」という。）に係る検査（床の躯体工事の完了時に行われるものに限る。）が行われる場合にあっては、床の躯体工事の完了時に行う検査は、直近の特定工程に係る検査と同じ時期とすることができる。

第4　現場検査員の資格
　　現場検査員は、建築士又は建築基準適合判定資格者検定合格者とする。ただし、2級建築士及び木造建築士が行う検査にあっては、当該建築士の免許により設計又は工事監理を行うことができる住宅に係る検査に限るものとする。

第5　現場検査員の名簿の備え付け
　　保険法人は、現場検査員の氏名、生年月日、資格及び、検査機関の役員又は職員であ

る場合は当該検査機関の名称を記載した名簿を備え付けなければならない。

第6　検査機関の名簿の備え付け
　　保険法人は、検査機関の名称、所在地、代表者を記載した名簿を備え付けなければならない。

第7　保険法人による検査に関する措置
　　保険法人は、現場検査員の適正な検査を行う能力の向上を図るための措置を講じなければならない。

第8　検査に係る特例について
　一　一定の品質管理が見込まれる場合の自主検査について
　　　一定の品質管理が見込まれる場合については、現場検査員以外の者による検査に代えることができる。ただし、少なくとも1回以上の現場検査員による検査を行うものとする。
　二　離島等について
　　　離島や僻地などについて、検査時期、検査回数、検査方法について特例を設けることができるものとする。ただし、一定の安全性を確保するための措置を講じるものとする。
　三　その他の検査について
　　　同等の安全性等が確保できる場合については、この基準によらないことができるものとする。

資料 11　住宅瑕疵担保責任保険　設計施工基準

第1章　総則
（趣旨）
第1条
　この基準は、特定住宅瑕疵担保責任の履行の確保等に関する法律（平成19年法律第66号）第19条第一号及び第二号に掲げる保険契約の申込みを行う住宅（以下、「申込住宅」という。）の設計施工に関する技術的な基準を定める。

（関係法令）
第2条
　申込住宅は、第2章、第3章、第4章及び第5章に定めるもののほか、住宅の品質確保の促進等に関する法律第94条第1項に規定する構造耐力上主要な部分及び雨水の浸入を防止する部分に係る建築基準法等の関係法令によるものとする。

（本基準により難い仕様）
第3条
　本基準により難い仕様であっても、当法人が本基準と同等の性能が確保されていると認めた場合は、本基準によらないことができる。

第2章　木造住宅
第1節　地盤調査及び基礎
（地盤調査等）
第4条
　基礎の設計に先立ち、敷地及び敷地の周辺状況等について適切な現地調査を行った上で地盤調査を行うこととする。ただし、一戸建における2階建て以下の木造住宅は、「現地調査チェックシート」に従って行った現地調査の結果、地盤調査が必要ないと認められる場合はこの限りでない。
　2　地盤調査は、地盤の許容応力度及び軟弱地盤又は造成地盤等が判断できる調査を行うこととし、実施する地盤調査方法や敷地条件に応じた計測箇所で計測を行うこととする。なお、スウェーデン式サウンディング調査の場合は4隅付近を含め4点以上で行うことを原則とする。
　3　地盤調査の結果は、適切に保管する。

（地盤補強及び地業）
第5条
　　　地盤調査の結果の考察又は基礎設計のためのチェックシートによる判定（以下「考察等」という）に基づき地盤補強の要否を判断し、地盤補強が必要である場合は、考察等に基づき地盤補強工法を選定し、建物に有害な沈下等が生じないように地盤補強を施すこととする。
　2　小口径鋼管杭、深層混合処理工法（柱状改良）又は浅層混合処理工法（表層改良）を行う場合は、次の各号により、建物に有害な沈下等の生じる恐れがないことを確認する。
　（1）浅層混合処理工法（表層改良）を行う場合において、改良地盤直下の層が建物に有害な圧密沈下等の生じる恐れがない地盤であることを確認し、改良地盤の厚さは施工性を考慮して決定することとする。
　（2）深層混合処理工法（柱状改良）を行う場合において、改良体の径、長さ及び配置は、長期許容鉛直支持力及び原則として沈下量の計算により決定することとする。ただし、改良体直下の層が建物に有害な沈下等の生じる恐れがない地盤であることが確認できた場合は沈下量の計算を省略することができる。また、やむを得ず改良体の先端を軟弱層までとする場合の長期許容鉛直支持力の計算は、土質が把握できる調査又は試験等の結果に基づいて行うこととする。
　（3）小口径鋼管杭を使用する場合において、杭先端は建物に有害な沈下等への対策として有効な支持層に達するものとする。
　3　砕石地業等必要な地業を行うこととする。

（基礎）
第6条
　　　基礎は、第4条（地盤調査等）及び第5条（地盤補強及び地業）の結果に基づき、建築物に有害な沈下等が生じないように設計する。
　2　べた基礎は、構造計算、別に定める「べた基礎配筋表」又は設計者の工学的判断等により基礎設計を行うこととする。
　3　基礎の立上り部分の高さは、地上部分で300mm以上とする。

第2節　雨水の浸入防止
（屋根の防水）
第7条
　　　屋根は、勾配屋根とする。なお、陸屋根については、第8条（バルコニー及び陸屋根）に規定する。
　2　屋根には、下ぶきを施すこととし、下ぶき材の品質及びふき方は次の各号

に適合するものとする。
- （1）下ぶき材は、JIS A 6005（アスファルトルーフィングフェルト）に適合するアスファルトルーフィング940又はこれと同等以上の防水性能を有するものとする。
- （2）上下（流れ方向）は100㎜以上、左右は200㎜以上重ね合わせることとする。
- （3）谷部及び棟部は、谷底及び棟頂部より両方向へそれぞれ250㎜以上重ね合わせることとする。ただし、ふき材製造者の施工基準においてふき材の端部に止水措置を施すなど、当該基準が雨水の浸入を防止するために適切であると認められる場合は当該基準によることができる。
- （4）屋根面と壁面立上げ部の巻き返し長さは、250㎜以上かつ雨押さえ上端より50㎜以上とする。

3 天窓の周囲は、各製造所が指定する施工方法に基づいて防水措置を施すこととする。

（バルコニー及び陸屋根の防水）
第8条 床は、1/50以上の勾配を設けることとする。ただし、防水材製造者の施工基準において表面排水を行いやすい措置を施すなど、当該基準が雨水の浸入を防止するために適切であると認められる場合は当該基準によることができる。

2 防水材は、下地の変形及び目違いに対し安定したもので、かつ、破断又は穴あきが生じにくいものとし、以下の防水工法のいずれかに適合するものとする。なお、歩行を前提とする場合は、強度や耐久性を確保するものとする。
- （1）金属板（鋼版）ふき
- （2）塩化ビニール樹脂系シート防水工法
- （3）アスファルト防水工法
- （4）改質アスファルト防水工法
- （5）ＦＲＰ系塗膜防水工法。ただし、ガラスマット補強材を2層（ツープライ）以上とすること。なお、防水材製造者の施工基準において、施工面積が小さく、ガラスマット補強材に十分な強度が認められる場合など、当該基準が雨水の浸入を防止するために適切であると認められる場合は1層以上とすることができる。
- （6）ＦＲＰ系塗膜防水と改質アスファルト防水又はウレタン塗膜防水を組み合わせた工法

3 壁面との取り合い部分（手すり壁又はパラペット（本条において、以下「手すり壁等」という）との取り合い部分を含む）の防水層は、開口部の

下端で 120mm 以上、それ以外の部分で 250mm 以上立ち上げ、その端部にシーリング材又は防水テープを施すこととする。
4　排水溝は勾配を確保し、排水ドレイン取付部は防水層の補強措置及び取合部の止水措置を施すこととする。
5　手すり壁等は、次の各号による防水措置を施すものとする。
　（1）防水紙は、JIS　A　6005（アスファルトルーフィングフェルト）に適合するアスファルトフェルト 430、JIS　A　6111（透湿防水シート）に適合する透湿防水シート又はこれらと同等以上の防水性能を有するものとする。
　（2）防水紙は、手すり壁等の下端から張り上げ、手すり壁等の上端部で重ね合わせることとする。
　（3）上端部は、金属製の笠木を設置するなど適切な防水措置を施すこと。
　（4）上端部に笠木等を釘やビスを用いて固定する場合は、釘又はビス等が防水層を貫通する部分にあらかじめ防水テープやシーリングなどを用い止水措置を施すこと。
　（5）外壁を通気構法とした場合のパラペットは、外壁の通気を妨げない形状とすること。

（外壁の防水）
第9条
　　外壁は、防水紙又は雨水の浸透を防止する仕上材等を用い、構造方法に応じた防水措置を施すこととする。
2　防水紙の品質及び張り方は、次の各号によるものとする。
　（1）通気構法（外壁内に通気層を設け、壁体内通気を可能とする構造）とした外壁に用いる防水紙は、JIS A 6111（透湿防水シート）に適合する透湿防水シート又はこれと同等以上の透湿性能及び防水性能を有するものとする。
　（2）前号以外の外壁に用いる防水紙は、JIS A 6005（アスファルトルーフィングフェルト）に適合するアスファルトフェルト 430 又はこれと同等以上の防水性能を有するもの（透湿防水シートを除く）とする。
　（3）　防水紙の重ね合わせは、縦、横とも 90mm 以上とする。横の重ね合わせは、窯業系サイディング仕上げは 150mm 以上、金属系サイディング仕上は 150mm 以上とする。ただし、サイディング材製造者の施工基準においてサイディング材の目地や継ぎ目からの雨水の浸入を防止するために有効な措置を施すなど、当該基準が適切であると認められる場合は当該基準によることができる。
　（4）外壁開口部の周囲（サッシ、その他の壁貫通口等の周囲）は、防水テープを用い防水紙を密着させることとする。

3 ALCパネルその他これらに類する材料を用いた外壁の表面には、次の各号のいずれかに該当する雨水の浸透を防止する仕上材等の防水措置を施すこととする。
（1）JIS A 6909（建築用仕上塗材）の薄付け仕上塗材に適合する防水形外装薄塗材E
（2）JIS A 6909（建築用仕上塗材）の厚付け仕上塗材に適合する外装厚塗材E
（3）JIS A 6909（建築用仕上塗材）の複層仕上塗材に適合する複層塗材CE、可とう形複合塗材CE、防水形複合塗材CE、複層塗材Si、複層塗材E又は防水形複層塗材E
（4）JIS A 6021（建築用塗膜防水材）の外壁用塗膜防水材に適合するアクリルゴム系
（5）前各号に掲げるものと同等以上の雨水の浸透防止に有効であるもの

（乾式の外壁仕上げ）
第10条
　　乾式外壁仕上げ（第3項のものを除く）は、通気構法とする。
　2　サイディング仕上げとする場合は、次の各号によるものとする。
　（1）サイディング材は、JIS A 5422（窯業系サイディング）、JIS A 6711（複合金属サイディング）に適合するもの又はこれらと同等以上の性能を有するものとする。
　（2）通気層は、通気胴縁又は専用の通気金具を用いて確保することとする。通気胴縁は、サイディング材の留め付けに必要な保持力を確保できるものとし、幅は45mm以上とする。サイディング材のジョイント部に用いるものは幅90mm以上（45mm以上を2枚あわせを含む）とする。
　（3）通気層は厚さ15mm以上を確保することとする。ただし、下地に合板を張る場合など、通気に有効な厚さを確保する場合はこの限りではない。
　（4）留め付けは、450mm内外の間隔にくぎ、ビス又は金具で留め付けること。くぎ又はビスで留め付ける場合は、端部より20mm以上離して穴あけを先行し、各サイディング材製造所の指定のくぎ又はビスを使用する。ただし、サイディング材製造者の施工基準が適切であると認められる場合は当該基準によることができる。
　（5）シーリング材及びプライマーは各サイディング材製造所の指定するものを使用する。
　（6）シーリング材を用いる目地には、ボンドブレーカー付きハット型ジョイナー等を使用する。
　3　ALCパネル又は押出し成形セメント板（厚さ25mm超）等を用いる場合は、各製造所が指定する施工方法に基づいて取り付けることとする。

4 外壁の開口部の周囲は、JIS A 5758（建築用シーリング材）に適合するもので、JIS の耐久性による区分の 8020 の品質又はこれと同等以上の耐久性能を有するシーリング材を用い、適切な防水措置を施すこととする。

（湿式の外壁仕上げ）
第11条
　　外壁を湿式仕上げとする場合は、雨水の浸入を防止するよう配慮のうえ、下地を適切に施工する。
　2　下地は、ラス張り（平ラスを除く）とする。ただし、国土交通大臣の認定または指定を取得した外壁下地で、ラス網を必要としないモルタル下地専用のボードを用いる場合はこの限りでない。
　3　モルタル工法は、次の各号に適合するものとする。
　（1）普通モルタルを用いる場合は、防水上有効な仕上げ又はひび割れ防止に有効な措置を施すこととする。
　（2）既調合軽量セメントモルタルは JASS 15 M-102（既調合軽量セメントモルタルの品質基準）に基づく各製造所の仕様によるものとする。

第3章 鉄筋コンクリート造住宅及び鉄骨鉄筋コンクリート造住宅
第1節 地盤調査及び基礎
（地盤調査、地盤補強及び地業）
第12条
　　基礎の設計に先立ち、敷地及び敷地の周辺状況等について適切な現地調査を行った上で地盤調査を行うこととする。
　2　地盤調査は、地盤の許容応力度及び軟弱地盤又は造成地盤等が判断できる調査を行うこととする。この場合、原則として建築物の4隅付近を含め4点以上で計測を行うこと。ただし、小規模な建築物で敷地内の地盤がおおむね均質であると認められる場合など、適切に地盤の状況を把握することができる場合は3点以下（1点以上）の計測箇所数とすることができる。
　3　前項に基づき行った地盤調査の結果は、適切に保管する。
　4　地盤は、地盤調査結果に基づき、必要に応じて適切に補強する。地盤補強を行う場合は、第5条第2項によることとする。
　5　基礎の底盤部の下は、砕石地業等の必要な地業を行うこととする。

（基　礎）
第13条
　　基礎は、構造計算により設計する。ただし、壁式鉄筋コンクリート造で地上階数が2以下の住宅にあっては、第6条（基礎）によることができる。

第2節 雨水の浸入防止
(防水工法)
第14条

　　防水下地の種類は、現場打ち鉄筋コンクリート又はプレキャストコンクリート部材とする。

　2　防水工法は、次表に適合するものとする。

防水工法の種類		JASS8該当記号	備考
アスファルト防水	アスファルト防水工法 (密着保護仕様)	AN-PF / AK-PF	注1
	アスファルト防水工法 (絶縁保護仕様)	AK-PS	
	アスファルト防水工法 (絶縁露出仕様)	AK-MS	注2
	アスファルト防水工法 (断熱露出仕様)	AK-MT	注2
改質アスファルトシート防水(トーチ工法)	トーチ式防水工法 (密着保護仕様)	AT-PF	注1
	トーチ式防水工法 (密着露出仕様)	AT-MF	注2
	トーチ式防水工法 (断熱露出仕様)	AT-MT	注2
	常温粘着防水工法 (絶縁露出)	AJ-MS	注2
	常温粘着防水工法 (断熱露出)	AJ-MT	注2
合成高分子系シート防水	加硫ゴム系シート防水工法 (接着仕様)	S-RF	注2
	加硫ゴム系シート防水工法 (断熱接着仕様)	S-RFT	注2
	加硫ゴム系シート防水工法 (機械的固定仕様)	S-RM	
	加硫ゴム系シート防水工法 (断熱機械的固定仕様)	S-RMT	
	塩ビ樹脂系シート防水工法 (接着仕様)	S-PF	注2
	塩ビ樹脂系シート防水工法 (断熱接着仕様)	S-PFT	注2
	塩ビ樹脂系シート防水工法 (機械的固定仕様)	S-PM	
	塩ビ樹脂系シート防水工法 (断熱機械的固定仕様)	S-PMT	
	エチレン酢酸ビニル樹脂系シート防水工法 (接着仕様)	S-PC	
塗膜防水	ウレタンゴム系塗膜防水工法 (絶縁仕様) (注2)	L-US	注3

(注1):通常の歩行部分、軽歩行部分に適用可。歩行用保護仕上げは、次に掲げるものとする。
　　・通 常 の 歩 行:現場打ちコンクリート又はこれに類するもの
　　・軽　歩　行:コンクリート平板又はこれに類するもの
(注2):ALCパネルによる立上りに適用可。ただし、ALCと屋根躯体(平場部分)が一体となる構造形式のものに限る。
(注3):軽歩行部分のみに適用可。軽歩行用保護仕上げは、ウレタン舗装材とする。

　3　防水の主材料は、JIS規格に適合するもの又はこれと同等以上の防水性能を有するものとする。

　4　防水層の端部は、防水層の種類・工法・施工部位等に応じた納まりとする。

(パラペットの上端部)
第15条

　　パラペットの上端部は、金属製笠木の設置又は防水材料の施工等、雨水の浸入を防止するために有効な措置を講じることとする。

(屋根廻りのシーリング処理)
第16条

防水層が施されていない屋根躯体（パラペット又は屋根躯体と一体の架台等）を設備配管等が貫通する部分又は金物等が埋め込まれた部分は、それらの周囲をシーリング材で処理する。

（排水勾配）
第17条
　防水下地面の勾配は、1/50以上とする。ただし、保護コンクリート等により表面排水が行いやすい場合の勾配は、1/100以上とすることができる。

（排水ドレイン）
第18条
　排水ドレインの設置は、建設地における降水量の記録に基づき、適切なものとする。

（勾配屋根の防水）
第19条
　勾配屋根は、第14条から第18条（第17条を除く。）に掲げる防水措置又は次項に掲げる下ぶき又はこれらと同等以上の性能を有する防水措置を施すこととする。
　2　屋根ぶきを行う場合の下ぶき材の品質及びふき方は、次の各号に適合するものとする。
　　（1）下ぶき材は、JIS A 6005（アスファルトルーフィングフェルト）に適合するアスファルトルーフィング940又はこれと同等以上の防水性能を有するものとする。
　　（2）上下（流れ方向）100mm以上、左右200mm以上重ね合わせることとする。
　　（3）谷部または棟部の重ね合せ幅は、谷底及び棟頂部より両方向へそれぞれ250mm以上とする。ただし、ふき材製造者の施工基準においてふき材の端部に止水措置を施すなど、当該基準が雨水の浸入を防止するために適切であると認められる場合は当該基準によることができる。
　　（4）屋根面と壁面立上げ部の巻き返し長さは、250mm以上とする。
　3　天窓の周囲は、各製造所が指定する施工方法に基づき、防水措置を施すこととする。

（外部開口部）
第20条
　外部の開口部に用いる建具は、建設する地域、建物の高さ及び形状に対応した水密性能を有するものとする。

2 出窓の周囲は、雨水の浸入を防止するために適切な納まりとする。

（シーリング）
第 21 条
　シーリング材は、JIS A 5758（建築用シーリング材）に適合するもので、JIS の耐久性による区分 8020 の品質又はこれと同等以上の耐久性能を有するものとする。
2 次の各号に掲げる部分は、シーリング材を施すこととする。
　（1）各階の外壁コンクリート打継ぎ目地
　（2）外壁材（プレキャストコンクリート部材、ALC パネル等）のジョイント目地
　（3）耐震スリット目地
　（4）外壁開口部の周囲
　（5）外壁を貫通する管等の周囲
　（6）その他雨水浸入のおそれのある部分
3 目地の構造は、次の各号に適合するものとする。
　（1）ワーキングジョイントの場合は、シーリング材を目地底に接着させない 2 面接着の目地構造とする。
　（2）目地の構成材並びにその接着面は、シーリング材が十分接着可能なものとする。

第 4 章 鉄骨造住宅

（鉄骨造住宅に係る基準）
第 22 条
　鉄骨造住宅に係る基準は、次に掲げるものとする。
　（1）地盤調査、地盤補強及び地盤・地業は、第 12 条（地盤調査、地盤補強及び地業）を準用する。
　（2）基礎は、第 13 条（基礎）を準用する。
　（3）陸屋根は、第 14 条（防水工法）、第 15 条（パラペットの上端部）、第 16 条（屋根廻りのシーリング処理）、第 17 条（排水勾配）及び第 18 条（排水ドレイン）を準用する。ただし、第１４条の防水下地の種類は、現場打ち鉄筋コンクリート又はプレキャストコンクリート部材若しくは ALC パネルとする。
　（4）勾配屋根は、第 19 条（勾配屋根の防水）を準用する。
　（5）外壁は、第 9 条（外壁の防水）、第 10 条（乾式の外壁仕上げ）、第 20 条（外部開口部）及び第 21 条（シーリング）を準用する。

第 5 章 補強コンクリートブロック造住宅

（補強コンクリートブロック造住宅に係る基準）
第23条
　補強コンクリートブロック造住宅に係る基準は、次に掲げるものとする。
（1）地盤調査、地盤補強及び地盤・地業は、第12条（地盤調査、地盤補強及び地業）を準用する。
（2）基礎は、第13条（基礎）を準用する。
（3）陸屋根は、第14条（防水工法）、第15条（パラペットの上端部）、第16条（屋根廻りのシーリング処理）、第17条（排水勾配）及び第18条（排水ドレイン）を準用する。
（4）勾配屋根は、第19条（勾配屋根の防水）を準用する。
（5）外壁は、雨水の浸入を防止するために適切な仕上げを施すものとし、第20条（外部開口部）及び第21条（シーリング）を準用する。

べた基礎配筋について

べた基礎配筋表

◎一般地域

荷重	短辺方向スラブスパン(m)	スラブ厚(mm)	短辺及び長辺方向スラブの配筋(mm)
重い住宅	3.0 以下	t=150	D13@250【シングル】
	3.0 を超え4.0 以下	t=150	D13@150【シングル】
	4.0 を超え5.0 以下	t=200	D13@150【ダブル】
軽い住宅	3.0 以下	t=150	D13@250【シングル】
	3.0 を超え4.0 以下	t=150	D13@200【シングル】
	4.0 を超え5.0 以下	t=200	D13@250【ダブル】

スラブスパンとその配筋について
- スラブ配筋は、短辺方向スラブスパンが最大のものにより決定する(下図の場合の斜線部のスラブにおける短辺方向スラブスパンとなる。)。
- なお、短辺:長辺の比率は、概ね1.0:1.5 以下に適用するが、これより細長くなる場合は、長辺方向スラブスパンを上表の短辺方向スラブスパンと読み替える。

◎多雪区域(積雪100cm)

荷重	短辺方向スラブスパン(m)	スラブ厚(mm)	短辺及び長辺方向スラブの配筋(mm)
重い住宅	3.0 以下	t=150	D13@200【シングル】
	3.0 を超え4.0 以下	t=200	D13@200【ダブル】
	4.0 を超え5.0 以下	※	※
軽い住宅	3.0 以下	t=150	D13@250【シングル】
	3.0 を超え4.0 以下	t=200	D13@250【ダブル】
	4.0 を超え5.0 以下	t=200	D13@150【ダブル】

◎多雪区域(積雪150cm)

荷重	短辺方向スラブスパン(m)	スラブ厚(mm)	短辺及び長辺方向スラブの配筋(mm)
重い住宅	3.0 以下	t=150	D13@150【シングル】
	3.0 を超え4.0 以下	t=200	D13@200【ダブル】
	4.0 を超え5.0 以下	※	※
軽い住宅	3.0 以下	t=150	D13@200【シングル】
	3.0 を超え4.0 以下	t=200	D13@250【ダブル】
	4.0 を超え5.0 以下	※	※

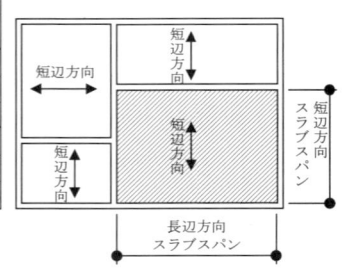

※印部分は、別途構造計算により検討が必要。

べた基礎配筋について

(1) 使用方法

配筋表では、建物の荷重条件に「重い住宅」と「軽い住宅」の2パターン（いずれも2階建）を想定する。各々想定している仕様及び建物重量を下記に示す。なお、平屋建ての住宅については「軽い住宅」のパターンを用いても良いこととする。

(2) 荷重条件

（仕上の目安）

	屋 根		外 壁	
	仕上	想定荷重	仕上	想定荷重
重い住宅	瓦屋根 （葺き土無）	90kg/㎡ (*1)	モルタル	100kg/㎡ (*2)
軽い住宅	アスファルトシングルや金属板葺き	45kg/㎡ (*3)	サイディング	60kg/㎡ (*4)

*1：荷重は日本瓦、野地板、たるき、母屋の荷重を含む。勾配考慮済み。
*2：荷重はモルタル仕上、下地、軸組、内装仕上、石膏ボード、胴縁、断熱材を含む。
*3：荷重は葺材、野地板、垂木、母屋の荷重を含む。勾配考慮済み。
*4：荷重はサイディング、胴縁、下地合板、軸組、内装仕上、石膏ボード、胴縁、断熱材の荷重を含む。

（建物の荷重の目安）　　　　　　　　　　　(注)荷重には、基礎の耐圧盤までの荷重を含む。

荷重＼区域	一般地	多雪区域 （積雪100cm）	多雪区域 （積雪150cm）
重い住宅	13kN/㎡	15kN/㎡	16kN/㎡
軽い住宅	11kN/㎡	13kN/㎡	14kN/㎡

（多雪区域の積雪量）

・積雪単位重量：30N/cm/㎡
・想定屋根勾配：4/10(屋根勾配による低減を考慮)
・積雪荷重：積雪100cmの場合　2kN/㎡　　積雪150cmの場合　3kN/㎡

(3) コンクリートの仕様

・呼び強度：21N/m㎡・スランプ：18cm

(4) 基礎スラブ配筋算出方法及び条件

・配筋は、スラブ周辺の境界条件を四辺固定と四辺ピンの2種類算出し、最大応力により配筋を決定している。
・基礎のスラブ厚は、四辺固定時の応力でひび割れを生じない厚みとしている。

資料 12 住宅紛争審査会の紛争処理実施状況（平成22年9月末現在）

（財）住宅リフォーム・紛争処理支援センター
「住宅紛争審査会における紛争処理事例集
（平成22年度版）」3頁〜5頁より転載

（1）年度別の実施状況

①評価住宅の紛争処理（住宅紛争処理）

受付年度	紛争処理手続の種類別受付件数			終結件数				評価住宅戸数（既存を含む）平成22年8月末現在	
	あっせん	調停	仲裁	成立	打切り	取下げ	備考	年度合計	累計
平成12	0	0	0	0	0	0		78	78
平成13	0	1	0	1	0	0		15,088	15,166
平成14	0	6	0	4	1	1		47,870	63,036
平成15	1	16	0	※8	7	2	※あっせん含む	83,870	146,906
平成16	0	17	0	10	5	2		110,314	257,220
平成17	0	32	0	23	6	3		118,552	375,772
平成18	0	22	1	11	11	※1	※仲裁含む	149,524	525,296
平成19	0	28	0	11	17	0		204,577	729,873
平成20	3	30	0	※22	※10	1	※あっせん含む	192,914	922,787
平成21	1	26	0	9	※12	3	係属中3 ※あっせん含む	161,064	1,083,851
平成22	1	10	1	※1	※2	0	係属中9 ※あっせん含む	44,087	1,127,938
累計	6	188	2	100	71	13	係属中12		

申請件数　196件（うち　あっせん6、調停188、仲裁2）
終結　　　184件（うち　成立100、打切り71、取下げ13）　成立率54％
係属中　　12件

②保険付き住宅の紛争処理（特別住宅紛争処理）

受付年度	紛争処理手続の種類別受付件数			終結件数				保険証券発行件数（1号保険）平成22年8月末現在	
	あっせん	調停	仲裁	成立	打切り	取下げ	備考	年度合計	累計
平成20	0	0	0	0	0	0		25,495	25,495
平成21	2(1)	5(2)	0	5(3)	※1(0)	1(0)	※あっせん含む	221,350	246,845
平成22	0	12(1)	0	0	1(0)	0	係属中11(1)	220,134	466,979
累計	2(1)	17(3)	0	5(3)	2(0)	1(0)	係属中11(1)		

申請件数　19件（うち　あっせん2、調停17、仲裁0）
終結　　　8件（うち　成立5、打切り2、取下げ1）　成立率63％
係属中　　11件

注）評価住宅であり、かつ、保険付き住宅でもある場合（保険付き評価住宅）は、保険付き住宅の紛争処理（特別住宅紛争処理）に含めて統計処理している（内数にて表示）。

(2) 住宅紛争審査会別の実施状況
①評価住宅の紛争処理（住宅紛争処理）

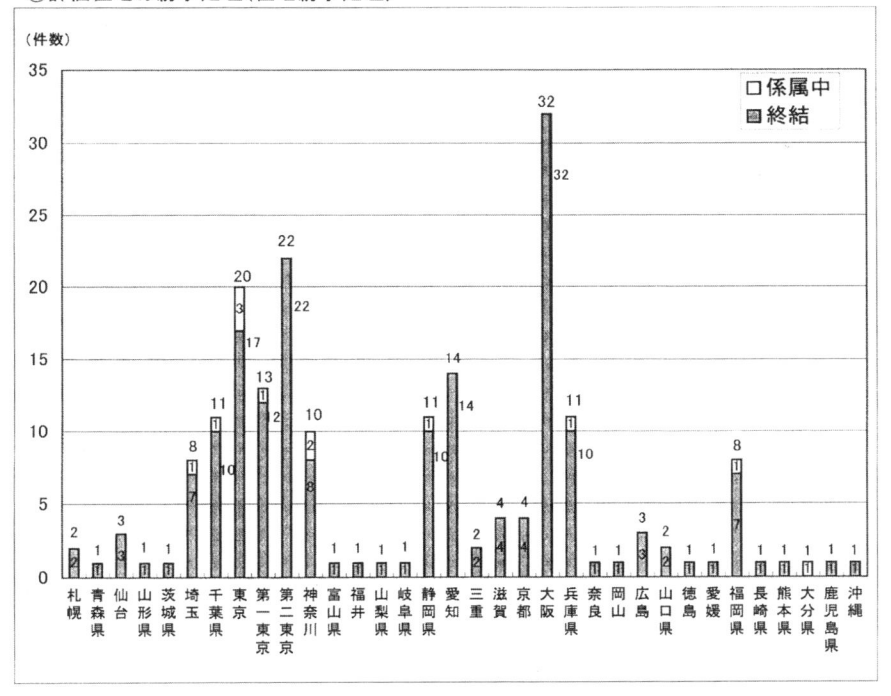

(件数)

審査会	係属中	終結	計
札幌	0	2	2
青森県	0	1	1
仙台	0	3	3
山形県	0	1	1
茨城県	0	0	0
埼玉	1	7	8
千葉県	1	10	11
東京	3	17	20
第一東京	1	12	13
第二東京	0	22	22
神奈川	2	8	10
富山県	0	0	0
福井	0	1	1
山梨県	0	1	1
岐阜県	0	1	1
静岡県	1	10	11
愛知	0	14	14
三重	0	2	2
滋賀	0	4	4
京都	0	4	4
大阪	0	32	32
兵庫県	1	10	11
奈良	0	1	1
岡山	0	0	0
広島	0	3	3
山口県	0	2	2
徳島	0	0	0
愛媛	0	1	1
福岡県	1	7	8
長崎県	0	1	1
熊本県	0	1	1
大分県	0	1	1
鹿児島県	0	1	1
沖縄	0	1	1

②保険付き住宅の紛争処理（特別住宅紛争処理）

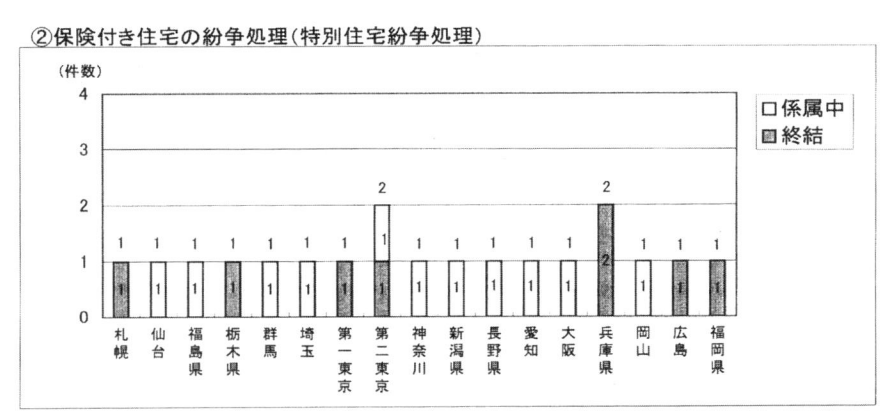

(件数)

審査会	係属中	終結	計
札幌	0	1	1
仙台	1	0	1
福島県	0	1	1
栃木県	1	0	1
群馬	1	0	1
埼玉	0	1	1
第一東京	1	0	1
第二東京	1	1	2
神奈川	1	0	1
新潟県	1	0	1
長野県	1	0	1
愛知	1	0	1
大阪	1	0	1
兵庫県	0	2	2
岡山	1	0	1
広島	0	1	1
福岡県	0	1	1

※平成22年9月末までに申請を受理している住宅紛争審査会　39会（住宅紛争処理及び特別住宅紛争処理）

(参考) 都道府県別の住宅性能評価書交付状況 (新築のみ)

(平成12年10月3日～平成22年8月31日)

都道府県名	一戸建ての住宅		共同住宅等				合計	
	設計(戸)	建設(戸)	設計(棟)	(戸数)	建設(棟)	(戸数)	設計(戸)	建設(戸)
北海道	2,650	855	1,513	30,421	368	16,962	33,071	17,817
青森県	1,029	639	423	2,005	31	439	3,034	1,078
岩手県	3,221	2,343	169	2,982	57	1,719	6,203	4,062
宮城県	8,280	6,311	489	17,869	272	13,134	26,149	19,445
秋田県	880	486	200	1,913	66	902	2,793	1,388
山形県	1,744	942	113	1,879	51	1,219	3,623	2,161
福島県	5,044	3,043	260	4,126	103	2,527	9,170	5,570
茨城県	16,263	12,177	497	10,806	258	7,390	27,069	19,567
栃木県	12,909	9,864	198	3,166	118	1,682	16,075	11,546
群馬県	8,750	6,193	297	4,413	141	2,352	13,163	8,545
埼玉県	44,490	37,177	1,374	58,969	1,065	45,045	103,459	82,222
千葉県	34,641	27,354	1,326	65,851	1,154	54,570	100,492	81,924
東京都	50,815	41,213	6,694	294,252	4,793	212,405	345,067	253,618
神奈川県	40,253	31,083	2,853	136,274	1,994	95,461	176,527	126,544
新潟県	4,733	3,126	225	4,212	70	3,153	8,945	6,279
富山県	2,436	1,566	136	2,039	110	1,615	4,475	3,181
石川県	3,277	2,390	253	3,371	105	2,275	6,648	4,665
福井県	1,646	1,234	30	766	10	168	2,412	1,402
山梨県	3,053	1,863	106	1,509	42	805	4,562	2,668
長野県	5,861	4,241	305	4,353	211	2,970	10,214	7,211
岐阜県	9,492	7,083	200	4,012	111	2,162	13,504	9,245
静岡県	23,438	18,243	502	10,458	351	6,796	33,896	25,039
愛知県	43,470	32,050	1,876	56,373	1,352	36,429	99,843	68,479
三重県	13,149	9,853	214	3,775	155	3,023	16,924	12,876
滋賀県	8,067	6,476	276	7,937	207	6,004	16,004	12,480
京都府	8,372	6,196	600	17,044	473	13,756	25,416	19,952
大阪府	31,478	24,970	2,088	141,002	1,490	92,805	172,480	117,775
兵庫県	25,984	20,780	1,399	53,271	901	37,166	79,255	57,946
奈良県	7,128	5,828	319	6,883	205	5,265	14,011	11,093
和歌山県	4,292	2,950	190	1,880	126	1,115	6,172	4,065
鳥取県	1,443	1,193	68	911	19	553	2,354	1,746
島根県	971	675	211	1,814	15	582	2,785	1,257
岡山県	10,615	8,384	203	3,389	115	2,228	14,004	10,612
広島県	11,527	9,105	584	13,950	359	9,556	25,477	18,661
山口県	5,835	4,587	407	6,634	165	2,813	12,469	7,400
徳島県	1,803	1,253	56	1,231	17	377	3,034	1,630
香川県	4,188	2,911	88	1,899	65	1,586	6,087	4,497
愛媛県	5,353	3,744	166	2,492	68	1,568	7,845	5,312
高知県	2,428	1,969	111	1,700	23	666	4,128	2,635
福岡県	12,412	9,244	1,451	40,008	1,015	32,857	52,420	42,101
佐賀県	2,033	1,430	179	2,723	98	1,988	4,756	3,418
長崎県	2,434	1,849	224	4,366	81	2,744	6,800	4,593
熊本県	3,453	2,043	315	6,001	117	3,525	9,454	5,568
大分県	2,944	2,064	141	3,731	68	2,289	6,675	4,353
宮崎県	1,401	897	121	2,844	32	1,202	4,245	2,099
鹿児島県	2,416	1,380	615	7,695	112	3,414	10,111	4,794
沖縄県	572	490	276	6,603	126	4,486	7,175	4,976
合計	498,673	381,747	30,341	1,061,802	18,885	743,748	1,560,475	1,125,495

資料 13 住宅紛争審査会の紛争処理事例の統計 (172事例)

(財)住宅リフォーム・紛争処理支援センター
「住宅紛争審査会における紛争処理事例集
(平成22年度版)」16頁～30頁より転載

1. 申請手続種別

申請手続種別	あっせん	調停	仲裁	合計
件数	5	166	1	172

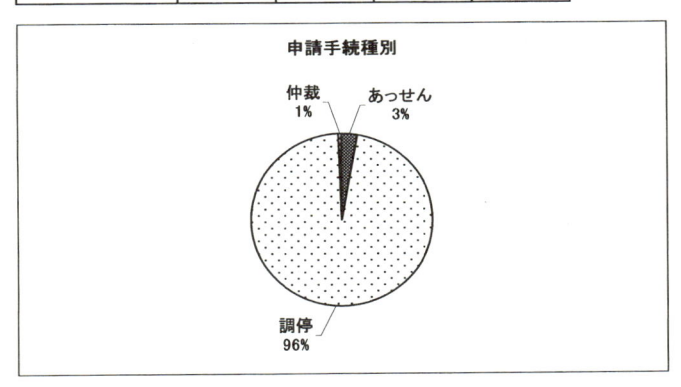

申請手続種別

- 仲裁 1%
- あっせん 3%
- 調停 96%

2. 紛争処理種別

紛争処理種別	住宅紛争処理 評価住宅	特別住宅紛争処理 保険付き住宅	特別住宅紛争処理 保険付き評価住宅	合計
件数	168	3	1	172

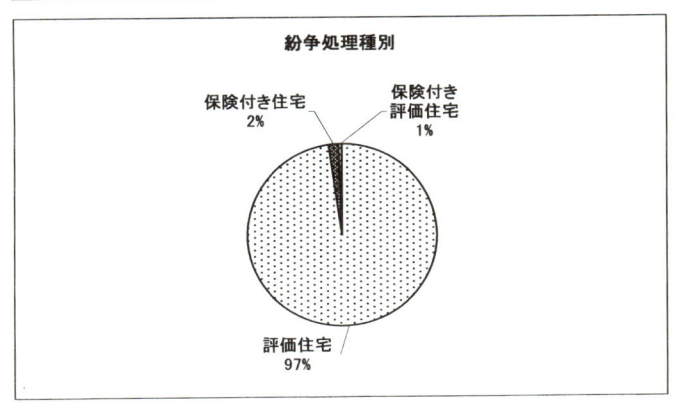

紛争処理種別

- 保険付き住宅 2%
- 保険付き評価住宅 1%
- 評価住宅 97%

3. 評価住宅の取得区分

評価住宅の取得区分	新築住宅	既存住宅	合計
件数	168	0	168

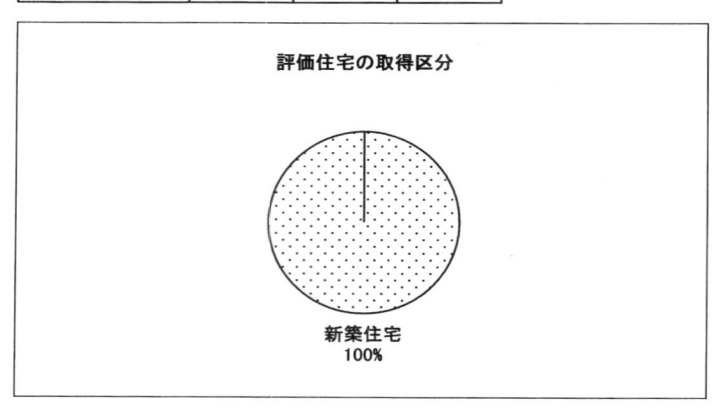

評価住宅の取得区分

新築住宅 100%

4. 住宅種別

	注文住宅	分譲住宅	合計
戸建住宅	64	35	99
共同住宅	2	71	73
合計	66	106	172

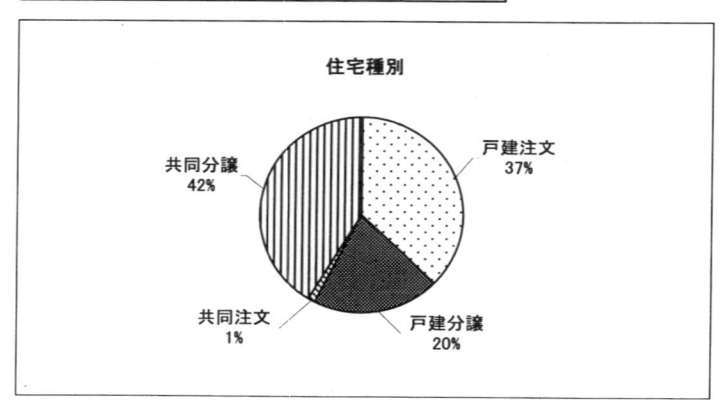

住宅種別

- 戸建注文 37%
- 戸建分譲 20%
- 共同注文 1%
- 共同分譲 42%

5. 紛争処理申請前の支援センターへの相談状況について

支援センターへの相談状況	相談した	相談しない	合計
件数	145	27	172

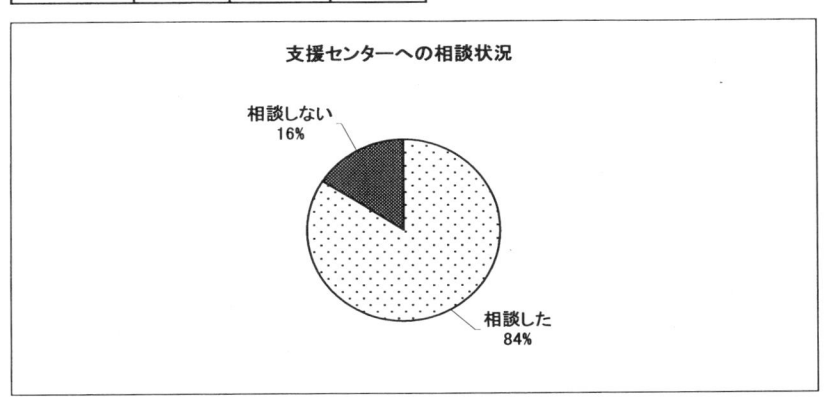

支援センターへの相談状況

- 相談しない 16%
- 相談した 84%

6. 住宅の引渡しから紛争処理申請までの期間

住宅の引渡しから紛争処理申請までの期間	半年未満	半年以上1年未満	1年以上1年半未満	1年半以上2年未満	2年以上2年半未満	2年半以上3年未満	3年以上3年半未満
件数	40	33	21	19	14	20	14

住宅の引渡しから紛争処理申請までの期間	3年半以上4年未満	4年以上4年半未満	4年半以上5年未満	6年以上7年未満	7年以上7年半未満	合計
件数	3	3	2	1	1	171

※172件のうち1件は引渡し前に申請されたため除外した。

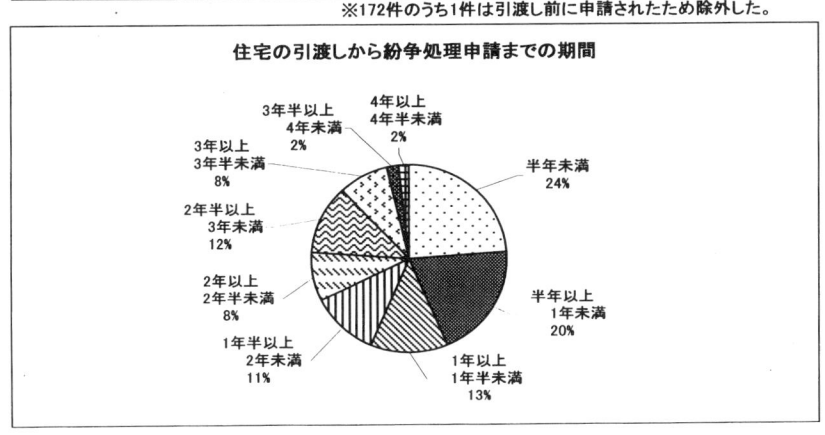

住宅の引渡しから紛争処理申請までの期間

- 半年未満 24%
- 半年以上1年未満 20%
- 1年以上1年半未満 13%
- 1年半以上2年未満 11%
- 2年以上2年半未満 8%
- 2年半以上3年未満 12%
- 3年以上3年半未満 8%
- 3年半以上4年半未満 2%
- 4年以上4年半未満 2%

7-1. 住宅の引渡し年度と紛争処理申請年度（グラフ）

	引渡し年度の前年度に申請	引渡し年度に申請	1年後(翌年度)に申請	2年後に申請	3年後に申請	4年後に申請	5年後に申請	6年後に申請	7年後に申請	合計
件数	1	28	66	33	26	11	5	1	1	172

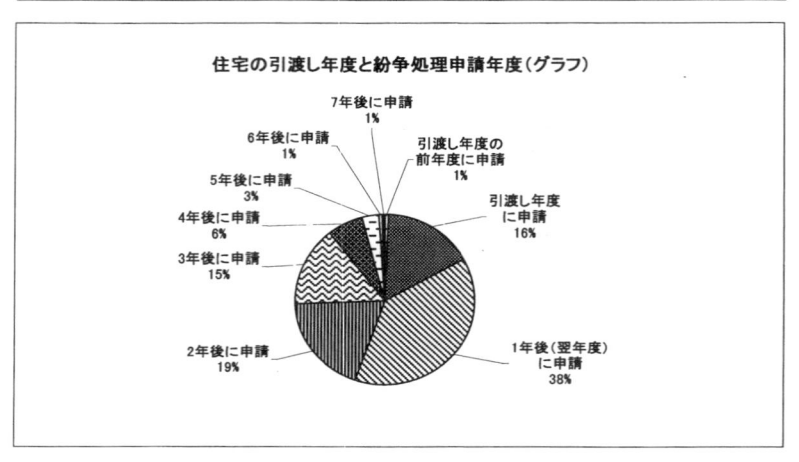

住宅の引渡し年度と紛争処理申請年度（グラフ）

- 引渡し年度の前年度に申請 1%
- 引渡し年度に申請 16%
- 1年後(翌年度)に申請 38%
- 2年後に申請 19%
- 3年後に申請 15%
- 4年後に申請 6%
- 5年後に申請 3%
- 6年後に申請 1%
- 7年後に申請 1%

7-2. 住宅の引渡し年度と紛争処理申請年度（表）

申請年度	引渡し年度										合計
	12	13	14	15	16	17	18	19	20	21	
12											0
13	1										1
14		3	3								6
15		1	7	9							17
16		1	5	8	3						17
17		5	6	6	12	3					32
18			1	5	9	6	1				22
19			2	1	9	4	12	1			29
20			1	2	4	2	6	11	5	1	32
21			1		1		3	2	6	3	16
合計	1	10	26	31	38	15	22	14	11	4	172

8. 申請人の属性

	請負契約	売買契約	合計
取得者	56	94	150
供給者	10	12	22
合計	66	106	172

※取得者には
マンション管理組合（10件）を含む。

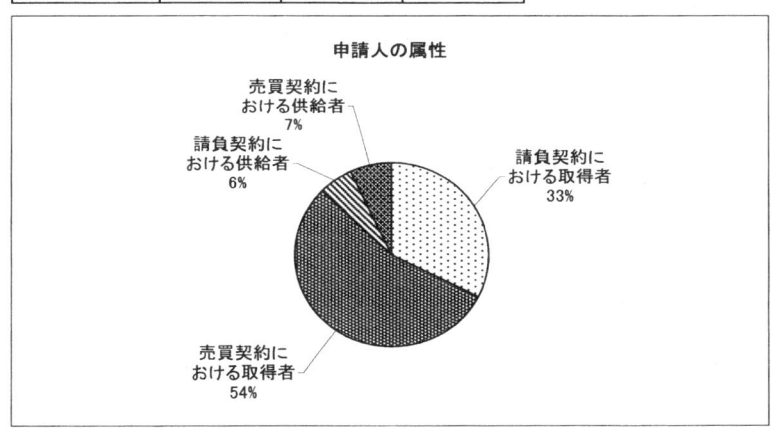

申請人の属性

- 請負契約における取得者 33%
- 売買契約における取得者 54%
- 請負契約における供給者 6%
- 売買契約における供給者 7%

9. 当事者の組合せ

	申請人	被申請人	件数
双方とも消費者	消費者	消費者	0
申請人が消費者	消費者	事業者	150
申請人が事業者	事業者	消費者	22
双方とも事業者	事業者	事業者	0
合計			172

※消費者には
マンション管理組合（10件）を含む。

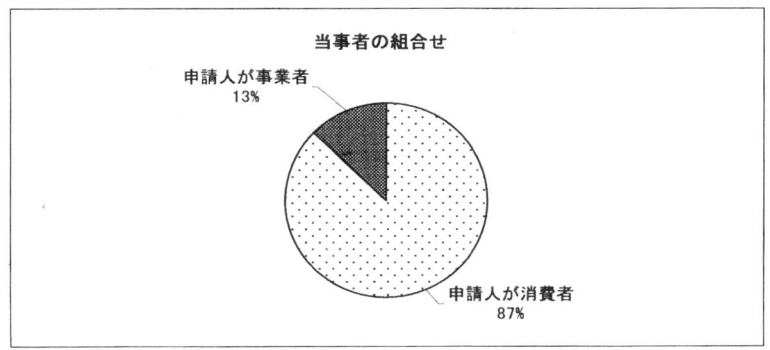

当事者の組合せ

- 申請人が消費者 87%
- 申請人が事業者 13%

10. 代理人(弁護士)の関与

	申請人	被申請人	件数
双方とも関与せず	申請人(本人のみ)	被申請人(本人のみ)	85
被申請人のみに弁護士	申請人(本人のみ)	被申請人(代理人)	63
申請人のみに弁護士	申請人(代理人)	被申請人(本人のみ)	12
双方に弁護士	申請人(代理人)	被申請人(代理人)	12
合計			172

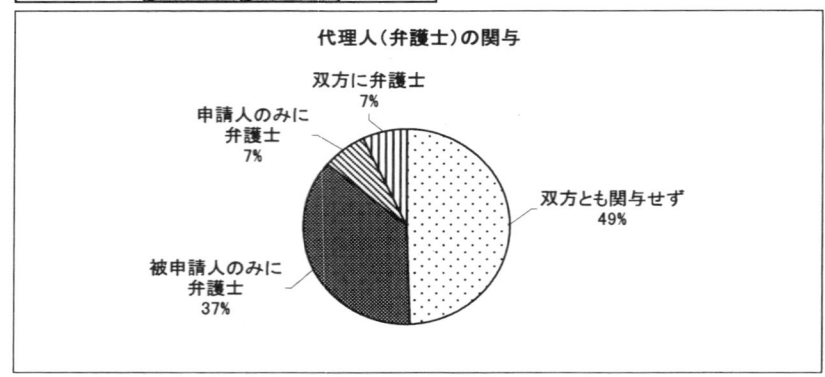

代理人(弁護士)の関与

- 双方に弁護士 7%
- 申請人のみに弁護士 7%
- 双方とも関与せず 49%
- 被申請人のみに弁護士 37%

11. 解決希望種別

解決希望種別	契約解消	修補	損害賠償	修補と損害賠償	工事代金支払い	その他	合計
件数	8	77	38	33	3	13	172

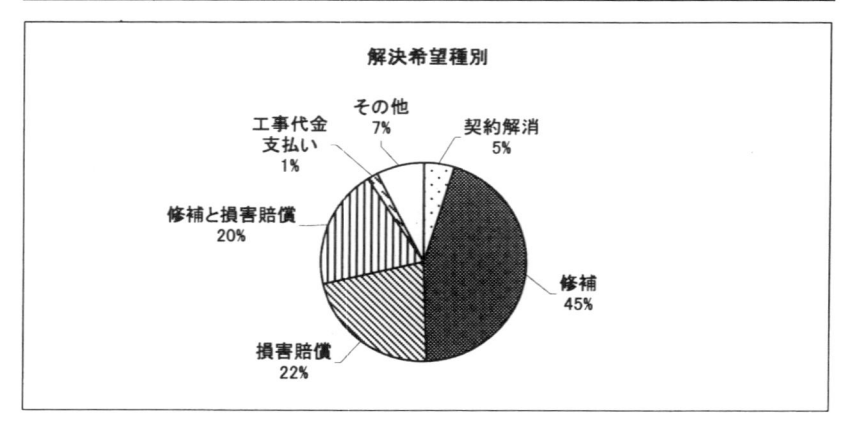

解決希望種別

- その他 7%
- 工事代金支払い 1%
- 契約解消 5%
- 修補と損害賠償 20%
- 損害賠償 22%
- 修補 45%

資料13 住宅紛争審査会の紛争処理事例の統計

12. 紛争処理委員の人数

紛争処理委員の人数	1人	2人	3人	合計
件数	2	69	96	167

※172件のうち5件は、審理を開催しなかったため除外した。

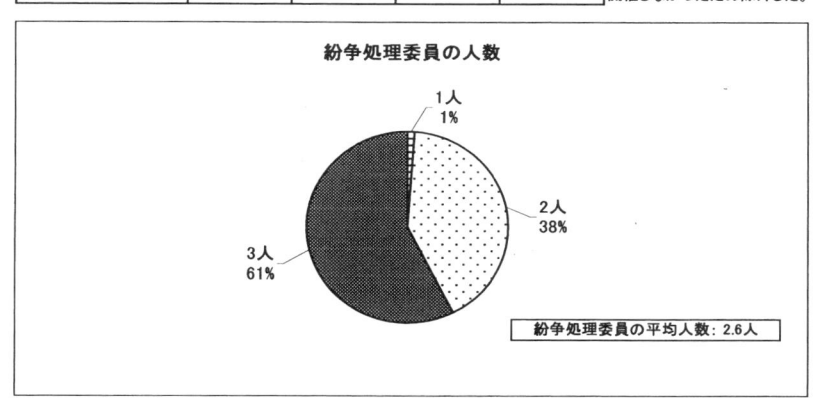

紛争処理委員の人数

- 1人 1%
- 2人 38%
- 3人 61%

紛争処理委員の平均人数：2.6人

13. 紛争処理委員の内訳

内訳		弁護士		
		1人	2人	3人
建築士等	0人	① 2件	② 1件	③ 0件
	1人	④ 68件	⑤ 76件	
	2人	⑥ 20件		

※172件のうち5件は、審理を開催せずに終了した。

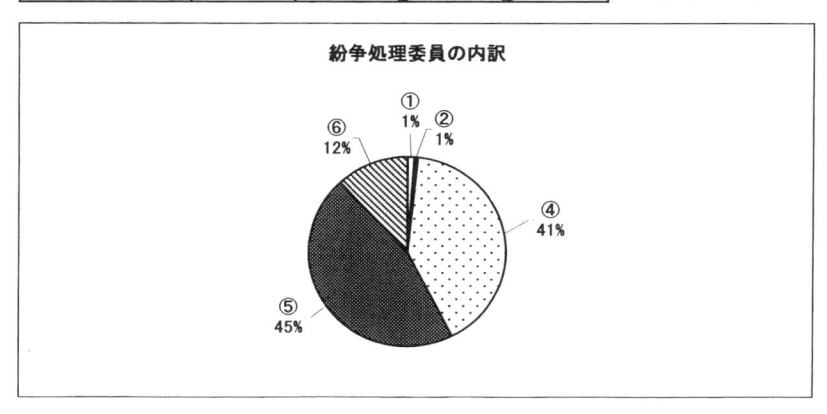

紛争処理委員の内訳

- ① 1%
- ② 1%
- ④ 41%
- ⑤ 45%
- ⑥ 12%

14. 紛争処理に要した日数

日数	60日未満	60日以上 120日未満	120日以上 180日未満	180日以上 240日未満	240日以上 300日未満
件数	12	38	26	28	23

日数	300日以上 360日未満	360日以上 420日未満	420日以上 480日未満	480日以上	合計
件数	17	7	5	16	172

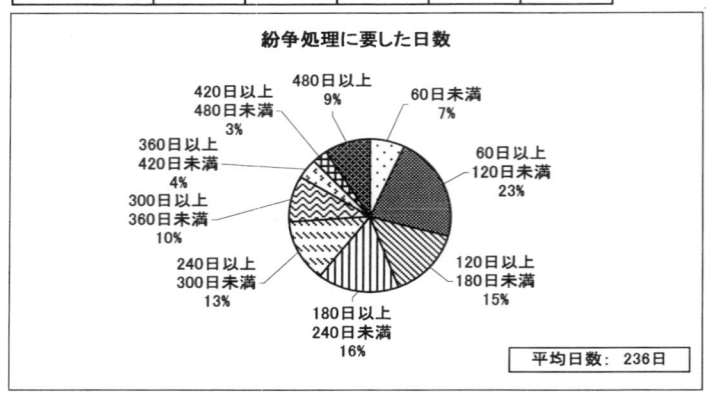

紛争処理に要した日数

- 60日未満 7%
- 60日以上120日未満 23%
- 120日以上180日未満 15%
- 180日以上240日未満 16%
- 240日以上300日未満 13%
- 300日以上360日未満 10%
- 360日以上420日未満 4%
- 420日以上480日未満 3%
- 480日以上 9%

平均日数: 236日

15. 審理回数(準備期日・現地調査を含む)

審理回数	0回	1回	2回	3回	4回	5回
件数	5	12	22	17	20	22

審理回数	6回	7回	8回	9回	10回	11回
件数	23	19	10	9	3	5

審理回数	12回	13回	18回	21回	合計
件数	1	2	1	1	172

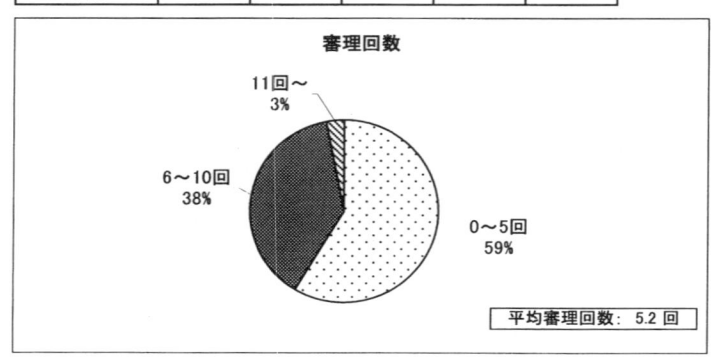

審理回数

- 0〜5回 59%
- 6〜10回 38%
- 11回〜 3%

平均審理回数: 5.2回

資料13 住宅紛争審査会の紛争処理事例の統計

16. 1回あたりの平均審理時間(現地調査に係る時間を除く)

1回あたりの平均審理時間	30分未満	30分以上60分未満	60分以上90分未満	90分以上120分未満	120分以上	不明	合計
件数	3	7	34	58	62	3	167

※172件のうち5件は、審理を開催しなかったため除外した。

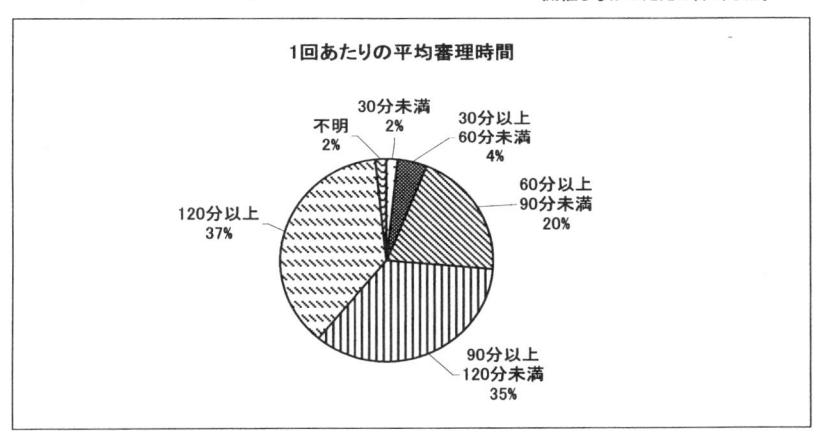

1回あたりの平均審理時間
- 30分未満 2%
- 30分以上60分未満 4%
- 60分以上90分未満 20%
- 90分以上120分未満 35%
- 120分以上 37%
- 不明 2%

17. 現地調査の実施状況

現地調査の実施状況	実施した	実施しない	合計
件数	74	98	172

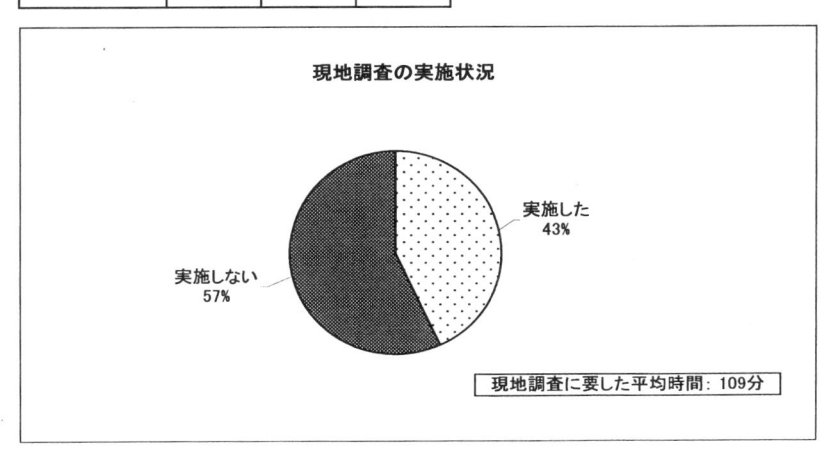

現地調査の実施状況
- 実施した 43%
- 実施しない 57%

現地調査に要した平均時間：109分

18. 備え付けの各種測定調査機器の使用状況（現地調査を実施した事件のうち）

各種測定調査機器の使用状況	使用した	使用しない	合計
件数	32	42	74

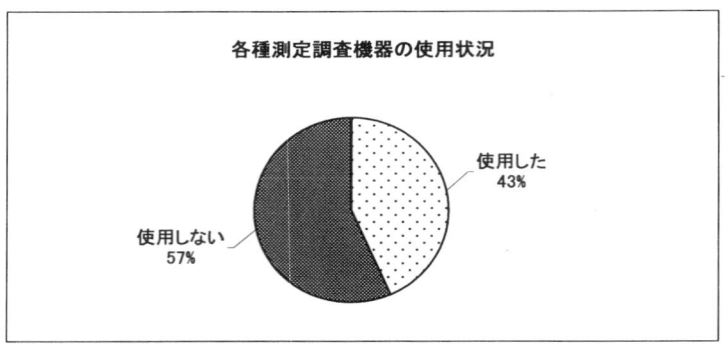

各種測定調査機器の使用状況

- 使用した 43%
- 使用しない 57%

【使用した測定調査機器】（複数回答あり）

機器名	カメラ	コンベックス	懐中電灯	下げ振り	勾配計	レーザープレーナー
使用件数	24	9	5	4	3	3
機器名	隙間ゲージ	レベル	含水率計	打診用ハンマー	点検鏡	その他
使用件数	2	2	1	1	1	3

19. 鑑定の実施状況

鑑定の実施状況	実施した	実施しない	合計
件数	6	166	172

※鑑定費用は、5件が審査会負担。1件は、被申請人負担。
※併合事件は、1事件ごとに鑑定したとして集計。

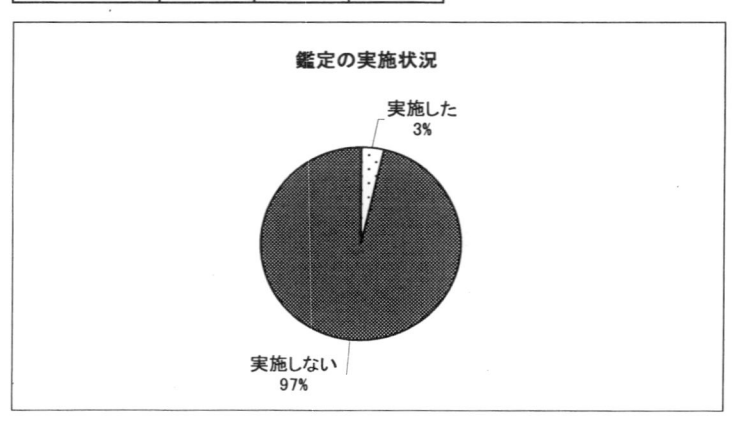

鑑定の実施状況

- 実施した 3%
- 実施しない 97%

20. 第三者機関(測定等)の活用状況

第三者機関の活用状況	活用した	活用しない	合計
件数	17	155	172

※併合事件は、1事件ごとに第三者機関を活用したとして集計。

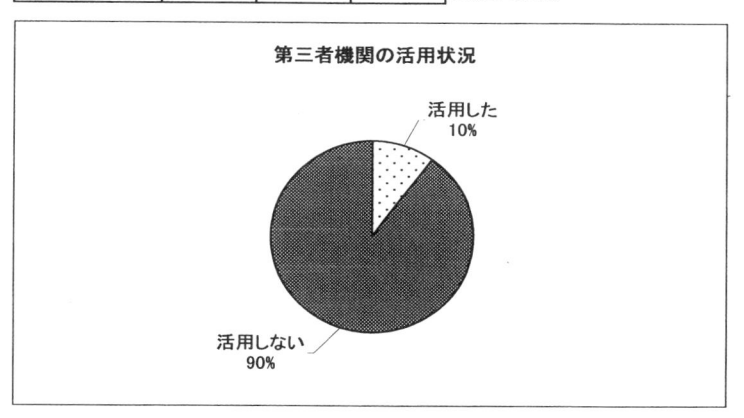

第三者機関の活用状況

- 活用した 10%
- 活用しない 90%

21. 紛争における性能評価項目との関係

性能評価項目との関係	関係する	関係しない	合計
件数	16	156	172

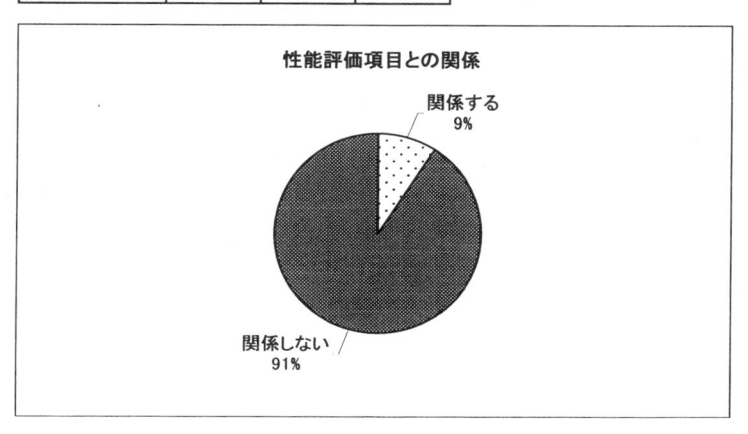

性能評価項目との関係

- 関係する 9%
- 関係しない 91%

22. 争点となった不具合部位（複数回答あり）

主な不具合部位	件数
床	32
地盤・基礎	29
住宅全体	27
開口部・建具	24
給排水管	10
外壁	10
内壁	10
設備機器	6
屋根	3
柱・梁	1
その他 納戸、テラス、共同住宅の共用部分、擁壁　等	44

23. 争点となった不具合事象（複数回答あり）

主な不具合事象	件数
騒音	34
仕上げ不良	30
亀裂・ひび割れ	21
沈下・傾斜	16
振動・揺れ	11
結露・かび	10
性能評価等級相違	6
作動不良	6
雨漏り	5
漏水	5
隙間	4
剥離・外れ・欠損	3
シックハウス	2
その他 寸法の相違、設置位置の相違、住宅に関する保証、住宅の機能改善　等	43

24. 終結事件における解決率

終結結果	成立	打切り	取下げ	合計
件数	95	63	14	172
割合	55%	37%	8%	100%

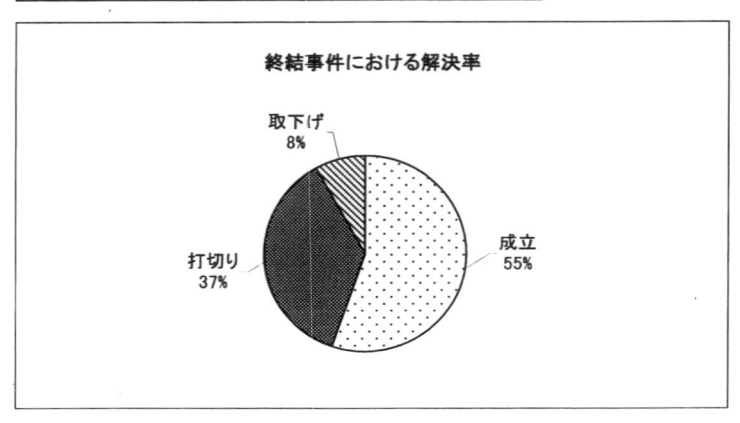

終結事件における解決率

- 成立 55%
- 打切り 37%
- 取下げ 8%

25. 解決事件の法律構成(複数回答あり)(前記24.成立のみを対象)

法律構成	債務不履行	瑕疵担保（民法）	瑕疵担保（品確法）	不法行為	その他	合計
件数	13	38	19	1	36	107

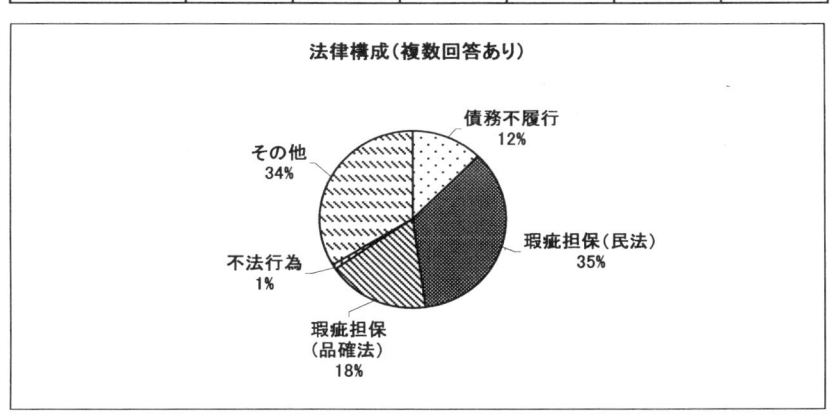

法律構成(複数回答あり)

- 債務不履行 12%
- 瑕疵担保(民法) 35%
- 瑕疵担保(品確法) 18%
- 不法行為 1%
- その他 34%

26. 解決事件の瑕疵の原因(複数回答あり)(前記24.成立のみを対象)

瑕疵の原因	設計	施工	監理	その他	不明	合計
件数	10	56	3	33	1	103

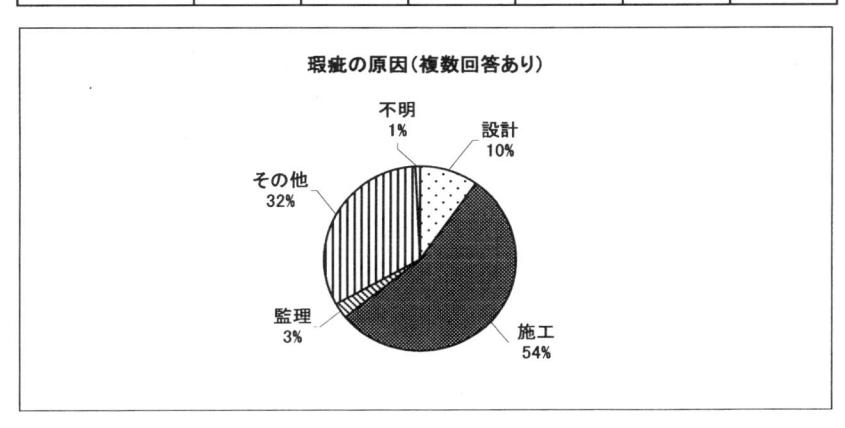

瑕疵の原因(複数回答あり)

- 設計 10%
- 施工 54%
- 監理 3%
- その他 32%
- 不明 1%

27. 解決種別（前記24.成立のみを対象）

解決種別	修補のみ	修補と損害賠償	損害賠償のみ	工事代金支払い	その他	合計
件数	34	28	18	4	11	95

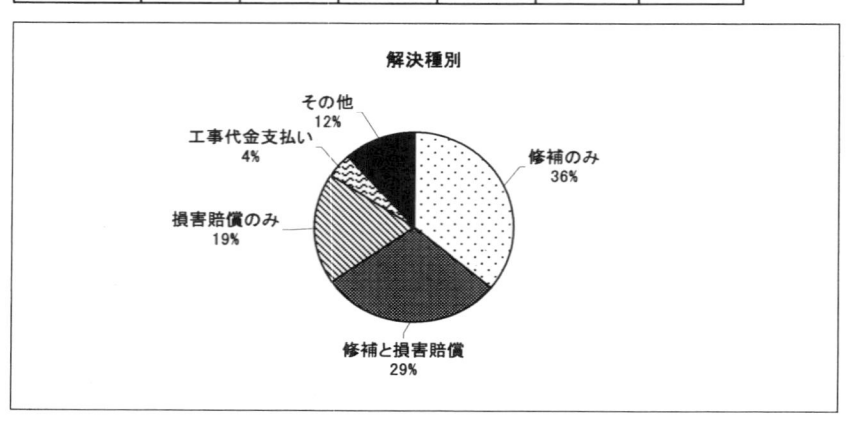

解決種別

- 修補のみ 36%
- 修補と損害賠償 29%
- 損害賠償のみ 19%
- 工事代金支払い 4%
- その他 12%

28. 解決事件の損害賠償金額 （前記27.修補のみ、その他を除く）

解決事件の損害賠償金額	30万円未満	30万円以上100万円未満	100万円以上200万円未満	200万円以上300万円未満	800万円以上900万円未満	900万円以上1,000万円未満	合計
件数	10	20	9	9	1	1	50

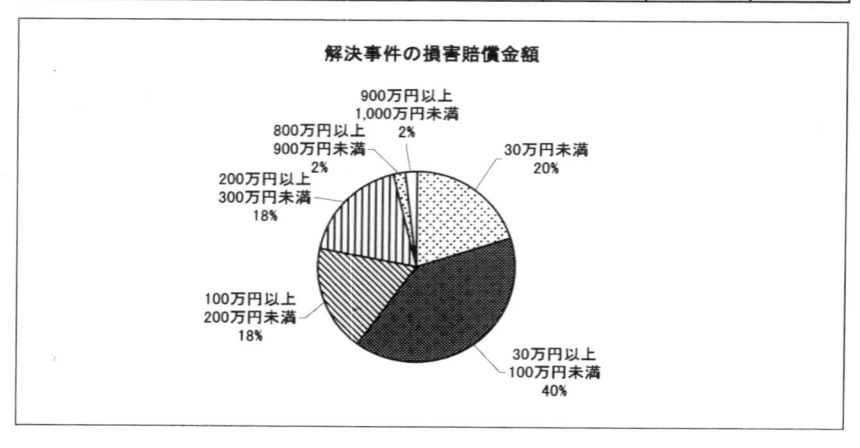

解決事件の損害賠償金額

- 30万円未満 20%
- 30万円以上100万円未満 40%
- 100万円以上200万円未満 18%
- 200万円以上300万円未満 18%
- 800万円以上900万円未満 2%
- 900万円以上1,000万円未満 2%

29. 資料提出請求

資料提出請求	評価機関に請求した	保険法人に請求した	評価機関と保険法人の両方に請求した	請求しなかった	合計
件数	1	0	0	171	172

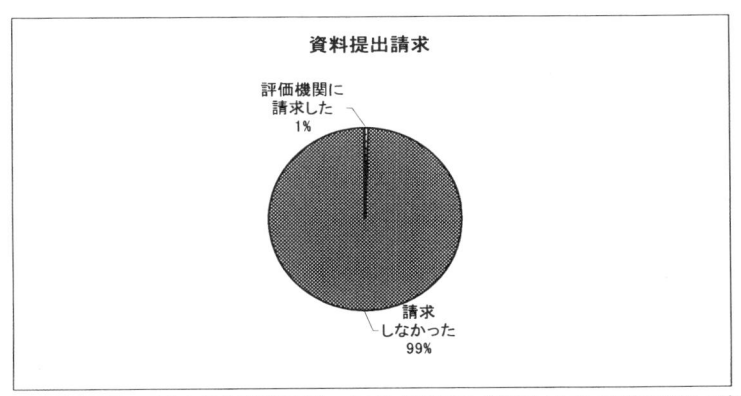

資料提出請求

- 評価機関に請求した 1%
- 請求しなかった 99%

※品確法71条及び住宅瑕疵担保履行法33条2項：評価機関・保険法人に対する資料提出の請求

を行う。

2　仲裁委員は、委員又は特別委員のうちから当事者が合意によって選定した者につき、審査会の会長が指名する。ただし、当事者の合意による選定がなされなかったときは、委員又は特別委員のうちから審査会の会長が指名する。

3　仲裁委員のうち少なくとも一人は、弁護士法（昭和二十四年法律第二百五号）第二章　の規定により、弁護士となる資格を有する者でなければならない。

4　審査会の行う仲裁については、この法律に別段の定めがある場合を除いて、仲裁委員を仲裁人とみなして、仲裁法（平成十五年法律第百三十八号）の規定を適用する。

（文書及び物件の提出）

第二十五条の二十　審査会は、仲裁を行う場合において必要があると認めるときは、当事者の申出により、相手方の所持する当該請負契約に関する文書又は物件を提出させることができる。

2　審査会は、相手方が正当な理由なく前項に規定する文書又は物件を提出しないときは、当該文書又は物件に関する申立人の主張を真実と認めることができる。

（立入検査）

第二十五条の二十一　審査会は、仲裁を行う場合において必要があると認めるときは、当事者の申出により、相手方の占有する工事現場その他事件に関係のある場所に立ち入り、紛争の原因たる事実関係につき検査をすることができる。

2　審査会は、前項の規定により検査をする場合においては、当該仲裁委員の一人をして当該検査を行わせることができる。

3　審査会は、相手方が正当な理由なく第一項に規定する検査を拒んだときは、当該事実関係に関する申立人の主張を真実と認めることができる。

（調停又は仲裁の手続の非公開）

第二十五条の二十二　審査会の行う調停又は仲裁の手続は、公開しない。ただし、審査会は、相当と認める者に傍聴を許すことができる。

（紛争処理の手続に要する費用）

第二十五条の二十三　紛争処理の手続に要する費用は、当事者が当該費用の負担につき別段の定めをしないときは、各自これを負担する。

2　審査会は、当事者の申立に係る費用を要する行為について は、当事者に当該費用を予納させるものとする。

3　審査会は、当事者が前項の規定により費用を予納しようとする場合において、当事者が当該費用の予納をしないときは、審査会が前項の規定により費用を予納させようとする場合において、同項の行為をしないことができる。

（あつせん又は調停をしない場合）
第二十五条の十四　審査会は、紛争がその性質上あつせん若しくは調停をするのに適当でないと認めるとき、又は当事者が不当な目的でみだりにあつせん若しくは調停の申請をしたと認めるときは、あつせん又は調停をしないものとする。

（あつせん又は調停の打切り）
第二十五条の十五　審査会は、あつせん又は調停に係る紛争についてあつせん又は調停による解決の見込みがないと認めるときは、あつせん又は調停を打ち切ることができる。
2　審査会は、前項の規定によりあつせん又は調停を打ち切ったときは、その旨を当事者に通知しなければならない。

（時効の中断）
第二十五条の十六　前条第一項の規定によりあつせん又は調停が打ち切られた場合において、当該あつせん又は調停の申請をした者が同条第二項の通知を受けた日から一月以内にあつせん又は調停の目的となつた請求について訴えを提起したときは、時効の中断に関しては、あつせん又は調停の申請の時に、訴えの提起があつたものとみなす。

（訴訟手続の中止）
第二十五条の十七　紛争について当事者間に訴訟が係属する場合において、次の各号のいずれかに掲げる事由があり、かつ、当事者の共同の申立てがあるときは、受訴裁判所は、四月以内の期間を定めて訴訟手続を中止する旨の決定をすることができる。
一　当該紛争について、当事者間において審査会によるあつせん又は調停が実施されていること。
二　前号に規定する場合のほか、当事者間に審査会によるあつせん又は調停によって当該紛争の解決を図る旨の合意があること。
2　受訴裁判所は、いつでも前項の決定を取り消すことができる。
3　第一項の申立てを却下する決定及び前項の規定により第一項の決定を取り消す決定に対しては、不服を申し立てることができない。

（仲裁の開始）
第二十五条の十八　審査会は、紛争が生じた場合において、次の各号のいずれかに該当するときは、仲裁を行う。
一　当事者の双方から、審査会に対し仲裁の申請がなされたとき。
二　この法律による仲裁に付する旨の合意に基づき、当事者の一方から、審査会に対し仲裁の申請がなされたとき。

（仲裁）
第二十五条の十九　審査会による仲裁は、三人の仲裁委員がこれ

者であるとき。
二 当事者の一方のみが建設業者であって、当該都道府県の知事の許可を受けたものであるとき。
三 当事者の双方が許可を受けないで建設業を営む者である場合であって、その紛争に係る建設工事の現場が当該都道府県の区域内にあるとき。
四 前項第三号に掲げる場合及び第二号に掲げる場合のほか、当事者の一方のみが許可を受けないで建設業を営む者である場合であって、その紛争に係る建設工事の現場が当該都道府県の区域内にあるとき。
3 前二項の規定にかかわらず、当事者は、双方の合意によって管轄審査会を定めることができる。

(紛争処理の申請)
第二十五条の十 審査会に対する紛争処理の申請は、政令の定めるところにより、書面をもって、中央審査会に対するものにあっては国土交通大臣を、都道府県審査会に対するものにあっては当都道府県知事を経由してこれをしなければならない。

(あっせん又は調停の開始)
第二十五条の十一 審査会は、紛争が生じた場合において、次の各号の一に該当するときは、あっせん又は調停を行う。
一 当事者の双方又は一方から、審査会に対しあっせん又は調停の申請がなされたとき。
二 公共性のある施設又は工作物で政令で定めるものに関する紛争につき、審査会が職権に基きあっせん又は調停を行う必要があると決議したとき。

(あっせん)
第二十五条の十二 審査会によるあっせんは、あっせん委員がこれを行う。
2 あっせん委員は、委員又は特別委員のうちから、事件ごとに、審査会の会長が指名する。
3 あっせん委員は、当事者間をあっせんし、双方の主張の要点を確かめ、事件が解決されるように努めなければならない。

(調停)
第二十五条の十三 審査会による調停は、三人の調停委員がこれを行う。
2 調停委員は、委員又は特別委員のうちから、事件ごとに、審査会の会長が指名する。
3 審査会は、調停のため必要があると認めるときは、当事者の出頭を求め、その意見をきくことができる。
4 審査会は、調停案を作成し、当事者に対しその受諾を勧告することができる。
5 前項の調停案は、調停委員の過半数の意見で作成しなければならない。

（委員の解任）

第二十五条の五　国土交通大臣又は都道府県知事は、それぞれその任命に係る委員が前条各号の一に該当するに至つたときは、その委員を解任しなければならない。

2　国土交通大臣又は都道府県知事は、それぞれその任命に係る委員が次の各号の一に該当するときは、その委員を解任することができる。

一　心身の故障のため職務の執行に堪えないと認められるとき。

二　職務上の義務違反その他委員たるに適しない非行があると認められるとき。

（会議及び議決）

第二十五条の六　審査会の会議は、会長が招集する。

2　審査会は、会長又は第二十五条の二第五項の規定により会長を代理する者のほか、委員の過半数が出席しなければ、会議を開き、議決をすることができない。

3　審査会の議事は、出席者の過半数をもつて決する。可否同数のときは、会長が決する。

（特別委員）

第二十五条の七　紛争処理に参与させるため、審査会に、特別委員を置くことができる。

2　特別委員の任期は、二年とする。

3　第二十五条の二第二項、第二十五条の三第二項及び第四項、第二十五条の四並びに第二十五条の五の規定は、特別委員に関し必要な事項について準用する。

4　この法律に規定するもののほか、特別委員に関し必要な事項は、政令で定める。

（都道府県審査会の委員等の一般職に属する地方公務員たる性質）

第二十五条の八　都道府県審査会の委員及び特別委員は、地方公務員法（昭和二十五年法律第二百六十一号）第三十四条、第六十条第二号及び第六十二条の規定の適用については、同法第三条第二項に規定する一般職に属する地方公務員とみなす。

（管轄）

第二十五条の九　中央審査会は、次の各号に掲げる場合における紛争処理について管轄する。

一　当事者の双方が国土交通大臣の許可を受けた建設業者であるとき。

二　当事者の双方が建設業者であつて、許可をした行政庁を異にするとき。

三　当事者の一方のみが建設業者であつて、国土交通大臣の許可を受けたものであるとき。

2　都道府県審査会は、次の各号に掲げる場合における紛争処理について管轄する。

一　当事者の双方が当該都道府県の知事の許可を受けた建設業

資料14　建設業法（抄）

(昭和二十四年五月二十四日法律第百号)

（目的）

第一条　この法律は、建設業を営む者の資質の向上、建設工事の請負契約の適正化等を図ることによって、建設工事の適正な施工を確保し、発注者を保護するとともに、建設業の健全な発達を促進し、もつて公共の福祉の増進に寄与することを目的とする。

（建設工事紛争審査会の設置）

第二十五条　建設工事の請負契約に関する紛争の解決を図るため、建設工事紛争審査会を設置する。

2　建設工事紛争審査会（以下「審査会」という。）は、この法律の規定により、建設工事の請負契約に関する紛争（以下「紛争」という。）につきあつせん、調停及び仲裁（以下「紛争処理」という。）を行う権限を有する。

3　審査会は、中央建設工事紛争審査会（以下「中央審査会」という。）及び都道府県建設工事紛争審査会（以下「都道府県審査会」という。）とし、中央審査会は、国土交通省に、都道府県審査会は、都道府県に置く。

（審査会の組織）

第二十五条の二　審査会は、委員十五人以内をもって組織する。

2　委員は、人格が高潔で識見の高い者のうちから、中央審査会にあつては国土交通大臣が、都道府県審査会にあつては都道府県知事が任命する。

3　中央審査会及び都道府県審査会にそれぞれ会長を置き、委員の互選により選任する。

4　会長は、会務を総理する。

5　会長に事故があるときは、委員のうちからあらかじめ互選された者がその職務を代理する。

（委員の任期等）

第二十五条の三　委員の任期は、二年とする。ただし、補欠の委員の任期は、前任者の残任期間とする。

2　委員は、再任されることができる。

3　委員は、後任の委員が任命されるまでその職務を行う。

4　委員は、非常勤とする。

（委員の欠格条項）

第二十五条の四　次の各号のいずれかに該当する者は、委員となることができない。

一　破産者で復権を得ない者

二　禁錮以上の刑に処せられ、その執行を終わり、又はその執行を受けることがなくなつた日から五年を経過しない者

事 項 索 引

●あ行

- 愛知県弁護士会あっせん仲裁センター……74
  - ——の解決内容……………………77
  - ——の実績……………………………74
- あっせん………………………………65,83
- あっせん委員…………………………………65
- あっせん仲裁センター………………74,89
- アフターサービス約款………………………46
- 慰謝料請求……………………………………94
- 一部調停………………………………………94
  - ——の成立の是非……………………94

●か行

- 解決額…………………………………………80
- 瑕疵一覧表…………………………16-,39,108
- 瑕疵推定基準…………………………………85
- 瑕疵担保責任…………………………………83
- 瑕疵補修請求…………………………………94
- 勧告案…………………………………………46
- 鑑定…………………………………………23,51
- 鑑定人…………………………………………23
- 鑑定人推薦……………………………………52
- 技術関連資料……………………………87,96
- 技術専門家調停委員……………………38,48
- 技術的基準の意義……………………………84
- 経営事項審査…………………………………59
- 計画調停………………………………………31
- 契約約款………………………………………46
- 建設業許可業者数……………………………57
- 建設業法…………………………………59-,198
- 建設工事の請負契約に関する紛争…………64
- 建設工事紛争処理手続の手引……………109
- 建設工事紛争審査会……………………59-,91
  - ——の事件の内容・推移……………66
  - ——の紛争処理手続の流れ…………65
- 建設住宅性能評価……………………………82
- 建設住宅性能評価書…………………………82
- 建設投資………………………………………57

- 建築関係事件…………………………………6
  - ——の事件類型………………………7
- 建築関係訴訟…………………………………5
- 建築関係訴訟の審理方式……………………16
  - 鑑定人を選任する型…………………23
  - 裁判官のみで行う型…………………23
  - 早期調停型……………………………19
  - 早期に専門委員を付す型……………17
  - 調停後判決型…………………………20
  - 調停の訴訟化を図る型………………22
  - 弁論準備後専門委員型………………16
  - 弁論準備後調停型……………………18
  - 弁論準備と調停の並行型……………20
- 建築関係訴訟の審理方針……………………14
- 建築基準法………………………………28,86
- 建築専門家調停委員…………………………15
- 建築訴訟対策委員会………………………2,6
- 建築紛争検討委員会…………………………6
- 現地調査………………………………17-,36,43
- 現地調停………………………………………43
- 工事に伴う振動に関する損害賠償請求事件…10
- 国土交通省中央建設工事審査会……………57

●さ行

- 財団法人住宅リフォーム・紛争処理支援
  センター…………………………………82
- 時系列表………………………16-,39,104,105
- 時効中断効……………………………………92
- 事前評議………………………………………39
- 指定住宅紛争処理機関……………………82-
  - ——の紛争処理の体系………………83
- 地盤沈下に基づく建物に関する損害賠償請求
  事件………………………………………10
- 司法支援建築会議……………………………15
- 社団法人日本建築学会………………………15
- 住宅瑕疵担保責任保険………………………83
- 住宅瑕疵担保責任保険設計施工基準……164

199

住宅瑕疵担保責任保険法人業務規程の認可基準
　………………………………………………………155
住宅の品質確保の促進等に関する法律
　（住宅品確法）………………………………82
住宅紛争処理支援センター……………………82
住宅紛争審査会…………………………… 81,82
主観訴訟……………………………………………5
準備書面……………………………………………40
人格訴訟………………………………………5,33
進行協議期日………………………………………43
審理期間……………………………………………52
　──の短縮………………………………………52
清算条項……………………………………………46
政府投資……………………………………………57
成立手数料…………………………………………80
施行計画図…………………………………………41
施行計画表…………………………………………41
専門委員………………………………… 15,47,65
　──の指定………………………………………48
専門委員制度………………………………… 24,47
専門委員制度委員会………………………………2
専門家調停…………………………………………24
専門家調停制度……………………………………24
双方合意管轄………………………………………31

●た行
第三者被害型………………………………………10
耐震偽造………………………………… 12,83,86
建物の工事の未完成を原因とする損害賠償事件
　………………………………………………………9
建物の設計・施工もしくは監理の瑕疵を原因
　とする損害賠償事件……………………………9
建物に関する請負代金請求事件…………………8
建物に関する売買代金請求事件…………………8
中央建設工事紛争審査会………………………64
　──の紛争処理の現況…………………………70
仲裁…………………………………………… 65,83
仲裁センター………………………………………74
仲裁法………………………………………………92
調停………………………………………… 13,65,83
　──の成立率……………………………………13

調停委員……………………………………………65
　──の立場………………………………………34
調停委員会…………………………………………29
調停委員候補者……………………………………38
調停委員指定………………………………………38
調停条項……………………………………………45
調停調書………………………………………45,46
調停手続の流れ……………………………………37
追加変更工事一覧表………………… 16-,39,107
特殊損害賠償事件…………………………………6
特定住宅瑕疵担保責任の履行の確保に関する
　法律………………………………………………82

●は行
評議…………………………………………………39
標準書式…………………………………39,104-108
不成立調書…………………………………………46
付調停事件…………………………………………13
紛争解決センター…………………………………74
平成12年建設省告示第1653号………… 84,144
弁護士会ADR………………………………………74
　──の費用………………………………………80
弁護士選任率………………………………………78
法律専門家調停委員………………………… 15,38
補修先行型…………………………………………95
保証金の供託………………………………………83

●ま行
未完成工事一覧表…………………………………39
未済事件の増加……………………………………14
民間投資……………………………………………57
民事調停委員………………………………………4
民事調停官（パートタイムジャッジ）………3
民事調停制度………………………………………25
民事調停の費用……………………………………80
民事調停のメリット………………………………28
申立調停……………………………………………35

●わ行
和解条項……………………………………………45
和解調書……………………………………………45

◆執筆者紹介（五十音順）

伊藤　弘（いとう・ひろし）
　1977年東京大学大学院修士課程(建築)修了。2004年独立行政法人建築研究所 研究総括監、2008年同理事。

加藤俊子（かとう・としこ）
　1981年東京都立大学法学部卒業。1983年第二東京弁護士会登録。1986年東京弁護士会登録替え。2006年日本弁護士連合会ADRセンター副委員長。

加藤秀生（かとう・ひでお）
　1984年東京大学法学部卒業。同年建設省入省。1987年建設省住宅局民間住宅課管理指導係長。1999年建設省大臣官房会計課企画専門官。2001年内閣官房都市再生本部事務局企画官。2004年国土交通省大臣官房地方課公共工事契約指導室長。2005年国土交通省総合政策局建設業課紛争調整官（中央建設工事紛争審査会事務局）。2008年財団法人住宅保証機構住宅保証研究所研究第一部長。

菅野博之（かんの・ひろゆき）
　1978年東北大学法学部卒業。1980年判事補任官（東京地裁）。1983年最高裁行政局付。1985年東京地裁判事補・釧路家裁判事補（根室支部）。1988年東京地裁判事補。1990年東京地裁判事。1991年札幌地家裁判事。1995年最高裁調査官（行政調査官）。2000年東京高裁判事。2002年東京地裁民事第39部部総括。2003年同38部（行政部）部総括。2006年同22部（調停部）部総括。2009年同8部（商事部）部総括。2011年東京地裁民事所長代行者。

遠山信一郎（とおやま・しんいちろう）
　1975年中央大学法学部卒業。1982年第一東京弁護士会登録。2004年中央大学法科大学院特任教授。2009年第一東京弁護士会仲裁センター運営委員会委員長。同年東京三弁護士会仲裁センター運営協議会議長。

渡邉一平（わたなべ・いっぺい）
　1973年慶應義塾大学経済学部卒業。1975年同法学部卒業。1978年名古屋弁護士会（現：愛知県弁護士会）登録。1996年度名古屋弁護士会副会長。2000年名古屋弁護士会あっせん・仲裁センター委員長。2001年日本弁護士連合会ADRセンター副委員長。

| 建築紛争解決とADR | 日弁連ADRセンター双書3 |

平成23年9月30日　初版1刷発行

編　者　日本弁護士連合会　ADR(裁判外紛争解決機関)センター

発行者　鯉渕　友南

発行所　株式会社 弘文堂　　101-0062　東京都千代田区神田駿河台1の7
　　　　　　　　　　　　　　TEL 03(3294)4801　　振替 00120-6-53909
　　　　　　　　　　　　　　http://www.koubundou.co.jp

装　丁　松村大輔

印　刷　三美印刷

製　本　牧製本印刷

Ⓒ 2011 JFBA ADR (Alternative Dispute Resolution) Center. Printed in Japan

|JCOPY| 〈(社)出版者著作権管理機構　委託出版物〉

本書の無断複写は著作権法上での例外を除き禁じられています。複写される場合は、そのつど事前に、(社)出版者著作権管理機構（電話 03-3513-6969、FAX 03-3513-6979、e-mail : info@jcopy.or.jp）の許諾を得てください。

また、本書を代行業者等の第三者に依頼してスキャンやデジタル化することは、たとえ個人や家庭内での利用であっても一切認められておりません。

ISBN 978-4-335-32093-4

―――― 好評発売中 ――――

日弁連ADRセンター双書1
紛争解決手段としてのADR

ADRの実務に詳しい弁護士が、第1部で、紛争解決ツールとしてのADRの全体像を、沿革・位置付け・活動状況から明らかにし、第2部・第3部で、活用方法を理論面・実務面から解説。ADRを利用する上で押さえるべき事項・留意点を具体的に示す。　2940円

日弁連ADRセンター双書2
交通事故の損害賠償とADR

ADRが非常に発達した交通事故の民事賠償において、その運用の現状と利用法を解説。第1部で、交通事故損害賠償事案の全体像、事案にあたる際の重要ポイントといった基礎知識を紹介し、第2部では、ADRの実例に沿って、仕組み・利用の仕方を説明。2835円

日弁連ADRセンター双書3
建築紛争解決とADR

第1部で、東京地裁の建築関係紛争の訴訟と調停の現状・課題を紹介。第2部では、建設工事紛争審査会・住宅紛争審査会の仕組み・利用方法を説明し、愛知県弁護士会ADRの取組みも紹介。建築紛争を解決する選択肢としてのADRの知識が身につく。　2940円

日弁連ADRセンター双書4
医療紛争解決とADR

第1部で東京地裁医療集中部の審理の特徴と手続の進め方、医療訴訟に詳しい弁護士による日本とドイツの賠償責任保険制度の比較、厚労省の医療安全調査委員会等への取組みを紹介。第2部・第3部では、東京三弁護士会の医療ADRの現状を分析し課題に言及。また事例紹介を交えて、ADRの上手な利用方法を紹介。　2940円

定価(税込)は、2011年8月現在のものです。